HITLER
ET CHURCHILL

DU MÊME AUTEUR
(en français)

Churchill, édition préfacée et traduite de l'anglais par Antoine Capet, Paris, Perrin, 2020.

Waterloo. 18 juin 1815. Le dernier pari de Napoléon, traduit de l'anglais par Jean Bourdie, Paris, Éditions de Fallois, 2006.

Andrew Roberts

HITLER ET CHURCHILL

Secrets de meneurs d'hommes

Édition préfacée, traduite et annotée par Antoine Capet

PERRIN

Titre original
Hitler and Churchill: Secrets of Leadership

L'éditeur souhaite rendre hommage à la mémoire d'Antoine Capet, disparu peu avant la parution de cet ouvrage.

92, avenue de France
75013 Paris
Tél. : 01 44 16 08 00

ISBN Perrin : 978-2-262-09663-2
ISBN Weidenfeld & Nicolson, an imprint of the Orion Publishing Group, London : 978-0-297-84330-6

Dépôt légal : octobre 2022

Mise en pages : PCA

PRÉFACE

Si Andrew Roberts est désormais bien connu du public francophone grâce au succès mérité de son *Churchill* paru en traduction en 2020, il se penche de longue date sur la personnalité, la carrière et l'œuvre du grand homme. Dans ses *Eminent Churchillians* (1994), il s'attachait principalement à faire la lumière sur certains points restés mal explorés de l'interaction de Churchill avec d'« éminents » contemporains en matière de politique intérieure.

Ici, l'auteur enfourche l'un de ses chevaux de bataille préférés pour s'en prendre à ceux qui suggèrent qu'au fond il n'y avait guère de différence entre Hitler et Churchill. Leur expérience des tranchées au cours de la Grande Guerre, leur patriotisme exacerbé, la fierté qu'ils tiraient du glorieux passé de leur pays et par-dessus tout leur charisme, leur art de mener les hommes, le pouvoir psychologique qu'ils exerçaient sur les foules – et ce souvent même en dehors de leur patrie : tout cela, lit-on çà et là, les rapprochait au point de faire d'eux des frères ennemis.

Andrew Roberts montre magnifiquement le caractère fallacieux de ces points communs supposés, et d'abord sur le plan pratique, en rappelant que Churchill a toujours su déléguer le pouvoir de décision militaire à ses chefs d'état-major en se rendant à leurs arguments – certes non sans avoir au préalable ferraillé avec eux jusqu'au bout –, tout en se réservant le rôle de représentant indiscuté du Royaume-Uni auprès de ses interlocuteurs Roosevelt et Staline. Cette délégation de pouvoir, Hitler l'a certes appliquée lors des grands triomphes de la guerre éclair, en Pologne et en France, en 1939-1940, mais il y a mis fin dès les premiers revers sur le front soviétique à la fin de 1941, pour devenir totalement incapable de faire confiance à ses généraux après l'attentat de juillet 1944. Pour l'auteur, un grand meneur d'hommes, c'est un chef qui, au contraire, pratique la confiance à double sens : le commandant en chef fait confiance aux commandants sur le terrain dont il a su discerner la compétence en les nommant, et les subordonnés, aussi haut gradés qu'ils soient, lui font confiance pour les soutenir sans réserve une fois qu'ils l'ont amené à percevoir le bien-fondé de leurs entreprises. Ce fut là, soutient Andrew Roberts dans des pages fort convaincantes, ce qui fit la force de Churchill chef de guerre de 1940 à 1945.

Mais il y a naturellement bien plus : on ne peut être qualifié de grand meneur d'hommes sans dessein conforme à l'éthique de la communauté humaine telle qu'elle s'est développée depuis la sortie de l'époque des cavernes. Or sur ce point, lisons-nous ici, aucun rapprochement n'est possible entre les deux dirigeants. Ou alors, évidemment, en attribuant de mauvaise foi à Churchill les motivations malfaisantes et maléfiques presque unanimement associées à Hitler. D'où les propos sans aménité que tient Andrew Roberts à l'encontre des « révisionnistes » – l'un d'entre eux au moins faisant partie des « négationnistes » – qui refusent d'accepter la supériorité morale de Churchill, et notamment de la cause pour laquelle il se battait.

Le « Vieux Lion » était sincèrement convaincu – même ses pires détracteurs n'en doutent pas – que la démocratie à l'occidentale issue de l'héritage judéo-chrétien était du côté des forces du bien, contrairement aux totalitarismes soviétique et nazi, qui étaient du côté des forces du mal. Le corollaire, c'est que les civilisations moins avancées, voire primitives (car on osait encore le mot à son époque), ne pouvaient que bénéficier de la diffusion de ces idées issues des Lumières *via* la colonisation, en attendant la période lointaine où elles auraient rattrapé leur retard et pourraient elles aussi accéder à la démocratie à l'occidentale. D'où sa défense comme allant de soi des bienfaits de l'Empire britannique. Se battre contre Hitler pour faire triompher les valeurs de la démocratie à l'occidentale, c'était donc aux yeux de Churchill se mettre au service de l'humanité tout entière.

Malheureusement, il n'avait pas compris (qui l'avait compris de son temps ?) que les élites des contrées colonisées, instruites et formées par les autorités coloniales, refusaient de croire que défendre l'Empire britannique revenait à proposer un avenir radieux à l'humanité. On le lui reproche aujourd'hui, et certains font de lui l'archétype de l'hypocrite exploiteur sans vergogne des « races inférieures », mot qu'il n'hésitait pas, comme la plupart de ceux de sa génération, à employer lui-même. L'État britannique est même obligé d'intervenir pour protéger ses statues de la vindicte des « progressistes » : c'est ce que dénonçait déjà Andrew Roberts au début des années 2000, alors qu'Internet commençait à peine à offrir une tribune mondiale aux détracteurs de « Churchill le raciste impérialiste ».

En février 2021, dans un colloque d'histoire tenu à Cambridge intitulé « The Racial Consequences of Churchill », un professeur de *Black Studies* à la Birmingham City University déclarait – aboutissement logique de ce processus : « L'Empire britannique fut bien pire que les nazis. » Si le présent ouvrage peut contribuer par les informations factuelles qu'il contient à réfuter ce genre d'assertion, il aura très largement démontré son utilité.

INTRODUCTION

> « J'ai les yeux grands ouverts et ce que je vois me donne à réfléchir. L'avenir est indéchiffrable, mais aussi assez terrifiant ; il faut que vous restiez à mes côtés. Quand je ne pourrai plus ni réprimer ni contrôler, je ne serai plus un chef. »
>
> Winston Churchill, *Savrola*.

« Comment cent personnes peuvent-elles être commandées par une seule ? »

Telle était l'une des questions posées à l'examen d'entrée à Cambridge quand je l'ai passé, et bien qu'elle me fascine de longue date, cela m'a pris une vingtaine d'années avant que je ne me décide à tenter d'y répondre. Pourtant, elle est au centre de l'histoire et de la civilisation. Si nul ne pouvait prendre la tête de cent autres personnes, il n'y aurait pas de guerre, mais il n'y aurait pas eu non plus de cathédrales, d'exploration spatiale ni d'orchestres philharmoniques. L'aptitude de quelqu'un à se faire obéir d'une centaine de gens constitue bel et bien le fondement de toute entreprise collective humaine, en bien ou en mal. Comment donc cela peut-il se produire ?

On pourrait raisonnablement concevoir que la vie politique et la société s'étant si profondément transformées au cours des siècles, il en soit allé de même pour ce qui forge un meneur d'hommes. Du fait que les anciennes sociétés agraires occidentales ont remplacé la férule féodale par des démocraties fondées sur des institutions représentatives, nous devrions être mus par des impératifs différents, qui feraient appel à de tout autres ressorts pour nous pousser à l'action. Ce qu'il y a pourtant d'étonnant, c'est que même à une époque qui se considère très évoluée, avec l'incrédulité qui va de pair, en période de danger le meneur d'hommes qui sait parler à autrui continue de se reposer en grande partie sur la mise entre parenthèses de la méfiance.

Ce scénario immuable est mis en évidence par le peu de modifications qui a eu lieu dans le langage du chef. Lire l'oraison funèbre de Périclès en 431 av. J.-C. (« Athènes couronne ses fils »), ou bien la diatribe de Cicéron contre l'usurpateur Catilina (« Tu ne saurais rester parmi nous ») en 63 av. J.-C., ou bien encore le discours de John Pym en 1642 lors de la révolution anglaise (« Le cri de toute l'Angleterre »), c'est s'apercevoir que le registre des émotions humaines auquel le chef peut faire appel est fort limité, et d'une constance remarquable. Si nous écoutions ces trois orateurs aujourd'hui, nous serions vraisemblablement tout aussi émus que ne le furent leurs auditeurs à l'époque. Il est possible de piller et de plagier ce registre d'émotions, mais surtout d'apprendre à le manier. L'objectif du présent ouvrage est d'étudier la façon dont deux hommes aux personnalités radicalement différentes se sont emparés de ce court répertoire, chacun à sa manière, afin de remporter le trophée qui – l'un et l'autre le savaient pertinemment – ne pouvait revenir qu'à un seul d'entre eux : la victoire dans la Seconde Guerre mondiale.

Quand, en 1941, le réalisateur sir Alexander Korda voulut donner en exemple l'esprit de résistance de la Grande-Bretagne face au nazisme, il engagea Laurence Olivier pour qu'il joue le rôle du roi dans le *Henry V* de Shakespeare. Le discours de celui-ci avant la prise d'Harfleur (1415) était en tous points analogue aux discours que prononçait Churchill cette année-là, alors même que plus de cinq siècles les séparaient. L'art véritable de mener les hommes nous atteint au plus profond de nous-même, dans nos gènes comme dans notre psyché. Si les ressorts sous-jacents de cet art restent les mêmes depuis des siècles, ne peut-on pas apprendre ces leçons et les appliquer à des situations fort heureusement très éloignées de celles de 1939-1945, où étaient en jeu des questions de vie et de mort ?

L'art de mener les hommes – comme la bravoure et même la sincérité – peut être totalement dissocié des concepts du bien et du mal. Adolf Hitler était à la fois courageux et sincère quand il défendait ses convictions, aussi répugnantes fussent-elles. Se borner à étudier uniquement les qualités de chef de ceux dont on approuve l'action reviendrait à se priver de l'exemple de certains des plus influents meneurs d'hommes du monde. Le plus grand criminel de notre époque, sans aucun doute Oussama ben Laden, n'en reste pas moins un chef qui mérite que l'on étudie comment il a réussi à persuader tant de gens de perpétrer tant de méfaits. Tout comme le maréchal Montgomery conservait une photographie encadrée d'Erwin Rommel dans sa roulotte tout au long de la campagne de Libye (1942-1943), il faut tenter d'assimiler les techniques de commandement de l'ennemi afin de parvenir à le vaincre au bout du compte. Même si l'on sait que la Russie et les pays de l'Est se sont débarrassés du communisme en 1989-1991, les grandes puissances restent plus ou moins celles de l'époque où furent créées les Nations unies à San Francisco à la fin de la guerre. En dehors de l'épisode de l'implosion de la Yougoslavie – qui ne déclencha aucun conflit hors de la région –, les frontières de l'Europe n'ont pas bougé. Si l'on compte la guerre de Corée comme une action de police des Nations unies, aucun conflit n'a opposé les grandes puissances entre elles où que ce fût, à part la guerre entre la Chine et l'Inde en 1959. Au cours des sept décennies écoulées, la carte de l'Europe s'est donc moins modifiée qu'à aucune autre époque depuis le haut Moyen Âge. La décolonisation avait déjà débuté quand Churchill quitta ses fonctions en 1955, et s'il devait revenir sur terre aujourd'hui, les chefs d'état-major n'en auraient pas pour longtemps à le mettre au courant de la situation actuelle sur la planète. Il faudrait certes expliquer Hiroshima et Nagasaki à Hitler – ce Satan que nous n'arrivons pas à laisser complètement derrière nous –, mais le reste serait assez facilement compréhensible. Après tout, il avait prédit depuis son blockhaus que les réels vainqueurs produits par sa chute seraient l'Amérique et la Russie ; et s'il est vraisemblable que la réunification de l'Allemagne l'agiterait momentanément, le fait qu'elle se soit effectuée si pacifiquement et si démocratiquement provoquerait chez lui une fureur mêlée de satisfaction. Les événements de 1939-1945 continuent de façonner notre monde, tant par leurs leçons que par leur héritage. La persistance de l'influence d'Hitler et de Churchill sur nos vies est indéniable. Si l'on omet Saddam Hussein, au début des années 2000, l'Occident profitait de la vie sur ces « régions baignées de soleil » que Churchill nous avait promises et qu'Hitler avait tant fait pour anéantir.

Que Churchill continue toujours à incarner le courage du chef aux yeux du monde apparut sans conteste au lendemain des attentats d'Al-Qaïda contre les États-Unis le 11 septembre 2001. À l'heure de leur douleur et de leur épreuve, les Américains ne cessèrent de se tourner vers son exemple pour exprimer les sentiments les plus profonds qui entouraient leur sens du deuil, leur défiance et leur détermination. Une fois de plus, Churchill se distinguait comme une figure majeure de ce que l'on peut appeler – en reprenant le titre de l'un de ses ouvrages (ses *Mémoires de la Grande Guerre*) – la « crise mondiale ». Dans son discours de 2001 sur l'état de l'Union, le président George W. Bush énonça la réaction de l'Amérique face aux attentats : « Nous n'allons pas vaciller, nous n'allons pas fatiguer, nous n'allons pas fléchir et nous n'allons pas faillir. » C'était là un écho conscient à l'allocution radiodiffusée de Churchill à l'intention de l'Amérique de février 1941, où il expliquait : « Nous ne faillirons ni ne fléchirons, nous ne faiblirons ni ne fatiguerons. » S'adressant aux survivants du Pentagone encore sous le choc le 12 septembre, le matin même qui suivit le jour où tant de leurs camarades avaient perdu la vie, le secrétaire d'État à la Défense des États-Unis Donald Rumsfeld leur lança : « Au moment où sa nation courait les plus grands dangers, Churchill parla de leur plus belle heure. Hier, on s'est attaqué à l'Amérique et à la cause de la liberté humaine. » Et de déclarer au mois d'août suivant, devant 3 000 membres du corps des US Marines, qu'il y avait des parallèles directs entre l'isolement diplomatique relatif des États-Unis à propos des plans de guerre contre l'Irak et les prises de position de Churchill, alors bien seul, contre l'apaisement de l'Allemagne au cours des années 1930. Tout ce que j'ai pu lire sur la « traversée du désert » de celui-ci me conduit à penser que ces parallèles existent bel et bien.

Lorsque l'on fit visiter les *Cabinet War Rooms* au président Bush au cours de son séjour à Londres en 2001, il parla de Churchill comme de « l'un des dirigeants véritablement fascinants », et il demanda à l'ambassade britannique de Washington un buste en bronze du grand homme par le sculpteur Jacob Epstein pour l'exposer dans le Bureau ovale[1]. (Ronald Reagan avait déjà fait accrocher un portrait de lui dans la salle de l'état-major de la Maison Blanche.) En 2002, trente-sept ans après sa mort, Churchill contribuait donc toujours à alimenter le vocabulaire et le répertoire de l'esprit de défi et de résistance que l'Amérique voulait projeter devant le reste du monde. « On ne cesse de citer et d'approuver Winston Churchill et ses paroles », écrivait le *Boston Daily Record* ; et quand le président se rendit sur les décombres de Ground Zero à Manhattan, on fit la comparaison avec les tournées du Premier Ministre dans l'East End de Londres pour soutenir le moral de la population pendant le *Blitz*. Alors qu'il préparait sa guerre contre l'Irak, le président fit savoir qu'il lisait un livre intitulé *Supreme Command : Soldiers, Statesmen, and Leadership in Wartime*, de l'universitaire américain Eliot A. Cohen, dont l'un des chapitres est consacré aux relations de Churchill avec ses chefs d'état-major[2]. (À un niveau plus modeste, le fantaisiste Jim Carrey cita Churchill quand il offrit son chèque – pas modeste du tout, lui – de 1 million de dollars à la caisse d'entraide aux familles des victimes du 11 Septembre.)

Lors de la cérémonie très émouvante au cours de laquelle furent promus des dizaines de pompiers de New York pour prendre la place de leurs collègues décédés, le maire Rudy Giuliani cita Churchill, ce qui lui valut le surnom flatteur de « Churchill en casquette yankee » attribué par le *Washington Post*. (L'image n'était d'ailleurs pas invraisemblable, car Churchill adorait s'affubler de casquettes et de chapeaux excentriques.) En visite à Londres en février 2002, Rudy Giuliani confia à Alice Thomson du *Daily Telegraph* :

> J'ai eu recours à Churchill pour qu'il m'enseigne comment redonner de la vigueur à une nation mourante. Après les attentats, je lui parlai. Pendant les pires journées de la bataille d'Angleterre, Churchill n'a jamais mis les pieds en dehors de Downing Street, en disant : « Je ne sais pas quoi faire », ou bien : « Je suis perdu. » Quand il en sortit, ce fut en faisant montre de résolution et de détermination, même s'il faisait semblant[3].

« Même s'il faisait semblant. » L'une des thèses que défend le présent ouvrage, c'est que pendant une bonne partie de la période qui court de la fin de l'évacuation de Dunkerque le 3 juin 1940 à l'invasion de la Russie par Hitler cinquante-cinq semaines plus tard, le 22 juin 1941, il lui fallut en effet faire semblant. Quel qu'ait été son magnifique talent oratoire à l'époque, Churchill ne savait pas comment l'Allemagne allait bien pouvoir être vaincue. Faire semblant est souvent l'un des procédés cruciaux du chef, mais comme saint Paul l'a dit dans sa première Épître aux Corinthiens : « Si la trompette rend un son confus, qui se préparera au combat ? » Les certitudes de Churchill déteignirent sur la population britannique, alors qu'il était bien difficile, en 1940, à partir d'un examen rationnel de la situation, de voir comment on allait pouvoir gagner la guerre.

Même si, aussi bien avant qu'après la guerre – surtout après –, Churchill a parfois déçu dans certaines des hautes fonctions de l'État qu'il occupait, il fit preuve, au cours de ces mois vitaux de 1940-1941, et pendant le reste du conflit jusqu'en 1945, de qualités de meneur d'hommes étonnantes. Au cœur de tout cela, il y avait une duperie d'une audace telle que si les événements ne lui avaient pas donné raison, il aurait vraisemblablement risqué la destitution. (Bien sûr, si les événements lui avaient donné tort et que l'ennemi avait réussi à envahir la Grande-Bretagne, la sanction du Parlement aurait été le cadet de ses soucis.) Le présent volume va se pencher sur cette duperie bien intentionnée, ainsi que sur celles, malintentionnées, de son adversaire.

Le paradigme classique de l'art de mener les hommes

Tout au long de l'histoire, il s'est avéré relativement facile pour les chefs de trouver des gens disposés à tuer pour eux ; il s'est toutefois avéré beaucoup plus difficile de trouver des gens disposés à mourir pour eux. Si les populations élevées dans les pays occidentaux modernes, chrétiens comme rationalistes, ont généralement exigé au minimum la possibilité théorique de survivre, en temps de guerre elles se sont portées volontaires pour des opérations et des unités qui ont connu des taux de survie horriblement faibles. Après tout, l'autre possibilité que proposait le Henry V de Shakespeare si l'on n'arrivait pas à percer les défenses d'Harfleur était de « refermer la muraille avec nos morts anglais », et les deux guerres mondiales du XXe siècle ont vu des hommes accepter des taux de pertes phénoménaux, en particulier au sein du corps des officiers de la Première Guerre mondiale et de l'aviation de bombardement de la Seconde. Ce fut là un exemple de noble sacrifice, à l'exact opposé de ce que vit le monde le 11 septembre 2001.

Lorsque Oussama ben Laden encourageait ses partisans à courir au suicide, ses méthodes ne semblaient pas différentes dans leur essence de celles qu'employaient les Assassins du Moyen Âge, ou le Mahdi et le calife au Soudan dans les années 1880 et 1890. Elles paraissent également avoir une étroite ressemblance avec les méthodes des pilotes *kamikazes* japonais de 1944-1945. Churchill, qui avait combattu le calife et participé à la destruction finale de son armée à Omdurman en 1898, aurait immédiatement reconnu ce qu'il avait appelé (dans un contexte très différent) un « fakir semblable à ceux qu'on connaît bien en Orient ». La nature de ce type de chef charismatique pseudo-religieux – que l'on retrouve chez Jim Jones à la tête de la secte où il a persuadé 900 de ses adeptes de se suicider en Guyane britannique – semble échapper à la compréhension des Occidentaux d'aujourd'hui. Raspoutine et certains des chefs des premières croisades avaient, semble-t-il, un peu le même pouvoir – et c'était sans aucun doute le cas d'Hitler. Il faut donc en pénétrer les ressorts si l'on veut éliminer la menace qui pèse actuellement sur l'Occident.

Si la façon de mener son monde de Ben Laden était essentiellement hitlérienne dans ses méthodes et dans ses antécédents, et si George W. Bush et ses proches conseillers cherchaient leur inspiration chez Churchill, ne pouvait-on pas alors légitimement considérer la « guerre contre la terreur » comme une réplique de la Seconde Guerre mondiale par procuration ? Je pense que oui – et la dichotomie entre la technique charismatique du chef hitlérien et celle du chef churchillien, fondée véritablement sur l'inspiration, constituera l'un des thèmes centraux du livre. En effet, il est possible d'apprendre presque par cœur les secrets de ces deux techniques visant à mener les hommes, pour ensuite les mettre à profit chez quiconque a un penchant pour l'histoire et le sens de la formule.

Alan Bullock, dans sa biographie couplée d'Adolf Hitler et de Joseph Staline sous-titrée *Vies parallèles*, a bien montré comment bon nombre des techniques totalitaires des nazis avaient été copiées chez les bolcheviques. Bien sûr, les talents conjugués – sataniques, mais indéniables – d'Albert Speer, de Joseph Goebbels et de la cinéaste Leni Riefenstahl rendaient les *Rallies* nazis bien plus impressionnants visuellement que les défilés de la place Rouge tant prisés par le Politburo soviétique, mais les mises en scène grandioses des deux régimes ne dépassaient guère le spectacle de saltimbanques à base de microphones, d'effets d'éclairage et de miroirs.

Dans cette belle et subtile critique de la technique des dictateurs qu'est *Le Magicien d'Oz*, le sorcier jusque-là terrifiant s'avère être un charlatan nain qui s'affaire derrière une imposante façade à actionner des leviers qui produisent des flammes et des bruits furieux. Hitler, Staline, Mussolini et Franco, nous suggère le film hollywoodien paru en 1939, ne représentaient guère plus, si seulement les démocraties occidentales avaient le courage, la décence et l'intelligence de leur faire face.

Pourtant, malgré tout ce que nous avons découvert sur leurs insuffisances personnelles, ces dictateurs furent responsables du massacre de tant d'innocents qu'ils entachèrent à jamais le XXe siècle en faisant de lui, selon la formule d'un historien distingué, « l'ère de l'infamie[4] ». Dans la vraie vie, au lieu de retourner au Kansas dans sa montgolfière, le magicien aurait abattu l'Épouvantail, l'Homme de fer-blanc, le Lion peureux et Dorothy (et sans aucun doute Toto, par-dessus le marché).

« Il n'est de plus triste preuve de sa propre petitesse donnée par un individu que son rejet des grands hommes », écrit Thomas Carlyle dans *Les Héros. Le culte des héros et l'héroïque dans l'histoire* (1840). Mais l'inverse n'est-il pas encore plus juste ? Qu'y a-t-il de plus pathétique sinon notre recherche constante de chefs, alors que nous n'avons pas encore atteint la maturité en tant que simples suiveurs, peu enclins que nous sommes à attribuer des qualités surhumaines à des gens dont nous savons pertinemment qu'ils ne sont faits comme nous que de chair et de sang ? Une démocratie parvenue à maturité devrait avoir honte de ces épisodes passagers de culte du héros. « L'une des attentes les plus répandues de notre époque, c'est la soif d'avoir des dirigeants dotés d'autorité et de créativité », estime le politologue américain James MacGregor Burns. C'est là une soif qui de tout temps a mené au désastre, comme quand la France réclama à cor et à cri Napoléon à sa tête en 1799, quand la Russie fit appel à Lénine en 1917, renouvelant son erreur moins de dix ans après avec Staline, et quand pas moins de 13 millions d'Allemands votèrent pour Hitler en 1932. « On ne nous y reprendra plus », répétaient The Who dans la chanson du même nom (*We Won't Get Fooled Again*).

Le plus récent et le meilleur biographe d'Hitler, sir Ian Kershaw, fait observer dans son ouvrage de 1987, *Le Mythe Hitler. Image et réalité sous le IIIe Reich* :

> La propension à placer tous ses espoirs dans « le chef », dans l'autorité d'« un homme fort », n'a en soi évidemment pas été propre à l'Allemagne. L'expérience de la mise en avant par des élites menacées et de l'acceptation par des masses inquiètes de dirigeants fortement autoritaires a été (et reste) partagée par beaucoup de sociétés dans lesquelles un système pluraliste faible est incapable de mettre fin à la profondeur des clivages politiques et idéologiques, et où il est perçu comme à bout de souffle.

Loin d'être, comme le pensait Carlyle, un signe de grandeur – ou d'absence de petitesse –, la glorification du pouvoir confié aux « grands hommes » pourrait bien ne dénoter que le statut de pays du tiers-monde.

Des philosophes anarchistes, ainsi que quelques penseurs libertaires récents, font valoir avec conviction que le problème de fond, c'est l'existence même du concept de meneur d'hommes, du moins à l'échelle d'une nation. Cela semble également faire partie des doléances des protestataires antiglobalisation qui convergent sur les villes assez courageuses (ou assez irréfléchies) pour accueillir un sommet de « dirigeants mondiaux ». Si l'humanité était capable de s'organiser de façon qu'un seul homme ne puisse exercer un pouvoir absolu sur cent autres, nous nous en porterions tous bien mieux, avancent-ils. Tout comme le pur marxiste pense que l'État va « dépérir » après l'implosion du capitalisme sous le poids de ses contradictions, des anarchistes comme Proudhon ou Bakounine soutiennent qu'un jour la nécessité même d'avoir des dirigeants politiques disparaîtra complètement. Cependant, bien que l'argument ait gagné du terrain depuis la guerre, surtout aux États-Unis dans les années 1960 et au début des années 1970, il demeure plus utopique que jamais.

Il suffit d'un bref coup d'œil sur le monde moderne pour constater que l'ubiquité et la visibilité des « dirigeants mondiaux » sont sans conteste nettement plus importantes aujourd'hui que depuis 1945. Ceux-ci en sont arrivés à personnifier leur pays dans l'imaginaire du public et, même en cette période d'intégration européenne, ils ont conservé une aura bien supérieure à ce que l'on aurait pu prédire il y a seulement quarante ans. Les facteurs qui ont conduit à cet accroissement de l'importance des dirigeants mondiaux – qui ne reflète pas forcément leur pouvoir réel – ne semblent pas devoir se réduire dans un proche avenir. Tout cela tient en grande partie à la croissance exponentielle de la vitesse et de la pénétration des technologies de l'information, qui permet à davantage de gens dans davantage d'endroits d'être au courant beaucoup plus vite de davantage de choses. Comme porte-parole privilégiés de leur pays, les dirigeants mondiaux ont pleinement profité de cette évolution pour rehausser le prestige de la fonction.

Si elle ne nous a pas amenés, loin de là, à prêter plus d'attention aux problèmes afin de mieux pouvoir en débattre en toute connaissance de cause, reconnaissons que la révolution dans les communications et l'information nous a conduits à charger sans broncher nos dirigeants de prendre de plus en plus de décisions à notre place. Ainsi, le conflit indo-pakistanais de 2002 autour du Cachemire s'est résumé pour les journalistes du monde entier à une querelle entre le Premier Ministre

Vajpayee et le président Musharraf ; et le fait de savoir si Oussama ben Laden était mort ou bien toujours en vie méritait apparemment plus d'espace dans les journaux que la libération de l'Afghanistan des mains des Talibans ! En 1780, le député whig John Dunning déposa aux Communes une motion disant :

> L'influence de la Couronne s'est accrue, continue de s'accroître et doit être réduite.

Il en va de même aujourd'hui pour les dirigeants mondiaux.

La tendance est à accroître plutôt qu'à réduire la place de nos dirigeants dans notre vie quotidienne, parce que les grands moyens d'information ne cessent de simplifier les questions politiques, et l'on y parvient d'autant plus aisément en se focalisant sur le caractère d'un dirigeant pris isolément, ou, mieux encore, en opposant les personnalités respectives de deux adversaires. Avec le suffrage universel, la nécessité de séduire en pratique le plus petit dénominateur commun intellectuel de l'électorat – du moins ceux qui iront vraisemblablement voter – a inévitablement conduit à une baisse générale du niveau de l'argumentation, processus auquel les hommes politiques actuels contribuent sans états d'âme.

Prenons une unique phrase de la conclusion du discours de William Gladstone qui démolit le projet de loi de finances de Benjamin Disraeli de 1852 (et par là même tout le ministère tory), fondé sur un déficit budgétaire :

> Je me remémore avec regret les jours où je siégeais aux côtés de beaucoup de mes amis des bancs d'en face,

> et je juge qu'il est de mon devoir d'utiliser ma liberté de parole – que, j'en suis sûr, vous tolérerez, en bons Anglais que vous êtes – pour vous dire que si vous donnez votre aval et votre suprême sanction à ce principe absolument malsain et destructeur sur lequel se fonde le dispositif financier du gouvernement, il se peut bien que vous refusiez de m'écouter aujourd'hui, il se peut bien que vous votiez avec le chancelier de l'Échiquier ; mais je suis convaincu que le jour viendra où vous vous rappellerez ce scrutin – car tôt ou tard ses conséquences se feront sentir – avec des regrets amers et tardifs, mais impuissants[5].

Il s'agissait sûrement là de la phrase la plus longue jamais prononcée par le *grand old man*, mais peut-on imaginer un homme politique actuel s'en approchant ? Des propositions de trois mots, sans verbe, des petites phrases démagogiques, des allusions toutes faites au monde du football ou aux séries télévisées : voilà de quoi est fait le discours politique aujourd'hui.

Le vocabulaire du monde politique classique, qui impliquait des discours débordant d'allusions littéraires tirées des grands auteurs, ne convient plus du tout de nos jours, tout simplement parce que la baisse du niveau d'enseignement l'a rendu inintelligible à une grande partie de l'électorat, même si l'homme politique a bel et bien, lui, les ressources intellectuelles pour prononcer des allocutions de haute tenue. Lord Brougham, le grand juriste et homme politique whig, estimait :

> L'enseignement rend un peuple facile à mener, mais difficile à pousser contre son gré ; facile à gouverner, mais impossible à asservir.

On tremble de penser que l'inverse pourrait se vérifier à la suite des carences dans l'enseignement que l'on inflige aux électeurs de demain.

Ce n'est pas là seulement un snobisme réactionnaire – je n'ai aucune envie d'imiter la princesse De Petitpoix du *Coningsby* de Disraeli (1844), qui considérait comme le devoir de son existence de « venger la cause des dynasties renversées et d'une noblesse destituée » –, mais le fait est que Gladstone, Disraeli, Rosebery, Balfour et lord Salisbury estimaient du devoir de la politique de tirer vers le haut et que dans leurs discours ils s'efforçaient sciemment d'éduquer presque autant que de persuader. Rares sont les dirigeants politiques d'aujourd'hui qui ont le sentiment qu'il faut donner la même dimension morale à leurs discours, et ceux qui l'ont semblent incapables de ne pas paraître pédants.

Dans son sillage, la démocratie a apporté la démagogie et, comme l'avait prédit Aristote, il n'est pas au monde de forme de gouvernement qui s'embarrasse moins de scrupules qu'une démocratie parfaite, parce qu'elle ne peut pas admettre l'éventualité que son souverain, le peuple, puisse jamais avoir tort. Les maux de la société sont aujourd'hui attribués aux dirigeants politiques comme ils l'ont rarement été du temps des anciennes oligarchies. En leur attribuant ces maux, on exprime la conviction subconsciente que les dirigeants peuvent tout changer, y compris la nature humaine. Ce présupposé apparaît le plus clairement dans les rencontres organisées entre le Premier Ministre et un public : on le voit quand il lui est régulièrement demandé de faire voter des mesures qu'on aurait autrefois laissées à juste titre aux évêques pour qu'ils intercèdent en leur faveur par la prière, voire aux saints, pour obtenir une intervention divine. Le Parlement pourrait facilement voter une loi disposant que tout le monde devrait être beau et gentil, ou que la pesanteur cesse de faire tomber occasionnellement les laveurs de vitres, mais il y a des limites à son pouvoir, écrivit lord Salisbury dans l'un de ses essais parus dans la *Saturday Review* au cours des années 1860.

Le moment où apparaît le mieux le dirigeant politique contemporain, c'est celui des campagnes pour les élections législatives. Ces périodes ont toujours été jugées peu ragoûtantes par quiconque possède le moindre reste de respect humain et de dignité. En 1992, l'électorat britannique fut témoin à cet égard d'une campagne qui a touché le fond, entre l'opposition qui se contentait de dénoncer la volonté du gouvernement de doubler certains impôts et celui-ci qui, ayant recours à l'argot, accusait ses adversaires de « raconter des bobards ».

Qu'aurait dit sir Max Beerbohm de tout cela ? Prenons par exemple sa conférence de 1943 sur Lytton Strachey :

> On entend dire que notre siècle est celui de l'homme du commun. Je me plais à penser qu'au matin du 1er janvier, en l'an 2000, l'humanité pourra cesser d'avoir les mains jointes et de rester à genoux, et, en regardant autour d'elle, pourra trouver une autre sorte de foi, peut-être plus rationnelle.

Nous avons maintenant dépassé cette date et n'avons aucun signe visible que cette génuflexion a pris fin. Si Francis Fukuyama ne s'est pas trompé dans *La Fin de l'histoire et le dernier homme* en prédisant la prédominance permanente de la social-démocratie à l'échelle du globe, cette date n'adviendra jamais.

« Les guerres des peuples seront plus terribles que celles des rois », avertissait Churchill dans son discours aux Communes de 1901 sur les crédits militaires. Car, comme il l'expliquait dans son roman *Savrola*, « au beau milieu d'une foule excitée, être chevaleresque n'est guère de mise[6] ». Churchill, le paladin de la démocratie, souligna ce problème lorsque, au cours d'un après-midi brumeux de novembre 1947, il fit un long rêve éveillé à propos de son père tandis qu'il peignait dans l'atelier de son manoir de campagne, Chartwell. Cela tenait peut-être davantage de la vision, ainsi qu'il l'écrit dans son récit de l'incident : « J'eus tout à coup une sensation bizarre. Je me retournai la palette à la main et là, dans un fauteuil de cuir rouge à haut dossier, il y avait mon père. » Celui-ci était mort cinquante-deux ans auparavant. Au milieu de la « conversation », le fils confia à son père, qui avait été un des fondateurs de ce que l'on appelait alors la *Tory Democracy* : « Nous n'avons eu que des guerres depuis l'instauration de la démocratie[7]. »

Non seulement la démocratie a présidé aux guerres les plus sanglantes de l'histoire, mais certaines – comme au Viêt Nam ou dans le Golfe – ont été menées spécifiquement en son nom. Lorsque l'on combat pour une idée plutôt que pour un objectif territorial précis, comme la Silésie ou l'Alsace-Lorraine, il est presque impossible de trouver un compromis. Les guerres pour la démocratie ont eu tendance à se finir au couteau car, étant une religion séculière des temps modernes, la démocratie, justement, exige la capitulation sans conditions. Elle méprise le compromis, un peu à la manière des combattants des huit guerres de Religion que la France a subies entre

1562 et 1595. Il est loisible de penser que la volonté sans faille d'obtenir la capitulation sans conditions de l'Allemagne pendant les deux guerres mondiales les a prolongées, alors que les guerres d'autrefois étaient des affaires dynastiques limitées qui se terminaient généralement avec la prise d'une province, permettant la signature d'un traité. Churchill était conscient du problème et il n'a réussi à éviter une guerre contre l'Espagne de Franco en mai 1944 qu'en lançant devant les Communes : « Il y a un monde entre celui qui s'attaque à vous et celui qui vous laisse tranquille. » Si la guerre froide de 1946-1989 s'était d'aventure transformée en conflit ouvert entre les superpuissances, il est vraisemblable qu'elle ne se serait achevée qu'à la suite de destructions de grande ampleur. Car la démocratie, comme l'a dit lord Salisbury du christianisme militant, ne connaît pas de demi-mesures quand elle est confrontée à une opposition résolue.

Le paradigme moderne de l'art de mener les hommes

Le religieux italien du XIIIe siècle saint Pérégrin Laziosi, le patron des malades incurables, est sûrement celui qui protège les chargés des relations publiques non élus, toujours plus nombreux, qui infestent le monde politique britannique en faisant en sorte que les dirigeants soient maintenus à bonne distance des populations qu'ils dirigent. Dans *Le Premier Ministre* de Trollope (1876), M. Wharton, lit-on, « était un tory de la vieille école, qui détestait les compromis et exécrait du fond du cœur la catégorie de politiciens pour qui la politique était une profession plutôt qu'un sacerdoce ». Les dirigeants actuels de Grande-Bretagne et des États-Unis – quel que soit le parti – sont de plus en plus attirés par la politique en tant que profession, et non pas poussés par un sens authentique du service public, et ils restent dans leur « bulle », selon le mot à la mode, c'est-à-dire qu'ils s'intéressent de moins en moins à ce qui se passe en dehors du monde politique.

Cette évolution s'est révélée nocive pour la qualité de nos dirigeants, car les hommes politiques actuels sont presque dans l'impossibilité de démissionner sur des questions de principe, ou à la suite de malversations, n'ayant nulle part où aller. Lorsque, en juillet 1954, sir Thomas Dugdale, ministre de l'Agriculture du gouvernement Churchill, démissionna à propos d'un rachat par l'État de terres mal gérées avant que quiconque ne le lui ait vraiment suggéré, il retourna vaquer à ses occupations traditionnelles à la campagne, en n'accordant guère d'importance à la ruine de sa carrière. Aujourd'hui, les ministres ont tendance à s'accrocher jusqu'à ce qu'on menace de les congédier. C'est là l'un des spectacles de la politique les moins édifiants, qui sape encore un peu plus la confiance du public envers ses dirigeants.

Cela ne veut pas dire que les dirigeants d'autrefois étaient moins ambitieux que ceux d'aujourd'hui, car il est patent que ce n'est pas le cas ; le Premier Ministre britannique lord Rosebery écrivit ainsi, dans sa biographie de son ami personnel et adversaire politique lord Randolph Churchill :

> L'homme ambitieux qui peut regarder sans aigreur l'ascension ou la réussite d'un contemporain est encore plus rare qu'un cygne noir[8].

Cela veut simplement dire que les dirigeants de jadis avaient tendance à admettre qu'ils avaient fait leur temps – une manière qui est tout à fait étrangère à des politiciens comme David Mellor et Stephen Byers*, qu'il a fallu lentement et péniblement arracher à leur portefeuille. « Il n'est pas de spectacle plus réjouissant que de voir un vieil ami tomber d'un toit haut perché », a dit Confucius au Ve siècle av. J.-C. Mais voir la *Schadenfreude* mal déguisée que ces deux démissions ont suscitée chez beaucoup d'autres politiciens – surtout au sein de leur propre parti – n'a pu que dégoûter le public.

Cela fait longtemps que les hommes politiques sont attirés par les charmes intrinsèques de fonctions ministérielles, sans savoir où cela pourrait les conduire. Lorsqu'en juillet 1834 lord Melbourne se demandait s'il fallait qu'il accepte le poste de Premier Ministre que lui proposait le roi Guillaume IV, son secrétaire particulier, Tom Young, connu pour ne jamais cacher ce qu'il pensait, s'exclama :

> — Enfin, bon sang, jamais Grec ou Romain n'a occupé de telles fonctions ! Et quand bien même cela ne durerait que trois mois, cela aurait valu la peine d'être Premier Ministre d'Angleterre !
>
> — Ma foi, c'est vrai : je vais y aller ! lui répondit Melbourne.

C'est ce qu'il fit, et il resta Premier Ministre pour une durée totale de 6 ans et 255 jours. L'ambition en

---

* David Mellor, né en 1949, a eu une carrière politique chez les conservateurs jusqu'en 1997, date à laquelle il a quitté Westminster contraint et forcé par des scandales de sa vie privée. Stephen Byers, ancien ministre travailliste né en 1953, quitta la vie politique en 2010, convaincu de concussion.

soi n'est pas une mauvaise chose chez un dirigeant, tant qu'elle se conjugue à un authentique talent, comme pour Melbourne. Mais comme l'ancien trésorier du Parti conservateur, Alistair McAlpine, a pu le constater au sein de cette formation à l'époque de John Major, « il n'y a de la place ni pour les sentiments ni pour les principes chez ceux qu'anime une ambition dévorante ».

John Adair, le premier titulaire d'une chaire sur l'art de mener les hommes, remet succinctement les choses en perspective en disant : « C'est dur d'être un grand meneur d'hommes au Luxembourg en temps de paix. » Il a fallu la Terreur à Napoléon, la guerre des Gaules à César et les nazis à Churchill pour que chacun d'entre eux puisse accéder à la grandeur. (Il faut toutefois ajouter pour ce dernier que s'il était mort en avril 1940, avant de devenir Premier Ministre, il n'en aurait pas moins fait partie des figures politiques importantes du XXe siècle.) L'un des personnages des *Lampitt Chronicles* d'A. N. Wilson souligne lui aussi succinctement l'importance de la contingence historique quand il fait observer, à propos de sa propre vie gâchée :

> Je n'ai jamais rien « fait » : on a bien du mal à voir ce que l'on pouvait « faire » après Suez* [1956], même si on avait une fibre morale semblable à celle des anciens pionniers de l'Empire[9].

* Lors de la nationalisation complète du canal par le gouvernement Nasser, la Grande-Bretagne et la France envoyèrent sur place un corps expéditionnaire dont les opérations furent stoppées net par l'intervention diplomatique du président Eisenhower. L'humiliation des deux anciennes grandes puissances coloniales de la région marqua un tournant décisif dans la politique étrangère britannique.

C'est Enoch Powell qui a le mieux exprimé ce sentiment politique presque nihiliste en avançant qu'après Suez l'empire n'avait plus de sens et que le Commonwealth n'en constituait pas le substitut logique.

En 1928, le journaliste américain Heywood Broun écrivait :

> De même que toute conviction débute comme une passade, tout émancipateur fait son apprentissage comme excentrique. Un fanatique, c'est simplement un grand meneur d'hommes qui entre dans une pièce[10].

Il arrive que des meneurs d'hommes apparaissent avant leur heure, et si l'époque n'est alors pas prête à les recevoir, il se peut qu'ils tombent dans l'oubli, aussi charismatiques et convaincants soient-ils personnellement. Les meneurs d'hommes ont davantage besoin de leur saint Jean Baptiste qu'ils – ou leurs soutiens, ou l'histoire – ne veulent bien l'admettre. Pour leur ouvrir la voie du pouvoir, il fallait un John Pym à Oliver Cromwell et un général Mola au général Franco, de même que Nasser se reposait sur le général Néguib et que Barry Goldwater avait été indispensable à Ronald Reagan. Tony Blair avait connu le luxe inhabituel d'avoir deux saints Jean Baptiste en la personne de Neil Kinnock et de John Smith pour rendre ses idées plus acceptables et son parcours plus facile.

L'exercice est souvent cruel pour la personne qui incarne saint Jean, comme bien sûr il l'avait été pour le Baptiste lui-même. Elle obtient rarement la reconnaissance qui lui est due, et fait souvent penser à l'abbesse du Pilar, dans *Le Pont du roi Saint Louis* de Thornton

Wilder, qui « faisait partie de ces gens qui ont laissé leur vie se ronger parce qu'ils s'étaient épris d'une idée... avant qu'elle ne soit au rendez-vous de l'histoire de la civilisation ». Plutôt qu'un homme politique, « celui qui est venu auparavant » est souvent un intellectuel, quelqu'un dont la pensée permet au dirigeant de dire et de faire des choses qui auraient été inconcevables ne serait-ce qu'une demi-génération plus tôt. Pour Margaret Thatcher, par exemple, il avait fallu que les idées économiques de Friedrich von Hayek, de Milton Friedman, de sir Keith Joseph et d'Enoch Powell soient déjà bien diffusées avant qu'elle ne pût entreprendre sa vaste libéralisation des marchés dans les années 1980. Elle leur a reconnu sa dette intellectuelle avec générosité, mais il est fréquent que les dirigeants aiment être perçus comme ayant construit leur idéologie entièrement par eux-mêmes. Dans *Sur l'histoire de la religion et de la philosophie en Allemagne*, Heine déclare cependant :

> Notez bien cela, fiers hommes d'action. Vous n'êtes rien de plus que les porteurs d'eau subconscients des hommes de pensée... Maximilien Robespierre n'était que le bras armé de Jean-Jacques Rousseau, ce bras sanglant qui alla extraire du ventre du Temps le corps que Rousseau avait engendré.

Ni Hitler ni Churchill n'avait été précédé par un saint Jean Baptiste : ils n'étaient les porteurs d'eau subconscients de quiconque.

Hitler et Churchill : leur pertinence actuelle

Afin de tenter de mesurer le pouvoir que la Seconde Guerre mondiale continue d'exercer sur nous, j'ai rassemblé un certain nombre de coupures de presse pendant deux semaines en mars 2000, une quinzaine, choisies absolument au hasard, en sélectionnant tout ce qui avait trait à cette guerre et à cette période de six ans qui s'était achevée cinquante-cinq ans auparavant. Au cours de ces quatorze jours, Israël publia les carnets d'Adolf Eichmann ; le procès en diffamation qui opposait David Irving à Deborah Lipstadt et à l'éditeur Penguin Books à propos de la Shoah* commença à entendre les conclusions de chaque partie ; l'apprenti-Führer autrichien Jörg Haider** finit enfin par dénoncer Hitler comme l'homme le plus maléfique du siècle, titre qu'il avait jusque-là réservé à Churchill et à Staline ; il fut proposé que le quatrième socle de Trafalgar Square soit surmonté d'une statue collective de « femmes en guerre » ; les demandes de dommages et intérêts ou de restitution portant sur les œuvres d'art pillées par les nazis furent estimées à des sommes allant de 800 millions à 1,5 milliard de livres ; on put lire que Leni Riefenstahl, âgée de 98 ans, avait survécu à un accident d'hélicoptère au Soudan et qu'elle allait être incarnée par Jodie Foster dans un film sur sa vie ; les notes manuscrites d'un discours prononcé par Hitler

* Procès retentissant tenu en 1996. Le négationniste David Irving accusait de calomnie l'historienne juive américaine (éditée chez Penguin) Deborah Lipstadt, qui gagna y compris en appel.

** Homme politique autrichien d'extrême droite, très actif des années 1980 à sa mort en 2008.

devant le Reichstag en 1939 atteignirent 11 800 livres aux enchères ; Neville Lawrence, le père du lycéen noir assassiné Stephen Lawrence, compara l'expérience des jeunes Noirs de Grande-Bretagne à celle d'Anne Frank ; un homme déguisé en Hitler fut arrêté alors qu'il tentait de forcer l'entrée du bal de l'Opéra de Vienne ; de belles nécrologies parurent d'Harold Hobday, qui avait ouvert une brèche dans le barrage sur l'Eder avec une bombe à ricochets en 1943, ainsi que de Dominic Bruce, un officier de la Royal Air Force (RAF) qui avait à son actif pas moins de dix-sept tentatives d'évasion de camps de prisonniers en Allemagne, y compris Colditz ; la correspondance de la reine mère datant de la guerre à propos du duc et de la duchesse de Windsor suscita un grand intérêt dans les journaux ; enfin, on publia les plans d'invasion nazie de la Grande-Bretagne du général SS Walter Schellenberg, en y incluant la liste des 2 280 personnes qui auraient dû être arrêtées. La Seconde Guerre mondiale continuait donc de faire les gros titres, presque quotidiennement, encore plus d'un demi-siècle après. Pour nous, soldats anglais, la guerre est loin d'être terminée.

Cela provient en partie du fait que la période 1939-1945, en particulier l'année écoulée entre juin 1940 et juin 1941, appartient au cœur même de la perception qu'ont les Britanniques de leur nation. Elle présente des aspects positifs à la fois pour la droite et pour la gauche. Pour la droite, ces 386 jours où nous sommes « restés seuls debout » – avec le soutien inestimable de l'empire et du Commonwealth comme de notre alliée la Grèce – représentent l'expression ultime de la souveraineté et prouvent les bienfaits irremplaçables de l'indépendance nationale. Pour la gauche, ce fut l'époque où le fascisme vit se dresser face à lui les forces de la démocratie représentées par ce que Churchill avait baptisé la « grande coalition », qui comprenait le Parti travailliste de Clement Attlee. Michael Foot (chef de file travailliste entre 1980 et 1983) déclara un jour que 1940 était un symbole trop puissant pour être confisqué par la droite, et c'est en partie parce que les deux côtés de l'éventail politique s'appuient idéologiquement sur les événements de cette année-là que notre *annus mirabilis* entre toutes a survécu comme ce si solide totem. Le *Times* pouvait ainsi écrire dans son éditorial du 5 juin 1990, jour du cinquantenaire de Dunkerque :

> Beaucoup de pays fêtent le jour où ils ont conquis leur indépendance ou bien celui où ils ont renversé leur *ancien régime*. Ni l'un ni l'autre ne vaut pour la Grande-Bretagne, pays qui n'a pas vraiment de fête nationale [c'est l'anniversaire du souverain qui en tient lieu]. C'est une année que la Grande-Bretagne commémore en tant que nation. L'iconographie de 1940 n'est jamais loin de ceux qui pensent à la Grande-Bretagne.

Il y a en Afrique de l'Est une tribu dont la fonction première du marabout est de dire ce qu'aurait fait un ancien grand chef en telle ou telle circonstance, et les deux camps du débat sur l'ampleur de l'intégration britannique dans l'Union européenne tirent une grande partie de leur inspiration de Winston Churchill. Les partisans d'une fédération européenne, comme Michael Heseltine [ministre qui s'opposa à Margaret Thatcher sur ce point], se plaisent à citer Churchill comme ayant soutenu le concept d'unité européenne, bien qu'ils s'abstiennent d'ajouter que, concrètement, le chef de guerre ne souhaitait pas que la Grande-Bretagne y participe. Sir Edward Heath aimait aussi à répéter que c'était pour empêcher le déclenchement de guerres futures du genre de celle où il avait combattu qu'il fallait que le continent se fédère. De même, ceux qui sont contre les perspectives pour l'Europe définies à Maastricht, comme le député Bill Cash (célèbre brexiter conservateur) ou l'historien Norman Stone (décédé en 2019) – qui tous deux ont perdu leur père pendant la guerre –, rappellent les résultats désastreux de la tentative de forcer la Grande-Bretagne à entrer dans un super-État européen à contrecœur.

Quand on cherche à savoir pourquoi les Britanniques sont fiers de l'être, on en revient toujours à 1940-1941. Il y a certes de nombreuses choses que la Grande-Bretagne fait très bien, mais parallèlement, il semble toujours y avoir d'autres pays qui font exactement les mêmes choses en mieux. Il est difficile de concevoir que l'on puisse être fier de la Grande-Bretagne simplement à cause du décorum, des courses automobiles, de la pop music ou du Service national de santé – ne serait-ce que parce que l'Allemagne avait créé son système d'assurance maladie bien avant. Il faut qu'il y ait quelque chose de plus : pour beaucoup, c'est ce que fit la Grande-Bretagne il y a soixante ans. Au contraire de toutes les autres grandes puissances, l'Empire britannique resta sur le terrain dès le début – hormis les deux premiers jours qui suivirent l'invasion de la Pologne par l'Allemagne –, jusqu'à ce que la victoire sur le Japon donne le signal de la fin, et cela suscite une énorme fierté parfaitement justifiable.

L'effet de catharsis créé par les années de guerre fut tel que tout ce qui devait se produire ensuite ne pouvait être perçu que comme plus limité, plus rassurant, plus terre à terre, moins éclatant. En Grande-Bretagne, la période post-1945 n'a pu qu'être une époque posthéroïque. La Grande-Bretagne des années 1970, celle d'Harold Wilson*, d'Edward Heath** et de Jeremy Thorpe***, ne pouvait évidemment pas se comparer, du point de vue de son charme romancé, à celle de Churchill, d'Eden et de Montgomery au début des années 1940. Mais au-delà des différents sujets de tension qui se sont accumulés sur la Grande-Bretagne d'après-guerre – l'abandon de l'empire, les dévaluations périodiques du sterling, l'immigration massive des habitants du Commonwealth qui n'étaient pas de souche européenne, la débâcle de Suez, les recours au Fonds monétaire international, les conflits sociaux au sein de British Leyland**** et l'« hiver du mécontentement***** » de 1978-1979 –, le souvenir de 1940-1941 restait toujours une consolation en venant rappeler que, en dépit de toutes ces humiliations, elle demeurait une grande nation.

---

* Premier Ministre travailliste entre 1964 et 1970, puis entre 1974 et 1976.

** Premier Ministre conservateur entre 1970 et 1974.

*** Leader du Parti libéral de 1967 à 1976.

**** Le gouvernement britannique avait tenté de réunir toutes les grandes marques d'automobiles dans un seul groupe sous le nom de British Leyland. Ce fut un échec. En 1975, divers repreneurs prirent la succession. Tous sont aujourd'hui étrangers.

***** Resté dans les mémoires par la grève des fossoyeurs, cet hiver 1978-1979 vit l'activité du pays paralysée par la manifestation du mécontentement des salariés de nombreux secteurs. L'expression est une citation de Shakespeare.

Plus d'une autre nation a connu son heure de gloire sous les feux de l'histoire. La véritable tragédie, pour ma génération née après la guerre, c'est que la nôtre ait été si récente. C'est presque une recette pour le nihilisme, sachant que rien ne peut faire revivre cette période d'un héroïsme sublime. Tout comme les Grecs sont encore fiers, à juste titre, des grandes réalisations de l'Athènes du Ve siècle, les Français se rengorgent en contemplant l'Arc de Triomphe (bien qu'il présente comme des victoires des batailles que la France a en fait perdues), les Américains révèrent leurs Pères fondateurs et les Mongols vénèrent toujours (malgré les interdits très stricts du gouvernement) la mémoire de Gengis Khan, nous, nous ne pouvons effacer de notre esprit l'année où, comme l'écrivait T. S. Eliot dans un poème de ses *Quatre Quatuors* en 1941, « l'histoire, c'est maintenant, et c'est l'Angleterre ».

Rien n'indique que l'intérêt pour la guerre s'estompe simplement parce que ses participants quittent la scène, pas plus que l'intérêt pour le Parthénon en Grèce, pour Napoléon en France ou pour la Constitution aux États-Unis n'a diminué avec la mort de leurs protagonistes et contemporains. Le premier quart du XXIe siècle voit les anciens combattants de la Seconde Guerre mondiale quitter le champ de bataille de l'existence, mais la fascination et l'admiration devant ce qu'ils ont fait ne meurent pas avec eux. Longtemps après que tous les liens personnels auront été rompus, les personnages, les événements et les leçons de ce qui s'est déroulé entre 1939 et 1945 demeureront dans la mémoire des générations à venir. La réintroduction de la minute de silence le 11 novembre est un signe du renouveau de l'intérêt, voire de la vénération pour les sacrifices des deux guerres. Chaque fois que je donne une conférence sur la dernière guerre dans une classe, les professeurs me répètent que c'est de loin la période favorite de l'histoire chez leurs élèves.

D'aucuns jugent que l'obsession des Britanniques par rapport à la guerre est puérile, voire délétère dans le processus de maturation vers un État européen normal. Ils avancent que les plaies se sont très largement refermées et ne se rouvrent que quand les casseurs entonnent des couplets xénophobes sur l'air de la marche des *Briseurs de barrage** lors de matchs internationaux de football. Reste que les gros titres de cette quinzaine de mars 2000 devraient les convaincre du contraire. T. S. Eliot écrivait également dans son poème : « Nous sommes nés avec les morts – voyez : ils reviennent pour nous emmener avec eux. » Qu'il s'agisse de banques suisses poursuivies par des Juifs qui exigent réparation, d'élèves américains qui vénèrent Hitler et sèment la terreur à Columbine High School** ou du public qui se précipite sur les films de Spielberg comme *La Liste de Schindler* ou *Il faut sauver le soldat Ryan*, les échos de la guerre d'Hitler vont continuer à se réverbérer sans fin et vraisemblablement sous des formes que nous ne pouvons même pas imaginer aujourd'hui.

Beaucoup de facteurs devaient finalement aboutir à la victoire des Alliés et à la défaite des Allemands lors

---

* Film britannique à succès de 1955 (d'après le livre éponyme de Paul Brickhill) qui raconte les bombardements de la RAF menés en 1943 sur les barrages allemands de la Ruhr.

** Allusion à la tuerie de 1999 par deux élèves dans un lycée du Colorado, où douze de leurs camarades et un enseignant trouvèrent la mort.

de la Seconde Guerre mondiale – ne serait-ce que leur énorme supériorité en hommes et en matériel. Mais la façon dont Hitler et Churchill ont conduit les opérations y a, elle aussi, joué un rôle capital. Les leçons que nous pouvons tirer de leur comportement entre 1939 et 1945 peuvent nous aider devant les dilemmes certes moins importants de notre époque. Quels étaient les secrets qu'utilisait Hitler pour magnétiser une nation ? Si nous le perçons à jour si facilement actuellement, pourquoi la population allemande en était-elle incapable à l'époque ? Pourquoi les avertissements de son adversaire acharné, Winston Churchill, n'ont-ils pas été écoutés quand il prédisait exactement ce qu'allait faire Hitler ensuite ? Il a toujours vu juste à peu de chose près, et ce sens de la prophétie digne de Thémistocle constitue l'essence même de l'art de mener les hommes. Churchill avait été élevé et formé dès la naissance pour exercer un rôle de chef – et pourtant on ne lui a pas permis de le faire avant qu'il ne soit trop tard, ou presque. Pourquoi ?

Je pense qu'il nous faut comprendre comment fonctionne cet art de mener les hommes, comment on en use et en abuse trop souvent. Il faut savoir reconnaître ce qui fait un bon meneur d'hommes, et en même temps détecter tous les artifices utilisés par ceux qui prétendent l'être pour tenter de gagner notre confiance et notre soutien. Il faut savoir comment identifier les führers de l'avenir, parce que nous pouvons être sûrs d'une chose : la prochaine fois, ils ne s'affubleront pas des bottes de cuir et des brassards qui les trahiraient.

Hitler et Churchill jusqu'en 1939

> « Vous savez, je peux paraître féroce – mais je ne suis féroce que vis-à-vis d'un seul homme : Hitler. »
>
> Churchill à son nouveau chef de cabinet, John Martin.

Nous connaissons tous quantité de films où d'énormes foules en délire se pressent sur le bord des routes pour accueillir Hitler au cours de ses différentes visites dans tout le IIIe Reich dans les années 1930. Tout cela était une mise en scène, bien sûr, mais l'adoration qui se lisait sur le visage des Allemands ordinaires ne l'était généralement pas. Comment un spécimen si peu engageant de l'espèce humaine – avec sa ridicule petite moustache, sa voix éraillée et ses yeux d'illuminé – a-t-il bien pu parvenir à s'attirer un tel attachement fanatique ?

Dans une mesure rarement vue auparavant en dehors d'un contexte religieux, le phénomène Adolf Hitler conduisait des gens intelligents à suspendre la partie de leur cerveau qui produit la rationalité. Le ministre allemand de la Défense, le feld-maréchal Werner von Blomberg, prétendait qu'il lui suffisait d'une cordiale poignée de mains de la part du Führer pour guérir son rhume. Le feld-maréchal Hermann Göring confiait, quant à lui : « Si Hitler vous disait que vous étiez une femme, vous quitteriez l'endroit en étant convaincu de l'être. » Il y a d'innombrables autres exemples de gens intelligents – hommes et femmes – qui étaient envoûtés par Hitler. Dans le souvenir de l'un de ses principaux officiers d'état-major, le général Warlimont, « rares étaient les grands commandants des théâtres d'opérations qui, convoqués pour faire un exposé ou présenter un rapport au quartier général, restaient insensibles à la présence magnétique d'Hitler[1] ».

Pour sa part, Churchill n'a semble-t-il jamais exercé cette sorte de pouvoir personnel, presque mystique, sur autrui. Hitler avait du charisme – pas Churchill. Comment était-ce possible que le premier suscite infiniment plus de vénération et d'adulation que le second ? Et pourquoi, malgré cela, Churchill s'est-il avéré le meilleur meneur d'hommes au bout du compte ? D'ailleurs, qu'est-ce qui faisait d'Hitler et de Churchill des meneurs d'hommes, et à quel savoir-faire, à quelles techniques spéciales faisaient-ils appel pour conduire des millions de gens à les suivre ?

Différentes tentatives ont été faites pour apparenter les deux hommes. Par exemple celle de John Pearson, qui a écrit une histoire de la famille Churchill :

> Sur bien des points, Churchill et Hitler présentaient des ressemblances dérangeantes. Tous deux étaient sans vergogne, obsédés par la puissance militaire et dévorés par le sentiment d'avoir un destin personnel. Tous deux étaient autodidactes, d'un nationalisme exacerbé et d'une agressivité marquée devant ceux qui s'opposaient à eux. Tous

> deux étaient également des personnages d'un égocentrisme affirmé, des orateurs irrésistibles, des acteurs-nés et des interlocuteurs persuasifs, plus que capables de dominer ceux qui tombaient sous leur charme. Tous deux trouvaient leur détente dans la peinture, les monologues spéculatifs et leurs films favoris, qu'ils regardaient tard le soir. On trouve même une étrange ressemblance dans la façon dont tous deux ont rédigé de solides autobiographies fantasmées de la voie qu'ils se traçaient pour parvenir au pouvoir, Churchill dans son roman *Savrola* et Hitler dans *Mein Kampf*[2].

Malheureusement, les quelques éléments bien vus de ce passage sont anéantis plus loin, quand l'auteur poursuit en avançant que le Britannique « aurait très bien pu » agir comme Hitler le fit lors de son parcours vers le pouvoir, alors que l'idée d'un Churchill baignant jusqu'à la hauteur de son nœud papillon à pois dans le sang de ses ennemis politiques ne tient pas debout. La plupart des dirigeants politiques puissants – et pas seulement ces deux-là – sont « des personnages d'un égocentrisme affirmé » et « d'une agressivité marquée devant ceux qui s'opposent à eux », mais là où Churchill faisait taire son opposition par son argumentation et consacrait sa défaite par les scrutins du Parlement, Hitler faisait abattre ses adversaires politiques lors de la nuit des Longs Couteaux et utilisait Dachau et d'autres camps de concentration pour se débarrasser des autres. Jamais Churchill n'aurait envisagé d'en arriver à de telles extrémités, même si son pays avait connu les mêmes tensions internes que l'Allemagne des années 1920. Il est exact qu'il a interné des Britanniques sans procès, en application de l'ordonnance 18B en 1940, mais il a toujours considéré cela, pour reprendre ses propres termes, comme « odieux au plus haut point », et il les a libérés dès qu'il a pu le faire en toute sécurité. Il réservait le recours aux gaz pour le moment – s'il devait survenir – où les Allemands envahiraient les îles Britanniques, et non comme un instrument de génocide contre des civils.

Que le nationalisme de Churchill ait été profondément ancré et clairement exprimé, c'est indéniable – mais jamais il ne s'est apparenté à la nature rancunière, paranoïaque et maléfique de celui d'Hitler. Plutôt que les « monologues spéculatifs », le Vieux Lion cultivait le dialogue et la repartie, et il se serait vite lassé des auditoires admiratifs, muets et inconditionnels que prisait le Führer. Il n'était « obsédé par la puissance militaire » qu'en temps de guerre : il se trouve tout simplement que deux de ses mandats ministériels ont coïncidé avec les deux guerres les plus terribles de l'histoire. En temps de paix, il s'évertua à faire adopter des lois interdisant l'embauche de garçons de moins de 15 ans dans les mines, instaurant les assurances sociales et accordant un après-midi de congé par semaine à tous les travailleurs en sus du dimanche. Par ailleurs, il s'adonnait à la peinture pour le plaisir et pour se détendre, tandis qu'Hitler était peintre en bâtiment pour gagner sa vie – il abandonna d'ailleurs quand ses besoins d'argent se firent moins pressants.

De tous les éléments de Pearson tirés par les cheveux, le plus absurde est peut-être la tentative de rapprochement entre le *Mein Kampf* d'Hitler et le roman de Churchill. Alors que le premier est une feuille de route pour la quête par l'Allemagne de son *Lebensraum* (espace vital) à l'est et un traité sur la supériorité raciale de l'Aryen sur le Slave, *Savrola* est un mélodrame romantique léger sur les liens amoureux entre la femme du président d'une petite république d'Europe méditerranéenne et le chef de file de l'opposition, le héros éponyme. Écrit en 1897 et publié en 1900, l'ouvrage contient bien quelques références politiques – dont certaines allusions néodarwiniennes à l'aptitude du plus fort à survivre parmi les peuples, qui reflètent les conceptions classiques de l'eugénisme de l'époque, que partageait Churchill –, mais c'est bien là la seule ressemblance avec *Mein Kampf*. Le roman ne montre en rien la voie que Churchill imaginait pour parvenir au pouvoir, ne serait-ce que parce que Savrola prône l'apaisement vis-à-vis du dictateur Molara, quitte le pays quand la révolution éclate et n'est pas porté au pouvoir en Lauranie avant l'épilogue, où tout le monde vit enfin heureux.

Contrairement à *Mein Kampf*, de surcroît, *Savrola* ne fut pas un succès commercial, et Churchill admettait lui-même : « Je n'ai jamais cessé d'en déconseiller la lecture à mes amis. » Il n'est pas difficile de voir pourquoi : l'intrigue est absurde, les personnages sont sans épaisseur et les clichés trop nombreux. Les rats quittent le navire qui coule, les gens s'aplatissent pour mieux régner, l'arroseur se fait arroser, l'héroïne vénère le sol que le héros a foulé, l'heure sonne pour chacun et « en amour comme à la guerre, tout est permis ». L'ouvrage est également rempli de remarques politiquement incorrectes dans le style de l'époque : le roi d'Éthiopie a un visage « noir mais plein de vitalité », le rôle des femmes est d'être soumises et obéissantes, et on lit à propos de celui qui est pratiquement le seul personnage ouvrier du livre que « l'on n'en saura pas plus, car l'histoire ne s'appesantit pas sur ces gens-là ». Le héros, Savrola,

32 ans, est un philosophe, astrologue amateur et homme d'État, qui est attiré par la politique plus par ambition que par son désir de contribuer au bien commun.

En réalité, sur presque tous les aspects de leur personnalité, il est impossible de trouver deux hommes plus différents qu'Hitler et Churchill. Ce dernier était un bon vivant à l'appétit énorme. En route pour la conférence de Québec sur le *Queen Mary* en 1943, par exemple, il prit un repas qui comprenait « huîtres, consommé, turbot, dinde rôtie, sorbet au cantaloup, stilton, et une grande variété de fruits, de petits fours, etc. – le tout arrosé de champagne (Mumm 1929) et d'un remarquable Liebfraumilch, suivi de cognac 1870 ».

La question de ce que buvait Churchill est importante. Il répétait qu'il avait plus tiré de l'alcool que l'alcool n'avait tiré de lui, mais c'est ce que croient tous les buveurs. Pourtant, dans son cas, lui qui était fort comme un bœuf et doté d'une robuste constitution qui ne le trahit pas avant qu'il ait dépassé 90 ans, c'était la stricte vérité. Bien qu'Hitler ait toujours pensé qu'il était un alcoolique invétéré, de nombreux éléments vont dans le sens contraire. Il est évident que Churchill plaisantait quand il a refusé une tasse de thé pour des raisons médicales en expliquant : « Mon médecin m'a prescrit de ne jamais rien prendre de non alcoolique entre le petit déjeuner et le dîner. » En réalité, comme il l'écrivit dans son autobiographie *Mes jeunes années*, il avait « été élevé et formé à avoir le plus profond mépris pour ceux qui se saoulaient ». Son ami le Pr Frederick Lindemann calcula un jour que Churchill avait bu assez de champagne au cours de son existence pour remplir la moitié d'une voiture de chemin de fer – mais que cela lui avait pris plus d'un demi-siècle pour ce faire[3]. (Le

« Prof » était maître dans l'art de ce que l'on appellerait aujourd'hui le politiquement incorrect : il demanda une fois à un haut fonctionnaire : « Qu'est-ce que c'est que cette idiotie de vouloir abolir la faim ? »)

Les accusations d'alcoolisme formulées par l'ancien historien David Irving dans sa biographie de Churchill en plusieurs volumes, qui constitue le type même d'hymne à la haine qui aurait circulé si c'était le mauvais camp qui avait gagné la Seconde Guerre mondiale, répètent comme un perroquet les refrains classiques de la propagande nazie. Heureusement, toutefois, M. Irving nous donne assez d'indications dans ses livres pour nous permettre de réfuter ses propres allégations. Ainsi, quand il écrit qu'en un seul week-end aux Chequers en août 1941, en dehors du bordeaux, la consommation d'alcool atteignit deux bouteilles de champagne, une de porto, une demie de vin blanc, une de xérès et deux de whisky, il nous dit également pour combien de personnes c'était. Rien que pour le déjeuner du dimanche, il y avait lady Horatia Seymour, lord et lady Cranborne, lord et lady Bessborough, « un Rothschild et sa femme », un officier de la RAF et le (certes abstinent) Premier Ministre canadien, William Lyon Mackenzie King autour de la table des Churchill. Une fois que l'on divise la quantité d'alcool servie par le nombre de repas et ensuite par le nombre de membres de la famille et d'invités présents (dans cet exemple, au moins neuf), elle ne semble plus excessive, surtout en regard des généreux critères exigés pour recevoir dignement dans les grands manoirs de campagne de l'époque[4]. Donc, à partir des statistiques d'Irving lui-même, il est impossible de taxer Churchill d'alcoolisme, sauf à avancer qu'il a bu l'ensemble de ce que l'on avait prévu de servir aux Chequers à lui tout seul. En outre, comme nous le savons par le témoignage de plusieurs de ses secrétaires particuliers, il aimait ses cognacs et ses whiskys fortement dilués d'eau de Seltz.

L'auteur Clive Ponting a pour sa part déploré que Churchill et Eden aient partagé un coûteux cognac 1865 en novembre 1940. Mais si eux ne méritaient pas le luxe d'un vieux cognac au moment où ils se battaient pour sauver la civilisation, qui alors le pouvait ? Sa biographie de Churchill, ainsi que son livre *1940 : Myth and Reality*, qui d'un bout à l'autre nie l'héroïsme de la Grande-Bretagne lors de sa plus belle heure, apparentent furieusement Ponting aux ronds-de-cuir grisonnants du poème *Slough* de John Betjeman qui « n'osent lever la tête pour regarder les étoiles / mais préfèrent roter ».

En attendant, Hitler, lui, peut se faire accuser – et donc condamner pour cela – d'avoir été un végétarien, un non-fumeur et un antialcoolique. Il n'était certes pas complètement abstinent parce que, de temps à autre, il « avalait de l'eau ou de la bière quand il avait la gorge sèche », selon sa déposition lors du procès de 1924 tenu à la suite de ce que l'on a baptisé son « putsch de la brasserie de Munich ». Plus tard, la brasserie Holzkirchen, en Bavière, produisit spécialement pour lui une bière brune au taux d'alcool ridiculement bas (2 degrés). Pendant la Seconde Guerre mondiale, il fit un jour remarquer qu'on ne pouvait pas faire grand-chose à court terme pour modifier les habitudes de la population en matière de nourriture et de boissons, mais qu'après la guerre il allait « s'occuper de la question ». La sinistre perspective d'un Reich sans cholestérol et presque sans alcool attendait les peuples aryens après la victoire.

En privé, Hitler faisait partie de ces végétariens donneurs de leçons à cause de qui cette perversion a parfois mauvaise réputation. Au cours des années 1920, lorsqu'une amie appelée Mimi Reiter commanda une escalope viennoise devant lui, il fit une grimace en lui disant : « Eh bien, vas-y, prends-en une, mais je ne vois pas pourquoi. Je n'aurais pas cru que tu voudrais dévorer un cadavre, la chair d'animaux morts. De la charogne ! » Il avait baptisé « tisane de cadavre » le bouillon de bœuf et il racontait souvent une anecdote – qu'il trouvait amusante – à propos d'une grand-mère décédée dont la famille avait jeté le cadavre dans un ruisseau pour attirer les écrevisses venues en faire leur souper. Il fit une fois remarquer à un invité qui mangeait de l'anguille fumée que les chats crevés étaient la meilleure façon de les engraisser, et à des dames qui dégustaient du cochon de lait : « Pour moi, cela ressemble absolument à du bébé rôti. » En dehors de son impolitesse vis-à-vis de ses invités et de la morbidité des images qu'il utilisait, il est piquant et ironique de voir Hitler faire la leçon à autrui sur l'esthétique immorale des cadavres et de la mort.

Un jour, des pêcheurs d'Héligoland lui offrirent un homard, mais il voulait interdire qu'on mange de ces animaux « aussi repoussants que coûteux », et il n'avait pas envie qu'on le voie déguster des mets luxueux. Au cours des premiers mois qui suivirent son accession au pouvoir, il ne signa pas moins de trois lois prévoyant l'interdiction des mauvais traitements aux animaux et leur protection, et en janvier 1936 son gouvernement publia un décret qui stipulait : « Il faut tuer les crabes, les homards et autres crustacés en les plongeant rapidement dans l'eau bouillante, en procédant individuellement chaque fois que possible », car après de longues discussions, les plus hautes autorités gouvernementales avaient décidé que c'était là la méthode la moins cruelle pour leur ôter la vie.

Hitler aimait aussi le caviar – jusqu'au jour où il découvrit combien cela coûtait, se tournant alors vers la rogue, parce que l'idée d'un chef qui mangeait du caviar était incompatible avec la conception qu'il avait de lui-même. Churchill ne mâchait pas ses mots quand il parlait des gens comme lui, par exemple dans sa note à lord Woolton, le ministre du Ravitaillement, de juillet 1940 :

> Tous les maniaques de la diététique ou presque que j'ai connus – les adeptes des noix et autres – sont morts jeunes au bout d'une longue période de déchéance sénile. [...] La meilleure façon de perdre la guerre, c'est d'essayer d'imposer à la population britannique un régime à base de lait, de gruau, de pommes de terre, etc. arrosés les grands jours d'une larme de jus de citron.

Hitler était presque entièrement dépourvu d'humour, sauf de l'humour le plus noir, et jusqu'aux dernières heures de son existence il resta un célibataire incapable de s'attacher sentimentalement à un autre être humain. Churchill, au contraire, aimait être en famille ; il était plein de compassion et réputé à juste titre pour ses traits d'esprit. Par ailleurs, leurs goûts artistiques n'auraient pas pu être plus différents. Hitler s'y connaissait énormément en musique classique, et il trouvait en particulier son inspiration dans les œuvres de Richard Wagner. Churchill préférait les marches militaires, les opérettes de Gilbert et Sullivan, le fantaisiste de music-hall Harry Lauder, ainsi que les chants qu'il avait appris à Harrow et qu'il se remémora avec attendrissement pour le restant de ses jours. Diana Mosley, une cousine de son épouse Clementine, le revoit chanter, alors qu'il était enfant, *Soldats de la reine* et « autres ballades de sa jeunesse, battant la mesure en même temps avec sa fine main blanche[5] ». Pendant la conférence de Québec, Churchill « réussit à faire reprendre en chœur des vieilles rengaines de music-hall par plusieurs membres de son entourage, dont l'austère sir Alexander Cadogan*[6] ». Churchill était le parfait exemple de la plaisanterie de Noël Coward dans *Vies privées* sur la puissance des musiquettes : il ne pouvait supporter d'entendre la chanson sentimentale *Keep Right on to the End of the Road* parce qu'elle le faisait pleurer.

Presque tout, en réalité, pouvait lui faire venir les larmes aux yeux. Tandis que beaucoup de dirigeants actuels s'efforcent de se fabriquer des émotions authentiques, Churchill – qui était essentiellement un personnage de la Régence anglaise, dans le sens où il affichait ouvertement ses sentiments – était régulièrement incapable de les réprimer. Si George W. Bush ou Tony Blair s'étaient mis à pleurer en public au moment de la « guerre contre la terreur », cela aurait à coup sûr mis un grand nombre de gens mal à l'aise. Mais Churchill fondait en larmes si facilement qu'il semble avoir passé une bonne partie de la Seconde Guerre mondiale en pleurs. « Vous savez, je pleurniche souvent ; il faudra vous y faire », dit-il un jour à son secrétaire particulier Anthony Montague Browne. Celui-ci n'eut pas longtemps à attendre, car peu après les larmes coulaient sur le visage du Premier Ministre pendant qu'il lisait la liste des morts à la guerre au Boodle's Club de St. James. Sir

* Secrétaire général du Foreign Office.

John (« Jock ») Colville, l'un de ses précédents secrétaires particuliers, expliquait que « cela faisait partie de son caractère et de ses qualités : il n'avait pas peur de montrer ses émotions ».

On vit ainsi Churchill pleurer en apprenant que les Londoniens faisaient la queue pour acheter des graines pour leurs canaris pendant le *Blitz* ; après son discours sur « le sang et les larmes » ; au baptême de son petit-fils Winston, son homonyme ; lors des acclamations qui suivirent son annonce aux Communes de l'attaque contre la flotte française à Mers el-Kébir ; au cours de ses tournées des quartiers ouvriers de Londres après les bombardements de septembre 1940 ; à la fin de la visite en Grande-Bretagne de l'émissaire américain Harry Hopkins ; en apprenant les souffrances de la France occupée en juin 1941[7] ; en regardant le film d'Alexander Korda *Les Amours de lady Hamilton* en route dans l'Atlantique pour sa rencontre avec Roosevelt ; au milieu du service religieux sur le pont du *Prince of Wales* une fois sur place[8] ; pendant le défilé qui suivit El-Alamein ; en apprenant le résultat des élections de 1945[9] ; en écoutant l'allocution de John Freeman en tenue d'officier lors de la cérémonie de réponses au discours du Trône d'août 1945 ; lors de la première réunion des anciens d'El-Alamein au Royal Albert Hall, en rencontrant ceux qui y avaient perdu la vue[10] ; pendant les obsèques de sir Stafford Cripps – et en maintes autres occasions. Au moment des funérailles du roi George VI en 1952, le duc de Windsor écrivit à la duchesse : « J'espère revoir le bébé pleurnicheur avant de repartir », en ajoutant en marge : « Personne n'a pleuré en ma présence. Uniquement Winston, comme d'habitude. » C'était très peu anglais chez un aristocrate du XIXe siècle d'étaler ainsi son grand cœur en public, mais c'était jadis courant, et tout à fait churchillien.

(Anthony Montague Browne resta fidèlement au service de Churchill jusqu'à son décès en janvier 1965, au détriment de sa carrière au ministère des Affaires étrangères. Il lui revint d'aller déclarer le décès à la mairie de Kensington, où il préféra « homme d'État » plutôt que « retraité » comme profession du mort. Avant la fermeture du cercueil, Jock, le chat roux, que Churchill adorait, entra dans la chambre, sauta dans le cercueil et observa le visage immobile, avant de sortir pour ne plus jamais revenir dans la pièce. Montague Browne fut la seule personne en dehors de la famille à suivre le catafalque au cours des funérailles nationales. Il raconte dans ses mémoires comment, à l'issue d'une longue journée de grand deuil national, il quitta le petit cimetière de Bladon, dans l'Oxfordshire, « submergé par une vague de douleur aiguë devant le déclin accéléré de la Grande-Bretagne, contre lequel [Churchill] avait lutté en vain ». Quand il regagna son appartement d'Eaton Place, ce fut pour constater qu'il avait été cambriolé. On ne peut trouver meilleure métaphore pour décrire la Grande-Bretagne actuelle.)

S'il est impossible d'imaginer deux hommes plus différents qu'Hitler et Churchill, comme meneurs d'hommes ils avaient plus en commun qu'on pourrait l'imaginer. Le trait de caractère le plus fort qu'ils partageaient, c'était une capacité presque surhumaine à ne jamais lâcher prise, démontrée tout au long de leurs nombreuses années passées face à l'adversité et à l'échec. Les débuts de la carrière d'Hitler ne furent guère prometteurs. La prison de Landsberg, en Bavière, où il se retrouva en 1923, était un endroit peu amène, même si on l'y a bien traité. Il venait d'essayer de s'emparer du pouvoir, mais son « putsch de la brasserie de Munich » avait lamentablement échoué. En fait, jusqu'à l'âge de 40 ans, Adolf Hitler resta un raté sur presque tous les tableaux. Pendant la plus grande partie des années 1920, son parti, le NSDAP (surnommé « parti nazi »), ne mena nulle part. Aux élections de 1928, par exemple, il ne remporta que 2,6 % des voix. À l'époque, la plupart des gens considéraient Hitler comme le chef risible d'un parti risible, dépourvu grâce au ciel de tout avenir politique.

Churchill était pleinement conscient de ce qu'Hitler avait subi au cours de cette traversée du désert en Allemagne. Dans son ouvrage de 1937, *Mes grands contemporains*, il reproduisit un article de 1935 où, parlant de « sa longue et épuisante bataille pour gagner le cœur des Allemands », il avait écrit :

> On ne peut lire le récit de cette lutte sans admirer le courage, la persévérance et l'énergie qui lui ont permis de menacer, de défier, puis de se concilier et enfin de vaincre toutes les autorités et toutes les forces hostiles qui lui barraient la route.

Avec un panache qu'il faut saluer, Churchill conserva même ces propos généreux – ainsi que d'autres – sur le dictateur allemand dans la réédition du volume en 1941.

Au contraire d'Hitler – qui a connu tous les désavantages nécessaires à la réussite dans l'existence –, Churchill a reçu tous les privilèges qui présagent si souvent la médiocrité. Il est né au palais de Blenheim, au sommet de l'élite politique britannique : son père, lord Randolph Churchill, était chancelier de l'Échiquier quand il était dans les petites classes de son pensionnat. Il avait hérité de débuts beaucoup plus faciles qu'Hitler, qui était le fils d'un simple douanier autrichien. Petit-fils d'un duc dont il fut l'héritier présomptif jusqu'à l'âge de 10 ans, Winston avait eu une carrière prometteuse comme ministre de l'Intérieur avant d'être rattrapé par la catastrophe comme premier lord de l'Amirauté au cours de la Première Guerre mondiale. À la suite d'une combinaison d'erreurs de jugement militaires et d'épouvantable malchance, son idée fétiche, la campagne des Dardanelles, fut un échec coûteux qui le força à piteusement démissionner. Sa femme Clementine s'en souvint toujours comme du point le plus bas de l'existence de son mari – selon certaines sources, il alla même alors jusqu'à envisager le suicide.

Malgré tout, il refusait d'être fini. Il avait tellement la politique dans le sang qu'il en discuta avec Lloyd George le jour de son mariage, dans la sacristie où il attendait de signer le registre, et il n'était pas question qu'il quitte ce milieu. Quand vint 1924, Churchill était lui-même alors chancelier de l'Échiquier, et après avoir occupé cinq ans ces hautes fonctions, il choisit de nouveau la traversée du désert politique en démissionnant du « cabinet fantôme » pour entamer une longue et âpre campagne finalement vouée à l'échec contre l'autonomie des Indes. Ses appels enthousiastes aux Britanniques à poursuivre la guerre civile en Russie et l'exaltation excessive qu'on percevait chez lui pendant la grève générale de 1926*

* Le gouvernement conservateur auquel participait Churchill ayant refusé toute concession sur le salaire des mineurs, l'ensemble des syndicats déclarèrent par solidarité, en mai 1926, une « grève générale », qui s'essouffla au bout de dix jours.

ne firent rien pour améliorer sa réputation : au lieu de cela, conjuguées à son soutien excentrique et apparemment intéressé au roi Édouard VIII lors de la crise de l'abdication en 1936*, ces prises de position le faisaient apparaître comme un va-t-en-guerre impérialiste et réactionnaire incorrigible et un électron libre aux yeux de la plupart des Britanniques. Ce n'est que par trois voix contre deux qu'il échappa à la perte du soutien du bureau conservateur de sa circonscription. C'était comme si, après l'avoir si souvent entendu prédire la catastrophe à propos d'un si grand nombre de questions sur une si longue période, on ne prenait plus Churchill au sérieux lorsqu'il tira la sonnette d'alarme à propos de la taille de l'aviation allemande. Il avait lui-même évoqué ce phénomène dans *Savrola*, en décrivant la presse anti-Molara de Lauranie :

> À force d'abuser de langage violent, il arrive que, dans les occasions spéciales, les moyens s'avèrent usés. [...] Ils avaient si souvent comparé le chef de l'État à Néron et à Judas, au grand avantage de ces derniers, qu'on pouvait se demander ce qu'ils trouveraient à dire à présent[11].

Au cours des années 1930, à part pendant quelques mois, Churchill était considéré comme un homme du passé. L'écrivain Christopher Sykes le qualifiait de « catastrophique relique du passé », et même son ami

---

* En décembre 1936, le Premier Ministre Baldwin mit le récent roi Édouard VIII devant un ultimatum : ou il renonçait à épouser une Américaine divorcée, ou il renonçait au trône. Le pays était divisé entre les soutiens du roi (dont Churchill) et ceux de Baldwin, d'où le mot « crise ».

Max Beaverbrook, le magnat de la presse, parlait de lui comme d'une « baudruche dégonflée ». Un livre intitulé *La Tragédie de Winston Churchill* sortit même en 1931. Pendant une décennie, Churchill fut contraint de passer le plus clair de son temps dans son manoir de Chartwell, dans le Kent, à faire de la peinture et de la maçonnerie, ainsi qu'à rédiger la biographie de son grand ancêtre John Churchill, 1er duc de Marlborough[12]. Quand la députée conservatrice lady Astor rendit visite à Staline en 1937, le dirigeant russe l'interrogea sur les perspectives d'avenir politique de son vieil ennemi. « Oh, il est fini », lui répondit-elle – jugement dont se seraient fait l'écho la plupart des commentateurs de la vie politique de l'époque.

Pourtant, comme Hitler, Churchill s'accrochait sans jamais se décourager à ses convictions, la principale étant qu'il avait été choisi par la Providence pour sauver son pays. Malgré l'hostilité et la dérision, il persistait à sonner l'alarme à propos de la menace d'une agression nazie. Cela débuta très tôt : dès mars 1933, il attirait l'attention sur « le soulèvement tumultueux fait de férocité et d'esprit guerrier » qui faisait rage alors en Allemagne. Alors qu'Hitler n'était chancelier que depuis deux mois, il pointait du doigt « le traitement sans pitié des minorités » en Allemagne, et la manière dont le pays avait « abandonné ses libertés pour accroître sa puissance ». Il soulignait en particulier l'expansion rapide de la Luftwaffe par rapport à la faiblesse de la RAF. Lorsqu'il évoqua l'« embrasement incalculable » qui résulterait d'une attaque de Londres par des bombes incendiaires, le Premier Ministre, Stanley Baldwin, l'accusa d'être alarmiste.

Une partie du problème, c'était que Churchill n'était pas fait pour les fonctions de subordonné. Son agitation et sa frustration, dont témoignait son inaptitude pour les autres rôles, trompèrent presque tout le monde sur ses capacités de meneur d'hommes, que certains de ses collègues avaient cependant perçues de longue date. Sir Edward Grey, ministre des Affaires étrangères lorsque éclata la Première Guerre mondiale, avait un jour fait observer :

> Winston va bientôt devenir incapable, rien que par le bouillonnement de ses idées, d'être autre chose que Premier Ministre dans un gouvernement.

La résolution dont fit preuve l'intéressé s'avéra être la qualité cardinale qu'il fallait pour mener la nation, mais la seule fonction qui lui convenait vraiment était celle de chef du gouvernement. Son énergie, son dynamisme et son cerveau encyclopédique, mis au service des postes d'exécutant qu'il occupa tout au long de sa carrière, ne faisaient qu'éloigner de lui ses collègues et ses supérieurs. Beaucoup de ses pairs s'alarmèrent de son accès à Downing Street en 1940. Sir Ian Jacob, secrétaire général du War Cabinet, écrirait bien plus tard :

> Ils n'avaient encore ni l'expérience ni l'imagination qui leur aurait permis de comprendre la différence entre une machine humaine quand elle ronronnait à la périphérie et quand elle tournait à plein régime à l'intérieur.

Quoique Churchill ait brûlé d'envie de se voir proposer un portefeuille au cours des années 1930, il fut par la suite immensément soulagé que cela n'eût pas lieu :

ainsi était-il entièrement absous de toute responsabilité quant à la politique d'apaisement du gouvernement d'Union nationale. « Des ailes d'anges invisibles battaient au-dessus de ma tête », écrivit-il plus tard. Toute sa vie, Churchill resta convaincu qu'il avait été désigné spécialement par le destin pour faire de grandes choses, et cela constitua un facteur clé de son ambition. « J'ai eu nettement l'impression qu'une main s'était tendue pour me tirer d'un péril mortel au bon moment », expliqua-t-il un jour où son abri souterrain fut détruit par un obus quelques instants seulement après qu'il l'eut quitté au cours de la Grande Guerre. Il n'était en aucune façon un chrétien conventionnel, mais il croyait à une sorte de providence qui lui réservait une destinée à part, alors qu'il avait dénoncé cette idée dans *Savrola*, où le héros confie à l'héroïne :

> J'ai toujours été stupéfait par l'audace des hommes qui croient que le pouvoir suprême affiche, dans les cieux, les détails de leur sordide avenir et s'attendent à ce que leur mariage, leurs infortunes et leurs crimes soient inscrits en lettres de feu sur la toile de fond de l'infini. Nous sommes des atomes sans conséquence. [...] Je sens ma propre insignifiance, mais comme je suis un microbe doublé d'un philosophe, cette notion m'amuse plutôt qu'autre chose.

Il dirait par ailleurs que « nous sommes tous des vers » – mais il se plaisait à penser que lui, il était un ver luisant.

Après s'être fait renverser par un chauffeur de taxi en traversant la 5e Avenue à New York en 1931, il expliqua :

> Il y a eu un éclair où le monde s'illumina, où l'homme que je suis ne savait plus où il était. Je ne comprends pas pourquoi je n'ai pas été cassé comme un œuf ou écrasé comme une groseille.

Il se peut bien qu'il ne l'ait pas compris à ce moment-là, mais il soupçonnait pourtant que le destin l'avait précisément choisi pour qu'il sauve son pays. C'est ainsi qu'il poursuivit ses mises en garde contre la menace d'agression nazie en chaque occasion. (En 1944, il lança à Willie Gallacher, alors le seul élu communiste des Communes : « Pendant onze ans je suis resté une figure plutôt isolée de notre Chambre en poursuivant ma voie avec patience, et donc il doit y avoir de l'espoir pour l'honorable membre. »)

Dans l'un des 700 articles de journaux au minimum qu'il écrivit – traitant aussi bien de l'eau avec glaçons que des épluchettes de blé d'Inde en passant par Mussolini et la Luftwaffe, pour des publications aussi diverses que le *Cosmopolitan* et la *Pall Mall Gazette* –, Churchill rédigea un essai sur Moïse qui n'a dû laisser aucun doute aux lecteurs sur celui qui, selon lui, allait conduire son peuple vers la Terre promise :

> Tout prophète doit être issu de la civilisation, mais tout prophète doit faire sa traversée du désert. Il doit s'être absolument imprégné de la complexité de la société et de tout ce qu'elle peut offrir, mais ensuite il doit se soumettre à des périodes d'isolement et de méditation. C'est comme cela que se fabrique la dynamite psychique.

Toute cette pseudo-philosophie qui renvoyait à lui ne pouvait qu'apparaître légèrement agaçante et ridicule à beaucoup de gens en 1932, mais elle aurait semblé très différente huit ans plus tard, une fois que la dynamite – psychique comme physique – avait explosé.

S'il avait à l'époque un modèle en politique, c'était Clemenceau, sur lequel il avait écrit (avec sans aucun doute une dimension autobiographique) dans *Mes grands contemporains* :

> Il fut battu dans sa circonscription du Var, qu'il quitta sous les sarcasmes et les insultes de la populace. Rarement homme public fut harcelé et agressé avec autant de cruauté en temps de paix. Oui, sombres journées, sous les regards sournois et triomphants d'adversaires autrefois réduits à l'impuissance !

Puis, des années plus tard, en 1917 :

> C'est à ce moment, après avoir essayé toutes les autres solutions imaginables, que l'on alla chercher l'impétueux vieillard pour qu'il assume ce qui était en fait la dictature de la France. Il revint au pouvoir comme Marius était revenu à Rome, récusé par beaucoup, redouté par tous, mais imposé par le destin, inévitable.

Une fois Clemenceau revenu au pouvoir, Churchill dit de lui (en pensant à soi) :

> Il ressemblait à un fauve qui tournait en cage en rugissant, l'œil féroce, entouré par une assemblée qui aurait fait n'importe quoi pour ne pas le voir là, mais qui, l'y ayant mis, sentait bien qu'elle devait lui obéir.

On peut difficilement imaginer meilleure description du Parti conservateur britannique en 1940.

Bien que Mary Soames, sa fille, ait écrit à juste titre qu'il « avait une forte croyance sous-jacente en un Dieu-Providence », elle soulignait également qu'il « n'était pas un homme de religion au sens classique – et en tout cas, pas un pratiquant régulier[13] ». Le premier devoir du Tout-Puissant en qui Churchill croyait, mais à qui il ne montrait guère d'allégeance visible, semble avoir été de veiller au bien-être physique de Winston Leonard Spencer-Churchill. Un jour où un ecclésiastique venu le voir le qualifia un peu trop généreusement de « pilier de l'Église », il lui répondit : « Ah, je ne crois pas qu'on puisse dire cela de moi. Mais je me plais à me représenter en arc-boutant. » Il aimait les cantiques, suivait publiquement les rites anglicans comme la plupart des hommes politiques conservateurs de son temps, approuvait la fonction de rempart de la stabilité sociale que remplissait alors l'Église et louait le rôle qu'elle avait joué dans l'édification de l'État-nation. Par ailleurs, il utilisait l'athéisme des bolcheviques contre eux politiquement ; et son ami sir Desmond Morton expliquait que « s'il ne croyait pas que le Christ était Dieu, il voyait en lui le plus beau personnage qui ait jamais existé ». Il admirait tout particulièrement le courage dont Jésus avait fait preuve dans les circonstances de sa mort, aspect du caractère de quelqu'un qui a toujours eu une grande importance pour Churchill.

Il ne plaisantait pas totalement quand il écrivit à sa mère depuis les Indes en 1897, après être sorti indemne d'une escarmouche à la frontière afghane :

> Je suis si vaniteux ! – Je ne crois pas que les dieux auraient créé un être avec autant de potentiel que moi pour lui réserver une fin aussi prosaïque.

Lorsque l'on considère combien de fois Churchill a frôlé la mort de près au cours de sa longue existence, il est difficile de ne pas croire qu'il ait de fait eu quelque raison (certes un tant soit peu blasphématoire) de supposer que « des ailes d'anges invisibles battaient au-dessus de [s]a tête ». Statistiquement, en effet, quelle était la probabilité que quelqu'un qui avait mené son genre de vie pût mourir nonagénaire ? Voyons ce qui aurait pu se produire. Il naquit deux mois prématurément, après une chute de sa mère alors qu'elle participait à une partie de chasse au fusil sur les terres de Blenheim et qu'elle avait été « toute secouée » quand elle était revenue au palais à dos de poney. Ni l'obstétricien de Londres ni son adjoint d'Oxford ne purent arriver à temps pour la naissance. À l'âge de 11 ans, dans son pensionnat de Brighton, Churchill faillit mourir de pneumonie – maladie qui devait revenir pendant et après la Seconde Guerre mondiale. Son fils Randolph rapporte que cette attaque de 1886 « le rapprocha plus de la mort qu'à tout autre moment de sa longue et aventureuse existence ». La fois suivante où il l'a échappé belle, c'était sa faute : à 18 ans, il sauta d'un pont pendant un jeu de poursuite avec son frère et son cousin dans le parc de sa tante lady Wimborne, non loin de Bournemouth. Il fit une chute de près de 10 mètres en tombant sur un sol très dur et resta sans connaissance pendant trois jours, avec un rein éclaté. « Je mis un an à m'en remettre », se remémorait-il. Puis il manqua se noyer dans le lac Léman.

Les récits de ses exploits à Cuba, où il suivit l'action des forces espagnoles (1895), à la frontière indo-afghane avec la Malakand Field Force (1897), lors de la charge des 21e lanciers au cours de la bataille d'Omdurman (1898), ainsi que de son évasion du camp de prisonniers de Pretoria pendant la guerre des Boers (1899), sont bien documentés ; en fait, la devise du régiment des 17e / 21e lanciers – « La gloire ou la mort » – coïncide parfaitement avec l'alternative à laquelle Churchill souscrivait entre 1895 et 1900. Pourtant, ce défi apparent à la mort continua au-delà de ses 25 ans : il survécut même à un accident d'avion.

Après avoir été contraint de démissionner de ses fonctions de chancelier du duché de Lancastre à cause de l'échec de la campagne de Gallipoli au cours de la Grande Guerre, Churchill prit le commandement du 6e bataillon des *Royal Scots Fusiliers* en France. Mais la vie de château très loin des lignes de tant d'officiers généraux alliés pendant ce conflit n'était pas pour lui. De temps à autre, lorsqu'il allait inspecter un abri ou une tranchée, il arrivait qu'un obus allemand tombe au même endroit juste avant son arrivée ou après son départ.

Si Churchill n'a jamais été la cible d'attentats – curieuse lacune au sein d'une existence aussi agitée –, il s'est bien sûr souvent exposé au danger pendant le *Blitz*, grimpant sur le toit de l'Amirauté pour observer les combats aériens, malgré les risques constants dus aux balles, aux explosions, aux éclats de bombes et aux crashs d'avions. Il y était en septembre 1940, ce mois où, seulement à l'autre extrémité du Mall, le palais de Buckingham fut frappé par une bombe tombée en plein dans la cour d'honneur. Lui qui, par ailleurs, pratiquait la chasse à courre et apprenait à piloter un avion mena une vie qui aurait pu être abrégée plus d'une vingtaine de fois avant la victoire finale de la Seconde Guerre mondiale. Croire à sa bonne étoile, à ce qu'il appelait son « ange gardien » et la « main du destin », était un indispensable préalable chez un meneur d'hommes qui voulait connaître le type d'existence active que le Britannique s'était choisie.

L'historien Paul Addison a défini les croyances spirituelles de Churchill comme « une concoction d'ambition, de mythe historique et de résidu de convictions religieuse ». Si c'est cela qui a entretenu sa confiance en lui pendant les mois de doute et de désespoir qui ont suivi la catastrophe des Dardanelles, qui peut lui en tenir rigueur ? Demeure une énorme ambiguïté au sujet de ses véritables croyances religieuses. Après avoir fait allusion au « Vieux Père » venu à son aide au cours d'une réunion du « cabinet fantôme » en juin 1950, il lui fallut expliquer qu'il avait voulu parler de Dieu ; et pourtant, trois ans plus tard, après son embolie cérébrale, il dit à ses médecins qu'il ne croyait pas à l'immortalité de l'âme et que la mort, c'était « le velours noir – le sommeil éternel ». Il en avait déjà parlé un demi-siècle plus tôt, dans *Savrola*, quand le président de Laurentie est face à la mort : « Au-delà de cela, il ne voyait rien… L'annihilation… une nuit noire, très noire[14]. »

On trouve pourtant aussi l'hypothèse que les Cieux existent dans plusieurs lettres de Churchill, en particulier celle, très émouvante, qui devait être remise à Clementine au cas où il mourrait dans les tranchées, et dans laquelle il lui écrivait :

> Ne me pleurez pas à l'excès. J'ai un esprit sûr de ses droits. La mort n'est qu'un incident, et pas le plus important qui nous arrive dans notre existence terrestre. [...] S'il existe un autre monde, je vous y rechercherai.

Dans son essai de 1921, *La Peinture : mon passe-temps*, il indique également :

> Quand j'arriverai au paradis, j'ai l'intention d'y passer le plus clair de mon temps au cours de mon premier million d'années à peindre, pour enfin étudier la question à fond.

Comme Churchill, selon ses propres termes, n'avait « aucun sens religieux », ayant perdu vers 23 ans tout vestige de foi anglicane qui aurait pu lui rester, il se forgea une croyance primitive, presque païenne, dans le destin et la destinée, qui n'est pas sans rappeler celle de Napoléon. Mais pas celle d'Hitler ! Car ce dernier se voyait de plus en plus comme l'Être suprême capable de commander à la Providence – chose totalement étrangère au système de croyances (certes lui aussi extrêmement égotiste) de Churchill. À vrai dire, Hitler avait une foi encore plus inébranlable en sa bonne étoile, et la certitude de savoir guider le destin lui-même. Il était persuadé que c'était le destin qui l'avait fait naître à Braunau am Inn, près de la frontière allemande, et que rien de moins que la « Divine Providence » l'avait envoyé à Vienne pour y partager les souffrances des masses ; et bien sûr – tout comme Churchill –, c'était aussi une main invisible qui l'avait protégé dans les tranchées au cours de la Première Guerre mondiale, alors que tant de ses camarades y avaient laissé leur vie.

Dans son esprit, tout cela devait avoir eu un objectif, qui de toute évidence ne pouvait qu'être grandiose. À l'été 1937, il se jugeait absolument infaillible, lançant :

> Quand je me retourne pour regarder les cinq années écoulées, je peux dire que cela n'a pas été uniquement l'œuvre de mains humaines.

Qu'on imagine la haute idée de soi-même, indomptable, qu'il faut pour pouvoir dire à la population allemande, comme il le fit dans un discours :

> C'est là le miracle de notre temps – le fait que vous m'ayez trouvé, que vous m'ayez trouvé parmi tant de millions de gens. Et moi aussi, je vous ai trouvés : c'est là la grande chance de l'Allemagne.

Le parti nazi l'encourageait en ce sens : par exemple, le *SS Gruppenführer* Schulz de Poméranie ne rejetait les comparaisons d'Hitler avec Jésus seulement parce que le Christ n'avait eu que douze disciples, alors qu'Hitler en avait 70 millions[15]...

Quand il voulait simplement éviter d'avoir à prendre une décision, Hitler en appelait également au Destin (*Schicksal*) et à la Providence (*Vorsehung*). Il ne se résignait véritablement à opérer des choix que quand les événements ou ses adversaires l'y contraignaient ; autrement, a indiqué l'historien Karl Dietrich Bracher, sa confiance dans le destin justifiait chez lui, en partie, l'horreur instinctive qu'il avait d'en faire. Il expliquait :

> Même si le parti tout entier m'y pousse, je n'entreprendrai aucune action. Je n'agirai pas ; j'attendrai, quoi

> qu'il arrive. Mais si la voix me parle, alors je saurai que l'heure est venue d'agir.

La conviction que l'on reçoit des voix dans son esprit est un symptôme bien connu de schizophrénie. Si percevoir Hitler comme un messie national fournit une nouvelle foi à l'Allemagne nazie, elle pouvait le compter lui-même parmi ses adeptes les plus enthousiastes.

Le sentiment de tout ou rien qu'Hitler et Churchill partagèrent au cours de leur traversée du désert provenait aussi du fait qu'aucun des deux n'avait des revenus indépendants, du moins jusqu'à ce que le succès de leur livre – *Mein Kampf* pour le premier et *Mémoires de la Seconde Guerre mondiale* pour le second – leur apporte la sécurité financière. Bien qu'il n'ait jamais été aussi pauvre qu'Hitler pendant sa période de vache maigre, Churchill resta de nombreuses années tout proche de l'insolvabilité. On a tendance à supposer qu'étant petit-fils de duc et né dans un palais, il était également riche, mais c'était loin d'être le cas. Tout au long de son existence ou presque, et en tout cas avant la publication de ses mémoires de guerre en 1948, les dettes de Churchill menaçaient constamment de dépasser ses avoirs. Les dépenses induites par la splendeur de son train de vie luxueux atteignaient presque toujours ses revenus de journaliste et d'homme d'État. Sa situation financière était si précaire au moment où sa femme Clementine attendait leur quatrième enfant, à l'été et à l'automne 1918, que l'on rapporte qu'elle était allée jusqu'à proposer à la femme du général sir Ian Hamilton d'adopter son bébé quand il serait né.

En mai 1915, quand Churchill fut contraint de démissionner après la débâcle de Gallipoli, il perdit son indemnité de ministre, qui se montait à 5 000 livres par an, et il ne la retrouva que lorsque Lloyd George le nomma ministre de l'Armement en juillet 1917. Dans l'intervalle, il dut survivre avec les revenus d'un officier et d'un député de base à une époque où les deux étaient assez faibles. Clementine n'était pas une héritière, et ne pouvait guère contribuer au budget familial. Ils étaient tellement à court d'argent en 1918 que quand prit fin le bail de leur domicile londonien d'Eccleston Square, ils durent emménager chez la tante Cornelia de Churchill, à Tenterden Street, derrière Oxford Street. Plus tard dans l'année, il y eut pis encore, car Churchill reçut une lettre du ministère de l'Agriculture qui dénonçait le fait que les terres de son manoir de campagne, Lullenden, dans le Sussex, n'étaient pas entièrement cultivées, dans une période où la production de denrées était un devoir qui s'imposait à tous les propriétaires terriens de Grande-Bretagne. (Sir Maurice Hankey, le haut fonctionnaire, se souvenait d'y avoir pris le thé en 1917 et d'avoir vu Churchill « parcourant en tous sens sa magnifique et sauvage propriété ».) Dans sa réponse au ministère, Churchill fut obligé d'admettre qu'il n'avait tout simplement pas le capital pour investir dans les machines agricoles nécessaires pour cultiver ses terres. Si par la suite son activité de journaliste devait lui procurer de copieux revenus, il écrivit relativement peu pendant la Première Guerre mondiale, et il lui fallut attendre plusieurs années avant que son histoire du conflit, ses *Mémoires de la Grande Guerre*, ne lui rapporte des droits réguliers. Sa réputation étant au plus bas après Gallipoli, il ne pouvait pas non plus faire appel au généreux groupe de riches amis qui devaient de temps à autre le renflouer au cours de sa traversée du désert, de 1931 à 1939, et qui allèrent jusqu'à lui offrir une Daimler pour son anniversaire. Malgré tout son génie dans d'autres domaines, Churchill était un piètre boursicoteur, qui perdit en une seule journée, lors du krach de Wall Street en 1929, l'équivalent d'un quart de million de livres de 2020.

Hitler comme Churchill connurent donc des passes difficiles, bien qu'elles ne soient guère comparables, puisque Hitler n'avait pas de ces amis capables de lui acheter une Daimler pour lui venir en aide. Cependant, les deux hommes partageaient une ténacité et une foi inébranlable en leur mission, tout en se souciant peu de ce que l'on disait d'eux, et c'est cela qui leur attira des soutiens quand les circonstances politiques évoluèrent. Aujourd'hui, nous voyons en Hitler et Churchill de puissants meneurs d'hommes, mais nous avons tendance à oublier à quel point leur ascension vers le pouvoir semblait peu vraisemblable à leurs contemporains. Tous deux avaient été des ratés, Hitler dans les années 1920 et Churchill dans les années 1930. Comment alors ont-ils bien pu se retrouver à la tête de leur pays si peu de temps après ?

La création du mythe national

Dans sa prison de Landsberg, Hitler écrivit un livre – ou plutôt il le dicta à ses acolytes Rudolf Hess et Emil Maurice, qui purgeaient eux aussi leur peine en raison de leur participation au putsch de la brasserie de Munich. Quand on le lit, on imagine un texte déclamé par quelqu'un qui arpentait sa cellule en donnant libre cours aux frustrations nées de sa captivité tandis qu'il extériorisait sa fureur. *Mein Kampf* est en tous points une œuvre affligeante, mélange brouillon et sans fil conducteur d'hyper-nationalisme maniaque, de darwinisme dévoyé et d'antisémitisme repoussant. Un peu comme Karl Marx qui réduisait l'histoire à un simple récit de lutte des classes, selon Hitler l'histoire de l'humanité n'est rien d'autre qu'une lutte des races, et tous les maux du monde sont attribués à une conspiration judéo-bolchevique internationale. L'asservissement de peuples prétendus inférieurs comme les Slaves y est présenté comme la clé du salut de l'Allemagne. *Mein Kampf* recèle toutefois le secret de la prodigieuse ascension d'Hitler jusqu'à la position de Führer.

La création d'une légende qui couvre tous les aspects de la vie nationale est à l'épicentre de la formation de tout mouvement politique moderne. Pour Hitler, ce fut la *Dolchstosslegende* (le mythe du coup de poignard dans le dos). Selon cette explication de la défaite de l'Allemagne à la fin de la Grande Guerre, la capitulation de novembre 1918 ne fut pas le résultat de pertes insupportables sur le champ de bataille, et encore moins de la mauvaise stratégie de généraux comme Hindenburg ou Ludendorff, pas plus que de l'incompétence du Kaiser, mais de la trahison du brave et honnête *Volk* (peuple) allemand de l'intérieur par une sinistre conspiration de socialistes et de Juifs. Cette analyse, qui selon les historiens, unanimes sur ce point, ne se fonde sur aucune réalité factuelle avérée, était martelée par les nazis devant les Allemands chaque fois que l'occasion se présentait.

Parfois, Hitler se lançait dans des récits de l'histoire allemande, depuis Arminius, le Germain qui avait tenu l'Empire romain en échec, jusqu'à Frédéric le Grand, en passant par l'empereur Barberousse. Il recréait un passé héroïque mythique pour l'ensemble de l'Allemagne qui lui permettait d'autant mieux de montrer le contraste qu'il représentait avec les humiliations du traité de Versailles de 1919, attribuées à ce prétendu coup de poignard dans le dos. Évidemment, la défaite résultait des coups portés de front aux troupes allemandes par les armées britanniques, françaises, américaines et canadiennes, et non pas assénés dans leur dos par les Juifs.

Il y eut même des non-nazis qui en vinrent à croire implicitement à la *Dolchstosslegende*, car elle fournissait le baume psychologique parfait dont avait si désespérément besoin une fière nation blessée à vif. Dans la biographie qui lui est consacrée, publiée en 2002, il apparaît que le prince de Pless, l'un des plus grands aristocrates d'Allemagne, entendit dans les années 1920 son père lui rapporter les propos que lui avait supposément tenus la riche hôtesse juive Frau von Friedländer lors d'un dîner sur la Pariser Platz de Berlin la veille au soir :

> Vous ne vous rendez peut-être pas compte que vous avez failli gagner la guerre parce que nous vous assistions dans le monde entier et que c'est seulement à cause de nous, les Juifs, que les choses se sont mises à aller très mal pour vous. Si vous vous en souvenez, en 1917, Balfour fit sa fameuse déclaration où il promettait un foyer pour les Juifs en Palestine. Jusque-là, nous étions de votre côté, parce que le Kaiser nous avait promis un foyer, mais après la déclaration de Balfour, la décision fut prise de rejoindre le camp des alliés. C'est ce que nous fîmes, et toute la puissance de notre réseau mondial œuvra en ce sens. Vous ne vous rendez bien sûr pas compte de la grande erreur que vous avez faite, ici en Allemagne comme en Autriche, en permettant aux Juifs

> de devenir officiers dans vos armées, parce que cela nous a donné la possibilité de rassembler des renseignements à tous les niveaux, même jusqu'au Grand État-Major, et de nous faire une idée du fonctionnement de votre machine militaire, ce que nous n'aurions jamais pu obtenir autrement. Ces renseignements, nous les avons transmis aux alliés. Ils savaient donc longtemps à l'avance quels étaient vos plans et quand allait survenir votre action militaire suivante.

Et le prince de Pless de poursuivre :

> Mon père en fut très choqué. Il ne pouvait admettre que ses amis juifs, qu'il connaissait depuis des années avant la guerre et qui avaient fait semblant d'être de fidèles sujets allemands, grands amis du Kaiser, qu'ils soutenaient sans réserve, étaient en réalité prêts pendant tout ce temps-là à œuvrer contre lui si l'ordre leur en était donné par leurs dirigeants politiques[16].

Si des aristocrates cultivés pouvaient se laisser séduire par des mensonges ridicules et des théories du complot de cette nature, comment aurait-il pu en être autrement pour les masses allemandes moins instruites ?

Aussi répugnantes que nous apparaissent aujourd'hui ses convictions fondamentales, dans *Mein Kampf* Hitler proposait un message d'avenir clair : celui d'un *Reich* (Empire) allemand qui un jour dominerait l'Europe. Pour un peuple qui se jugeait foulé aux pieds par des influences sinistres – aussi absurdes que soient les théories mises en avant –, cela s'avéra irrésistible. Dans le livre, Hitler écrivait :

> Si aujourd'hui la nation allemande, parquée dans un territoire inacceptable, est confrontée à un avenir lamentable, ce n'est pas un commandement du destin. Pas plus que se révolter contre cet état de choses n'est un affront au destin. [...] L'Allemagne sera une puissance mondiale ou elle ne sera pas. Et pour être une puissance mondiale, il lui faut le vaste territoire qui lui donnera sa place indispensable dans le monde d'aujourd'hui et permettra à ses citoyens de vivre[17].

Rares furent ceux qui prirent ce message d'avenir au sérieux à l'époque. Mais grâce à la confiance invincible qu'Hitler avait en lui, cela ne le dissuada aucunement. Il avait un sens profond de sa mission. « Les Juifs n'ont pas créé le 9 novembre 1918 pour rien. Ce jour sera vengé », lança-t-il au ministre des Affaires étrangères de Tchécoslovaquie, František Chvalkovský, en janvier 1939. Cette invraisemblable et paranoïaque théorie du complot dénotait ce que la plupart des psychologues actuels diagnostiqueraient comme les symptômes primaires du psychopathe. Cependant, il serait resté un psychopathe dont peu de gens avaient entendu parler si n'était pas survenue la crise du capitalisme connue sous le nom de « krach de Wall Street ».

Tout changea spectaculairement pour Hitler lorsque la Bourse de New York s'effondra en octobre 1929. Peu après, la Grande Dépression atteignait l'Europe, mettant des millions de gens au chômage, avec dans son sillage une agitation sociale de grande ampleur. En mai 1928, les nazis avaient recueilli 2,6 % des voix et seulement douze sièges ; en septembre 1930 – alors que l'Allemagne comptait 5 millions de chômeurs – ils en remportèrent 18,3 %, ainsi que plus de cent sièges au

Reichstag. En juillet 1932, un mois après la conférence de Lausanne qui consacra la fin du versement par l'Allemagne des réparations exigées aux termes du traité de Versailles, le vote nazi atteignit 37,4 %. Au cours de cette élection législative, les partis antidémocratiques reçurent la majorité des voix : pour la première fois dans l'histoire, un grand État moderne avait délibérément voté contre la démocratie. Maintenant que l'Allemagne était rongée par les crises, Hitler gagna soudain ce dont a besoin tout meneur d'hommes s'il veut réussir : des adeptes. Six mois plus tard, il était chancelier.

Churchill lui aussi avait une vision d'avenir solide et inébranlable : celle d'un Empire britannique fondé sur des valeurs civilisées. Au cours des années 1930, dans le cabinet de travail de son manoir de Chartwell, il rédigea nombre de discours mettant en garde contre les dangers que l'Allemagne nazie représentait pour la Grande-Bretagne et le monde. Voici un extrait d'une allocution prononcée au City Carlton Club en septembre 1935, à un moment où non seulement les menaces italiennes contre l'Abyssinie (devenue depuis Éthiopie) se faisaient de plus en plus pressantes, mais également où les lois de Nuremberg votées par l'Allemagne mettaient les Juifs en marge de la société et faisaient de la croix gammée le drapeau officiel du Reich d'Hitler :

> L'Allemagne réarme à une échelle gigantesque et à une vitesse sans précédent. Toute la force et toute la puissance du régime nazi sont concentrées sur des préparatifs guerriers sur terre, sur mer et dans les airs. La nation allemande, sous la dictature de M. Hitler, va dépenser cette année au moins six fois plus que nous pour l'armée, la marine et l'armée de l'air prises globalement.

> J'admire le grand peuple allemand, mais le réarmement de l'Allemagne, telle qu'elle est actuellement organisée et gouvernée, ne peut apparaître à quiconque possède un certain sens des proportions que comme le fait majeur le plus sinistre du monde actuel[18].

Ayant compris que la politique étrangère expansionniste d'Hitler ne pouvait qu'aboutir à la guerre, Churchill appela maintes et maintes fois la Grande-Bretagne à entreprendre un ample programme de réarmement lourd. Rares sont ceux qui l'écoutèrent. On le dénonçait soit comme un « boutefeu et militariste », soit comme un « trublion », ou – dans le *Daily Express* en octobre 1938 – comme « quelqu'un dont le cerveau baigne encore dans les conquêtes de Marlborough[19] ». Ce même mois, le gouvernement Chamberlain avait décidé de ne pas faire la guerre à l'Allemagne et donc de ne pas s'opposer à la volonté d'Hitler de démembrer la Tchécoslovaquie, position qui fut accueillie par la grande majorité des Britanniques dans un délire de soulagement. Il était évident que le message d'avenir de Churchill était en décalage total avec son temps.

Ce fut seulement le 15 mars 1939, après l'entrée des nazis dans ce qui restait de la Tchécoslovaquie, puis son occupation, qu'il apparut aux Britanniques que Churchill avait peut-être percé les intentions d'Hitler depuis le début. Ils comprirent alors comment l'Allemagne avait entrepris de dominer l'Europe en exploitant le manque de résolution de la France et de la Grande-Bretagne. Après toutes les mises en garde proférées pendant plus d'une demi-décennie, de plus en plus de gens étaient enfin disposés à partager le message d'avenir de Churchill fondé sur la constitution d'une puissante alliance pour défendre la liberté.

Hitler comme lui firent donc des adeptes grâce au message d'avenir auquel ils s'étaient accrochés sans jamais en dévier. Porter un message aussi constant est la clé du véritable art de mener les hommes, et il acquiert une force particulière si le chef y a adhéré contre vents et marées, comme ce fut le cas aussi bien pour Hitler que pour Churchill. Les meneurs d'hommes donnent aux gens un objectif commun auquel ils peuvent s'identifier sans réserve. Les dirigeants d'entreprise n'ont pas ce message d'avenir fédérateur d'énergies. Ronald Reagan l'a bien dit :

> Saisir une idée et s'y tenir, c'est là l'essence même de la réussite d'un meneur d'hommes – pas seulement sur un plateau de tournage, où je l'ai appris, mais partout.

Bien sûr, le message d'avenir d'Hitler était d'une malfaisance monstrueuse, mais ce n'est pas comme cela que la population allemande le percevait à l'époque. Alors que ses idées nous semblent absolument maléfiques, beaucoup d'Allemands étaient convaincus qu'il leur offrait véritablement la vision éclatante d'un avenir radieux. Naturellement, la plus grande partie était définie par ce qu'il attaquait plutôt que par ce qu'il défendait : il était contre le socialisme, le bolchevisme, le traité de Versailles, le libéralisme, les Juifs, le monde des affaires et le conservatisme aristocratique à l'ancienne hérité des deux Guillaume. En politique, dire ce à quoi on s'oppose est nettement plus facile (et souvent plus payant) que de préciser ce que l'on soutient – et Hitler fit progresser cette vérité vers de nouveaux sommets.

L'art oratoire

« Le pouvoir qui a toujours déclenché les plus grandes avalanches politiques et religieuses de l'histoire n'a jamais été autre, de temps immémorial, que le pouvoir magique du verbe », écrivit Hitler. Pour lui, les mots étaient des « coups de marteau » qui avaient le pouvoir d'« ouvrir les portes du cœur des gens ». Il admirait les élans oratoires passionnés du Premier Ministre britannique David Lloyd George : « Les discours de cet Anglais [*sic* – il était gallois] constituaient un spectacle prodigieux, car ils témoignaient d'une connaissance positivement extraordinaire de l'âme de la vaste masse du peuple. » Pour ce qui était de la propagande, les nazis furent des pionniers, qui introduisirent un large éventail d'idées neuves. Par exemple, ils inventèrent ce que l'on appelle aujourd'hui les mises en scène pour les photographes, et les manifestations d'Hitler étaient indiscutablement très impressionnantes, elles réunissaient des dizaines de milliers de gens défilant impeccablement du même pas. Pourtant, malgré tout leur gigantisme visuel, Hitler savait que c'était sur le point crucial de ces manifestations, c'est-à-dire sa prise de parole, qu'il devait exceller. À cette fin, il ne faisait confiance qu'à lui-même pour rédiger ses discours, tout comme Churchill. Ni l'un ni l'autre n'avait recours aux armées de « plumes » tant prisées par les politiciens d'aujourd'hui.

Lors de ses interventions en public, Hitler utilisait le vieux truc des professionnels du spectacle qui consiste à se faire attendre afin de faire monter les attentes et la tension, aussi bien avant d'arriver qu'une fois sur le podium. Il balayait alors le public du regard en empoignant son ceinturon militaire dont la boucle portait la devise *Gott Mit Uns* (Dieu avec nous) pendant parfois presque une demi-minute avant de se mettre à parler. Il débutait relativement lentement d'une voix basse et profonde, et ce n'était que vers la fin qu'il fulminait et glapissait de la manière si souvent montrée sur les bandes d'actualités. Il reprenait également la parole au milieu des applaudissements dès qu'ils commençaient à fléchir, et concluait sur quelques courtes phrases chocs. Beaucoup de ces techniques, qui diffèrent notablement de celles qu'on utilisait habituellement dans les démocraties occidentales des années 1930, font désormais partie des pratiques courantes dans les discours politiques actuels.

La ténacité et le charisme n'auraient pas suffi à faire d'Hitler le Führer de l'Allemagne : il lui fallait également vendre sa personne et son message. Pour réussir, il est nécessaire que les meneurs d'hommes parviennent à faire passer l'une et l'autre auprès du public, et le moyen fondamental a toujours été – et restera vraisemblablement toujours – le discours politique, véritable passage obligé. Malgré la pénétration de la parole écrite, des illustrations, des « textos » et des communications vidéo, rien n'égale le pouvoir de persuasion de la parole politique directe. Encore aujourd'hui, avec tous les procédés modernes de relations publiques qu'autorisent la télévision, la radio, Internet et les multimédias, nous continuons très largement à juger nos dirigeants sur leur aptitude à nous convaincre par leurs discours : les hommes politiques qui sont de piètres tribuns font rarement de bons dirigeants.

Aussi bien Hitler que Churchill sont à juste titre restés dans l'histoire comme des orateurs de haut vol, mais – c'est assez surprenant – l'art de parler en public ne leur vint pas naturellement. Si tous deux ont fini par faire preuve d'un talent indubitable, il leur a fallu beaucoup travailler pour le cultiver. Hitler aimait avoir une première partie en lever de rideau pour chauffer la salle avant ses interventions en public. Lors de son discours aux ouvriers de l'usine de dynamos Siemens à Berlin le 10 novembre 1933, c'est son ministre de la Propagande, Joseph Goebbels, qui s'en chargea. Prononcé seulement neuf mois après sa nomination à la chancellerie, ce discours fournit l'illustration parfaite de la méthode sinistre mais magistrale qui permettait au Führer de créer un sentiment de communauté entre son auditoire et lui-même. Il mérite qu'on s'arrête quelque peu sur les différentes techniques utilisées afin de jouer sur les émotions d'un public qui n'était pas forcément bien disposé à l'égard d'Hitler. Il commença en ces termes :

> Chers compatriotes allemands, mes chers ouvriers allemands ! Si je vous parle ici aujourd'hui, ainsi qu'à des millions d'autres ouvriers allemands, j'ai davantage le droit de le faire que quiconque.

Il était conscient que beaucoup de ses auditeurs, principalement ouvriers, avaient vraisemblablement des sympathies de gauche, mais il lui fallut moins d'une minute pour gagner leur soutien en faisant allusion à sa période dans les tranchées pendant la guerre, expérience que beaucoup d'entre eux avaient vécue :

> Il fut un temps où j'étais parmi vous. Pendant quatre années et demie de guerre, j'ai vécu au milieu de vous. Et à force de m'appliquer, d'apprendre – et, je dois

> l'avouer, de connaître la faim –, j'ai lentement entamé mon ascension. Au fond de moi-même, je suis toujours resté ce que j'étais auparavant.

Son allusion aux pénuries de nourriture que l'Allemagne avait connues en 1918-1919 était un coup de maître, comme d'autres ailleurs dans le discours. Il poursuivit :

> Mais je ne faisais pas partie de ceux qui œuvraient contre les intérêts de la nation. J'étais convaincu que la destinée de la nation devait trouver une représentation si l'on voulait éviter des souffrances affreuses à tout le peuple, tôt ou tard.

Venait alors l'attaque contre le traité de Versailles. En restreignant l'Allemagne à une armée de 100 000 hommes, sans blindés ni aviation, et à une marine sans navires de plus de 10 000 tonneaux, les Alliés avaient tenté de se prémunir contre une résurgence des forces allemandes après la Grande Guerre[20]. C'était très loin des clauses extrêmement dures que l'Allemagne avait projeté d'imposer au reste de l'Europe si elle était victorieuse, mais le traité exigeait la dissolution du Grand État-Major allemand, prévoyait l'occupation de la Rhénanie jusqu'à l'acceptation des autres clauses, imposait des réparations financières et contenait une phrase qui faisait porter la responsabilité du déclenchement de la guerre à la volonté de l'Allemagne. Si, prises séparément, les clauses du traité de Versailles étaient parfaitement raisonnables, elles constituaient collectivement le meilleur (et en fait l'unique) argument politique d'Hitler. Il expliquait dans son discours chez Siemens :

> La théorie selon laquelle vainqueur et vaincu doivent conserver leur statut légal à jamais – cette théorie a conduit à une nouvelle haine dans le monde, à l'incertitude, à la méfiance d'un côté et à la fureur de l'autre, ainsi qu'à perpétuer le désordre.

C'était une haine et une fureur qu'Hitler allait passer la décennie suivante à attiser de toutes ses forces avant de leur donner libre cours. Il s'y connaissait très peu en économie, mais il savait pertinemment que ses auditoires s'y connaissaient vraisemblablement encore moins. C'est donc vers les aspects financiers de Versailles qu'il se tournait ensuite :

> Le monde n'en fut pas pacifié, comme on l'expliquait à l'époque, mais au contraire le monde fut plongé dans une discorde et dans un marchandage sans cesse renouvelés. Et la deuxième thèse était tout aussi folle qui avançait qu'il fallait aussi détruire le vaincu économiquement afin que le vainqueur ait une meilleure économie. Folle théorie, mais théorie qui court comme un fil rouge d'un bout à l'autre du traité de Versailles, et qui a abouti à ce que, depuis dix ans, ils essayent d'un côté de plomber l'économie d'un grand peuple en lui imposant une charge insupportable et de l'autre de la détruire autant que faire se peut en la privant de toutes ses possibilités de viabilité. Nous en avons subi les conséquences et vu comment, afin de remplir ses obligations économiques, l'Allemagne a été de plus en plus contrainte à se lancer sur les marchés d'exportation quelles qu'en soient les conditions, comment la bataille de la concurrence internationale a débuté ici et

comment la dette politique a été graduellement transformée en dettes économiques.

Du point de vue économique, c'étaient là des inepties, ne serait-ce que parce que les Alliés avaient très tôt commencé à réduire le poids des dettes allemandes, qui fut encore diminué par la Grande Dépression. Mais du point de vue de la rhétorique, cela fonctionnait – ce qui seul importait à Hitler tandis qu'il poursuivait avec un autre sujet favori : les Juifs. L'objectif premier du discours était de faire avancer le réarmement en dépit des restrictions internationales. Il était évident que cela porterait tort à la position internationale de l'Allemagne, mais Hitler ne cachait pas à qui il comptait en faire porter la responsabilité :

> La lutte entre les peuples et la haine qui les oppose est alimentée par des groupes d'intérêt bien précis. Il s'agit d'une petite clique internationale de déracinés qui dresse les peuples les uns contre les autres et qui ne veut pas les voir vivre en paix. Il s'agit des gens qui sont chez eux à la fois partout et nulle part, qui n'ont où que soit un sol où ils ont grandi, mais qui vivent un jour à Berlin, le lendemain à Bruxelles, le surlendemain à Paris, et ensuite peut-être à Prague, à Vienne ou à Londres, et qui ne se sentent nulle part chez eux.

À cet instant, un auditeur hurla : « Les Juifs ! » Sans s'arrêter à cette intervention, Hitler poursuivit :

> Ce sont les seuls que l'on peut qualifier d'internationaux parce qu'ils traitent leurs affaires partout, mais le peuple ne peut pas les suivre. […] Je sais une chose sur

> ceux qui manifestent actuellement contre l'Allemagne, sur cette clique internationale qui calomnie le peuple allemand de cette façon : pas un d'entre eux n'a jamais entendu une balle siffler auprès de lui.

En réalité, bien sûr, il y eut de très nombreux soldats juifs dans les tranchées au cours de la Grande Guerre, au point que les SS durent obéir à la directive donnée par Reinhard Heydrich lors de la conférence de Wannsee qui mit au point la « Solution finale » en 1942 : « Les anciens combattants juifs mutilés et les médaillés de guerre (croix de fer de 1re classe) seront admis dans les ghettos réservés aux vieillards », et non « évacués à l'est[21] ».

Pas une seule fois Hitler ne prononça le mot de « Juifs » dans son discours de l'usine Siemens, mais il était évident pour tout le monde que c'étaient eux qu'il avait en tête – point n'était besoin de l'abruti d'auditeur pour le hurler. Et le Führer d'observer un jour que si les Juifs n'avaient pas existé, « il aurait fallu que nous les inventions, car il est essentiel d'avoir un ennemi tangible, et pas seulement abstrait[22] ». Au sein de l'État nazi, toutes les classes sociales étaient censées se rassembler dans la *Volksgemeinschaft* (communauté du peuple). Rien ne crée plus d'unité qu'un ennemi commun : la haine des Juifs constituait la colonne vertébrale du pouvoir d'Hitler. En ne prononçant pas ouvertement le mot de « Juifs » dans son discours, il créait un autre lien entre son auditoire et lui, et le faisait entrer tacitement dans sa conspiration. C'est en criant qu'il reprit devant les ouvriers de l'usine :

> Il faut qu'ils comprennent bien que ce que je dis n'est pas le discours d'un chancelier, mais que l'ensemble du peuple est derrière moi – chacun des hommes, chacune des femmes. Ce qui est soudé aujourd'hui, c'est le peuple allemand lui-même. Pendant des siècles, il a cherché sa destinée dans la discorde, avec des résultats terribles. Je crois qu'il est temps que nous cherchions notre destinée dans l'unité, que nous tentions d'accomplir notre destin en tant que communauté unie indivisible. Et en Allemagne, je suis le garant du fait que cette communauté ne favorisera pas une unique communauté. Vous pouvez me considérer comme celui qui n'appartient à aucune classe, à aucune caste, qui est au-dessus de tout cela. Ma seule attache, c'est avec le peuple allemand.

Cette proclamation de l'appartenance du Führer à aucune classe et son engagement vis-à-vis de la communauté furent accueillis par des vivats et des acclamations, tandis qu'on entonnait l'hymne du parti nazi, le *Horst Wessel Lied**.

Ce que voulait souligner Hitler, c'était que le peuple allemand était totalement distinct des Juifs. Faire comprendre l'« altérité » des non-Allemands était tout aussi important que d'insister sur l'identité de la race aryenne elle-même[23]. Selon le philosophe britannique Bertrand Russell, « rares sont ceux qui peuvent être heureux sans haïr quelqu'un d'autre, une nation ou bien une religion ». Mais pourquoi donc Hitler haïssait-il les Juifs ? C'est là une question toute simple, centrale dans

* Littéralement le « Chant de Horst Wessel », ainsi nommé en l'honneur d'un « martyr » nazi, sous-lieutenant de SA abattu par un communiste en 1930.

l'histoire du XXe siècle, mais elle n'a toujours pas reçu de réponse entièrement satisfaisante. On a avancé diverses théories différentes, depuis la syphilis qu'il aurait attrapée auprès d'une prostituée juive jusqu'aux professeurs supposément juifs qui auraient refusé son admission à l'Académie des beaux-arts de Vienne, en passant par le Dr Eduard Bloch, le médecin juif qui avait soigné sa mère pour son cancer du sein. Ne pourrait-il toutefois y avoir une réponse nettement plus sinistre que ces explications naïvement monocausales ? Et si Hitler n'avait personnellement rien eu contre les Juifs, mais qu'il avait tout simplement remarqué que les diaboliser serait très payant comme tactique politique ?

Dans un récent ouvrage novateur, *La Vienne d'Hitler. Les années d'apprentissage d'un dictateur*, l'historienne Brigitte Hamann est allée jusqu'à soutenir que pendant son séjour à Vienne de 1908 à 1913, entre l'âge de 19 et de 24 ans, Hitler avait en fait eu de très bonnes relations avec plusieurs Juifs qu'il aimait bien. Ses recherches n'ont négligé aucune piste viennoise, depuis les livres de comptes du Dr Bloch jusqu'aux origines des examinateurs de l'Académie des beaux-arts. Cela lui permit de sonder en profondeur la psychopathologie du futur Führer, avec des résultats fascinants.

Une grande partie de ce qu'Hitler a écrit sur ses années viennoises dans *Mein Kampf* se révèle exagéré ou inexact. Ce qui est indiscutable, cependant, c'est que s'il est tout à fait vrai que celui-ci a connu des Juifs et vécu parmi eux lors de ses années de pauvreté comme peintre et passionné d'opéra, ces derniers l'ont bien traité et il n'a jamais montré ouvertement de signe d'hostilité à leur encontre à l'époque. Au cours de tous ses soporifiques et interminables monologues postérieurs à propos de ses années de vache enragée à Vienne, Hitler n'a pas une fois rapporté une mauvaise expérience qu'il aurait eue avec un Juif dans cette ville. Il est même possible de dire que certains de ses meilleurs amis étaient juifs, comme Josef Neumann et Siegfried Läffner. Loin que son antisémitisme lui ait été inculqué par son brutal ivrogne de père ou ses origines provinciales autrichiennes, il semble bien qu'Hitler ne l'ait embrassé que beaucoup plus tard, vraisemblablement comme une manœuvre absolument sans scrupule pour servir ses ambitions politiques après la Grande Guerre.

Pauvre, timide, sans talent, entièrement asexué, introverti, envieux social et monomaniaque, le jeune Hitler qui résidait à Vienne était, comme l'expliqua plus tard Albert Speer, « un inconnu peu sûr de lui dans une grande métropole ». Au lieu d'adapter sa personnalité pour s'intégrer, comme l'auraient fait la plupart des gens normaux, Hitler rentra encore davantage dans sa coquille et reprocha aux Viennois de ne pas l'apprécier à sa juste valeur.

Les minables récriminations de cette période malheureuse dans la capitale autrichienne donnèrent ensuite naissance à de nombreux éléments constitutifs du nazisme. Tout ce qu'il fallait, c'était une énorme guerre européenne pour créer les conditions indispensables au développement du virus qu'il portait dans son esprit. Au moment voulu, un an seulement après son départ de Vienne, survint le cataclysme d'août 1914. Le dictateur avait terminé son apprentissage, et une fois son antisémitisme éhontément raccroché à son credo, il était prêt à causer ses dégâts. Que l'antisémitisme d'Hitler provînt d'une haine personnelle, de torts perçus comme tels ou de son opportunisme politique ne changeait pas grand-chose – mais c'est la dernière option qui semble l'emporter.

L'écrivain Frederic Raphael a émis une nouvelle théorie intéressante qui propose une variante psychologique à celle du médecin juif de la mère d'Hitler, qui l'aurait dupée ou bien mal diagnostiquée :

> Si le Dr Bloch n'a pas réussi à guérir le cancer de Frau Hitler, il est improbable – pour ne pas dire impossible – qu'un autre médecin y fût parvenu à l'époque. D'ailleurs, Hitler ne dit pas cela. Il ne fait aucun doute qu'« Adi » aimait beaucoup sa mère ; mais Proust aussi, qui défendit néanmoins le matricide dans un article tristement célèbre du *Figaro*, au motif qu'après tout, tout le monde a parfois envie de tuer sa mère. Est-ce trop tordu de suggérer qu'Hitler, voyant les souffrances de sa mère, souhaitait (c'est humain) que sa mort les abrège, mais que, quand ce fut le cas, il se sentit si coupable qu'il transféra son vœu honteux sur le médecin juif, qui fit alors fonction de bouc émissaire[24] ?

Une théorie « tordue » – Hitler après tout pouvait très bien être du nombre de ces millions de personnes qui n'ont jamais voulu faire de mal à leur mère –, mais certainement pas plus saugrenue que certaines autres, monocausales, qui ont été avancées pour expliquer l'extermination des Juifs.

D'aucuns considèrent que ce n'est pas seulement sans intérêt de savoir où Hitler a puisé son antisémitisme, mais que c'est également immoral de se pencher de trop près sur la question. Ils font valoir que cela fait le jeu de ceux qui, comme David Irving, adoptent le point de vue inverse. L'écrivain et critique Jonathan Meades a bien perçu le problème :

> [Il existe] une école de charlatanisme dont les hargneux disciples tentent d'expliquer Hitler en inventant, ou en légitimant, des histoires folkloriques de traumatismes psycho-sexuels : la mère d'Hitler aurait été mal traitée ou mal diagnostiquée par un médecin juif et en mourut ; Hitler aurait contracté la syphilis auprès d'une prostituée juive – ces spéculations sont haïssables parce qu'elles cherchent à rendre certains Juifs pris individuellement coupables des monstruosités dont leur race devait souffrir. Il y a, c'est inévitable, des théories sataniques, ou bien portant sur le fait qu'il n'aurait eu qu'un seul testicule. Il y a aussi l'histoire ridicule du tout jeune Hitler se faisant mordre la verge par une chèvre alors qu'il tentait d'uriner dans sa bouche[25].

Cette dernière théorie, si elle était avérée, pourrait peut-être expliquer beaucoup de choses chez Hitler, mais certainement pas son antisémitisme. Et l'on ne voit pas le rapport entre la monorchidie – non avérée – d'Hitler et le fait que 13 millions d'Allemands, qui de toute façon ignoraient sa supposée malformation congénitale, aient voté pour le NSDAP en 1932. Ce qui est intéressant, ce ne sont pas ses motivations à lui, mais celles du peuple allemand, qui l'ont conduit à abandonner la démocratie et à soutenir un Führer qui ne manquait jamais une occasion de proclamer ses visées revanchardes.

Au cours de son discours à l'usine Siemens, c'est seulement à des endroits soigneusement sélectionnés qu'Hitler se lança dans des accès de rage entièrement factices et parfaitement mis au point d'avance. Pendant la plus grande partie de ses discours, il ne fulminait pas la bave aux lèvres, même s'il est filmé dans cet exercice sur la plupart des archives que l'on peut voir. Reinhard Spitzy, le secrétaire particulier du ministre des Affaires étrangères d'Allemagne Joachim von Ribbentrop, rapporte une scène où, après un bon déjeuner avec Hitler et son entourage, un huissier vint annoncer l'arrivée d'un diplomate britannique :

> Hitler se mit à s'agiter. « *Gott im Himmel !* Ne le faites pas encore entrer, je suis encore de bonne humeur ! » Sous le regard de son entourage, il fit monter en lui une rage artificielle – son visage s'assombrit, sa respiration se fit plus lourde et ses yeux commencèrent à lancer des flammes. Puis il passa dans la pièce d'à côté et joua pour le malheureux Anglais une scène en criant si fort que chaque mot était audible depuis la table du déjeuner. Dix minutes après, il était de retour, la sueur perlant sur son front. Il referma soigneusement la porte derrière lui en s'exclamant avec un petit sourire en coin : « Messieurs, il me faut du thé. Il croit que je suis furieux ! »[26]

Les meneurs d'hommes doivent être des acteurs, et Hitler l'avait très bien compris, même s'il versait un peu trop dans le cabotinage. Au début de sa carrière, il étudia les spectacles d'un comique bavarois nommé Weiss-Ferdl afin d'apprendre comment captiver un auditoire. Tout comme un acteur, il répétait inlassablement ses poses et ses gestes devant un miroir dans sa chambre minable de la Thierschstrasse de Munich. Il existe également des photographies de lui faisant la même chose beaucoup plus tard dans sa carrière. Ce fut dans les rues et les brasseries de Munich qu'Hitler fit ses premières armes d'agitateur politique, parlant parfois devant des auditoires qui ne dépassaient pas une douzaine de personnes. C'est là qu'il apprit à quel point son effet sur le public dépendait du soin apporté à la préparation de son intervention. Quiconque a jamais tenté de parler devant un auditoire au *Speakers' Corner* de Hyde Park à Londres sait bien avec quelle rapidité cette expérience vous endurcit intellectuellement et émotionnellement, surtout quand il faut confronter les perturbateurs occasionnels et les adversaires déclarés.

Hitler venait personnellement examiner l'acoustique des brasseries pour pouvoir y adapter son ton et sa voix. Une fois, il fit l'erreur de prononcer un discours un dimanche matin. L'auditoire « resta de glace », comme il le rapporta plus tard. Dès lors, il préféra programmer ses discours le soir, lorsque les gens étaient plus réceptifs à son message. Il écrit dans *Mein Kampf* :

> Il semble que le matin et dans la journée, le cerveau humain se rebelle contre toute tentative de se voir imposer la volonté ou l'opinion de quelqu'un d'autre. Le soir, en revanche, il succombe facilement à la domination d'une volonté plus forte.

(Les acteurs professionnels confirment cette hypothèse : pour une raison inconnue, le public est bien plus réceptif aux séances du soir qu'en matinée. Il a fallu un mécanisme mental bien particulier, comme celui d'Hitler, pour faire un usage politique de ce phénomène.)

Les effets théâtraux comme la musique martiale, les torrents de drapeaux, les rangées énormes de troupes de SS, et surtout les éclairages spectaculaires – tantôt à l'aide de projecteurs militaires, tantôt à l'aide de flambeaux tenus à bout de bras – étaient utilisés lors des réunions et des manifestations pour accroître encore davantage la réceptivité des auditoires, et les nazis furent les pionniers de moyens de propagande qui se sont banalisés dans le monde politique actuel.

La comparaison avec Churchill ne pourrait être plus révélatrice. Il tenait rarement de grandes manifestations et n'employait ni conseillers en image ni effets spéciaux. Son lieu de prédilection, c'était la Chambre des communes, ou alors la radio, où ses auditeurs étaient relativement peu nombreux. Il faisait confiance à la puissance du verbe et à la force de persuasion du meilleur argumentaire. Ce ne furent pas des tours de passe-passe démagogiques qui firent de lui le plus grand orateur du XXe siècle, mais sa maîtrise exceptionnelle de la langue anglaise. Il expliqua dans *Mes jeunes années* :

> Je ferais apprendre l'anglais à tous les garçons ; ensuite seulement, je ferais apprendre le latin aux bons élèves comme un honneur et le grec comme récompense. Mais la seule chose pour laquelle je les punirais du fouet, c'est de ne pas savoir l'anglais. Et je les fouetterais durement pour cela.

Churchill n'était pas un orateur-né – cette qualité est très rare. Après une expérience désastreuse quand, à 30 ans, il avait essayé de s'adresser aux Communes sans notes, entièrement de mémoire, il abandonna l'idée. À la place, il lui arrivait de passer de dix à quatorze heures à préparer un seul discours, parfois au son d'un phonographe qui passait des disques de musique martiale, le travaillant et le retravaillant jusqu'à ce qu'il le juge enfin parfait. Selon le bon mot de son ami lord Birkenhead, « Winston a passé les meilleures années de sa vie à écrire des discours improvisés ». Churchill confiait que le meilleur conseil qu'on lui eût jamais donné était celui de l'homme politique conservateur et ancien ministre Henry Chaplin, qui lui avait recommandé : « Ne vous pressez pas. Développez vos arguments. Si vous avez quelque chose à dire, la Chambre vous écoutera. » Il suivit avec profit cette recommandation – et plus d'une fois avec des effets dévastateurs sur ses adversaires.

Dans *Savrola*, Churchill décrit la genèse du grand discours tenu par le héros à l'hôtel de ville de la capitale de la Lauranie. Elle semble si évidemment autobiographique comme explication du processus de création d'une allocution politique qu'elle mérite d'être intégralement reproduite ici :

> Le discours qu'il devait prononcer – bah ! il en avait fait d'autres et il savait que l'on n'obtient jamais rien de bon sans effort. Les chefs-d'œuvre oratoires improvisés n'existaient que dans l'imagination du public, car les fleurs de la rhétorique sont des plantes de serre. Mais qu'y avait-il donc à dire ? Les cigarettes succédaient aux cigarettes. Et dans la fumée, il commença à entrevoir une péroraison qui irait droit au cœur de la foule : une noble pensée, une belle comparaison, exprimée à l'aide de ce style correct qui est à la portée de tous, même des gens les plus illettrés, et qui plaît aux plus simples, quelque chose qui détournerait leurs esprits des soucis matériels de tous les jours et leur donnerait matière à penser. Ses idées commencèrent à prendre forme, les mots à se grouper en phrases qu'il prononçait à mi-voix. Le rythme de sa parole l'entraîna : les idées succédaient aux idées,

> comme les reflets changeants de la lumière à la surface d'une onde rapide. Il saisit une feuille de papier et nota rapidement quelques lignes au crayon. Il y avait là un argument – pouvait-on l'enfoncer par la répétition ? Il griffonna une phrase, l'effaça, puis la remania et l'écrivit de nouveau. Elle sonnerait bien aux oreilles du public et son sens profond stimulerait les esprits. Quel jeu que tout cela ! Son cerveau contenait tous les atouts qu'il devait abattre et le monde lui offrait les enjeux qui rendaient la partie amusante.
>
> Les heures passèrent, tandis qu'il travaillait. La femme de ménage entra dans la pièce avec son déjeuner ; mais, le voyant absorbé par son travail, tel qu'elle l'avait vu bien souvent, elle n'osa pas le déranger. Les plats refroidissaient sur la table tandis que les aiguilles de l'horloge tournaient lentement, marquant la marche régulière du temps. Bientôt il se leva de son siège et, perdu dans ses pensées, absorbé par le fil de sa harangue, il se mit à arpenter la pièce à pas courts et rapides, discourant à voix basse, mais avec une grande emphase. Soudain, il s'arrêta et asséna un coup de poing d'une étrange violence sur la table ; le discours était terminé[27].

« Le pouvoir de la rhétorique n'est ni entièrement inné ni entièrement acquis, mais il se cultive », estimait Churchill. Plutôt qu'un orateur-né, c'était un perfectionniste – et de fait, en 1940-1941, le résultat atteignit bien la perfection. La cadence de ses discours de ces mois-là devait beaucoup aux longues heures où, jeune sous-lieutenant de hussards stationné aux Indes presque un demi-siècle auparavant, il avait étudié les œuvres historiques de Gibbon et de Macaulay. Churchill forgea sa propre synthèse des grandiloquentes phrases enveloppées de l'un et de l'esprit mordant de l'autre. Son art oratoire fut aussi influencé par la rhétorique pratiquée au milieu du XIXe siècle par William Gladstone, par celle de l'homme politique américain d'origine irlandaise Bourke Cockran et par celle de son père, lord Randolph Churchill, l'orateur politique qui de son temps possédait le plus grand magnétisme.

Le verbe déclamatoire à l'ancienne de Winston n'impressionnait pas tout le monde : certains le trouvaient peu sincère, d'autres pompeux ; d'autres encore se gaussaient de ce croisement entre le cabot de théâtre et le bateleur de music-hall. Il y eut même un épisode, au cours des tragiques années 1930, où la Chambre des communes le força par ses cris à se rasseoir, tandis qu'il tentait de plaider la cause du roi Édouard VIII lors de la crise de l'abdication. En vérité, ce ne fut pas avant 1940 que, dans cette épreuve suprême imposée à la population britannique, la rhétorique de Churchill refléta enfin absolument les périls du moment pour aboutir à la sublime beauté des meilleurs de ses discours de guerre. La défaite sur le front de l'Ouest, l'évacuation de Dunkerque, la débâcle française, la bataille d'Angleterre, le *Blitz*, la menace d'invasion : tout cela produisit des discours et des formules qui perdureraient autant que la langue anglaise.

Pendant l'été 1940, les discours de leur Premier Ministre constituaient à peu près la seule chose à quoi les Britanniques pouvaient se raccrocher. Hitler étant maître de l'Europe continentale de Brest à Varsovie, même les chefs d'état-major n'avaient aucun plan logique de victoire. Sans la Russie ni l'Amérique dans le conflit, tout ce que pouvait faire la Grande-Bretagne était de tenir bon en priant sans grand espoir pour qu'advînt quelque chose de positif. Churchill ne pouvant pas vraiment s'adresser à la raison de la population quand il proclamait la certitude de la victoire finale, il fallait donc qu'il s'adressât à son cœur.

N'ayant guère à proposer aux Britanniques en matière de soutien moral ou de bonnes nouvelles, il prit un risque politique en choisissant volontairement d'insister, à la place, sur les dangers encourus. À la tête du gouvernement depuis seulement trois jours, il avertit les Communes : « Je n'ai rien à proposer si ce n'est du sang, des efforts, des larmes et de la sueur. » Il ne chercha pas à user d'échappatoires sur la nature de la tâche à venir, et ses paroles balayaient une décennie d'apaisement, de doute et de défaitisme – ce qu'il avait jadis appelé « les longues périodes de dérive et de capitulation qui n'en finissent pas ». Sans hésiter, il situa le conflit dans le lugubre contexte d'un combat manichéen entre le bien et le mal, la vérité et le mensonge, la moralité et l'immoralité. C'était ce que les Britanniques brûlaient d'entendre. En quittant les Communes, il fit remarquer à son ami Desmond Morton : « Je leur ai dit ce qu'il fallait, hein[28] ? »

De fait, l'effet fut extraordinaire ; dans une lettre à son mari Harold Nicolson, ministre de l'Information, l'écrivaine Vita Sackville-West rend compte :

> Je crois que l'une des raisons pour lesquelles on est remué par ses formules élisabéthaines, c'est que l'on sent tout l'arrière-plan de puissance et de détermination qui les sous-tend, comme une grande forteresse : ce ne sont jamais des mots pour le plaisir des mots.

Cette allusion à l'Angleterre élisabéthaine est instructive, car Churchill avait recours au passé pour soutenir le moral des Britanniques, en ressuscitant les spectres de Francis Drake et de l'amiral Nelson afin de faire valoir à la population que la Grande-Bretagne avait jadis été confrontée à des dangers identiques et en était sortie victorieuse. Le message subliminal, c'était que la même chose allait se reproduire. Il ne voyait jamais d'inconvénient à adapter des formules à succès déjà utilisées par lui-même ou par d'autres pour les intégrer dans ses discours : par exemple, la célèbre phrase sur la RAF au cours de la bataille d'Angleterre (« Jamais dans l'histoire des conflits autant d'hommes n'ont tant dû à si peu d'entre eux ») faisait peut-être écho à celle de sir John Moore lors de la prise de la Corse en 1793 (« Jamais autant de travail n'a été accompli par si peu d'hommes »).

Dans son essai intitulé *Mr. Churchill in 1940*, Isaiah Berlin s'est efforcé de montrer comment celui-ci a su puiser « dans un imaginaire historique si fort et si large qu'il enchâssait l'ensemble du présent et l'ensemble de l'avenir dans un cadre fourni par un riche passé multicolore ». Churchill attendait de ses auditeurs qu'ils aient une connaissance au moins passable de l'histoire britannique et il n'appauvrissait pas sa langue avec condescendance en adaptant son style aux exigences supposées d'un public de masse moderne. Berlin l'explique bien :

> Les tournures archaïques auxquelles les discours de guerre de M. Churchill nous ont habitués constituent les ingrédients indispensables du ton noble, les atours

cérémoniaux du chroniqueur, que réclamait la solennité de l'occasion.

Le 11 septembre 1940, Churchill s'adressa à la nation *via* les ondes pour la prévenir :

> Nous ne pouvons pas dire quand ils vont essayer de venir ; nous ne pouvons même pas être sûrs qu'ils vont vraiment venir ; mais personne ne doit refuser de voir que se prépare une invasion massive de notre île, sur une très grande échelle, avec la méticulosité et l'esprit méthodique habituels des Allemands, et qu'elle peut être lancée à tout moment – sur l'Angleterre, sur l'Écosse, sur l'Irlande, ou bien sur les trois en même temps.

Ce discours était diffusé depuis les profondeurs des *Cabinet War Rooms*, un complexe souterrain de bureaux et de quartiers privés à l'abri des bombes sous les ministères de Whitehall. Il avait été construit juste avant la guerre pour héberger le centre névralgique du gouvernement en cas de raids aériens. Churchill fit ce discours peu après les premiers bombardements sur Londres en sachant que même si Hitler avait renoncé à l'invasion, les bombardiers de la Luftwaffe allaient vraisemblablement continuer à terroriser les grandes villes britanniques. Il poursuivait en exprimant la conviction que la Grande-Bretagne allait tenir bon, quoi qu'il arrive :

> Il faut donc que nous sachions que la semaine à venir, à quelques jours près, va constituer une période très importante de notre histoire. Elle s'apparente aux jours

> où l'Armada espagnole* approchait de la Manche tandis que Drake finissait sa partie de boules, et à ceux où Nelson s'interposait entre nous et la Grande Armée de Napoléon à Boulogne. Nous avons appris tout cela dans les livres d'histoire – mais ce qui se déroule actuellement est à une échelle nettement plus grande, avec des conséquences nettement plus importantes sur l'existence et l'avenir du monde et de sa civilisation, que dans ces bons vieux jours du passé.

Churchill faisait sentir aux gens qu'ils n'étaient pas seuls dans cette lutte : ils avaient l'histoire à leurs côtés. Lui-même historien, il était parfaitement à même de replacer la position peu enviable de la Grande-Bretagne en 1940 dans son contexte historique. Auprès d'une population qui avait appris à l'école les exploits de Drake et de Nelson, cela avait un effet galvanisant. Il avait déjà réclamé de l'héroïsme aux Britanniques dans son allusion au millénaire à venir, avec son appel de juin :

> Préparons-nous donc à faire notre devoir avec résolution et à nous comporter de telle sorte que si le Commonwealth et l'Empire britannique durent mille ans, les gens diront toujours : « Ce fut là leur plus belle heure. »

---

* Allusion à l'Invincible Armada que lancèrent les Espagnols sur la côte sud de l'Angleterre en 1688 et qui fut détruite par une énorme tempête avant d'avoir pu l'atteindre. La propagande protestante anglaise y vit la main de Dieu qui avait interdit l'accès du pays aux catholiques espagnols. La légende veut que l'amiral Drake – modèle d'imperturbabilité britannique – ait refusé d'interrompre sa partie de boules à l'approche de la flotte espagnole.

Là, il en appelait au millénaire passé, assimilant la situation à celle de 1588, lorsque l'Armada espagnole s'approchait des côtes de l'Angleterre d'Élisabeth Ire, et à celle de 1804, lorsque Napoléon menaçait d'envahir la Grande-Bretagne. Premier Ministre, il envoya un jour une note au ministre de l'Éducation, Richard A. Butler, pour lui demander : « Pouvez-vous rendre les enfants plus patriotes ? Faites-leur savoir que Wolfe a conquis le Québec*. » Cela ne prenait pas qu'avec les enfants : en mobilisant l'histoire britannique à son profit, il encourageait les gens à se voir comme les éléments d'un long continuum – et l'énorme succès des livres sur les guerres napoléoniennes pendant la Seconde Guerre mondiale montre qu'il y est parvenu.

Par rapport à la société et au monde politique d'aujourd'hui, il est patent qu'une grande partie de l'argumentaire de Churchill et du vocabulaire dans lequel il était exprimé sont « politiquement incorrects ». Clive Ponting déplore ainsi qu'il fasse constamment allusion à « notre existence de Britanniques et la longue continuité de nos institutions et de notre empire », au lieu de « présenter une vision d'avenir faite pour séduire une démocratie moderne » : cela venait du fait que Churchill avait bien compris que la nation britannique se battait en priorité pour son identité et sa survie, avant toute idée utopique sur la démocratie et le respect humain, et encore moins sur l'égalité et la fraternité. Il fit par conséquent appel au vieux fond tribal que chaque Britannique portait en lui, très largement lié aux hauts faits de ses aïeux et de leurs conquêtes impériales. Ce genre de

---

* Le général James Wolfe est un héros anglais de la guerre de Sept Ans. Il a été tué lors de sa prise de Québec en 1759.

langage n'a plus vraiment cours chez les hommes politiques, mais à l'époque il nous a sauvés.

D'aucuns, comme le regretté lord Hailsham, qui choisit la tribune insolite d'une émission de Radio 4, *Desert Island Discs*, pour énoncer sa théorie, considèrent que l'accession de Winston Churchill au poste de Premier Ministre en mai 1940, à l'heure même où Hitler déclenchait sa guerre éclair à l'ouest, est une preuve de l'existence de Dieu. N'étant pas théologien, je préfère souscrire à l'opinion du journaliste de radio américain Ed Murrow sur le phénomène Churchill en 1940 : « Il mobilisa la langue anglaise et l'envoya à la bataille. » Naturellement, la page imprimée ne rend pas du tout justice à ces discours. Pour ressentir le frisson dans le dos que procurent les propos du Premier Ministre, seuls les enregistrements conviennent. Eux seuls restituent les grognements, les rugissements soudains du lion, le lyrisme des phrases, le ton qui évoque les cigares et le cognac, le cinglant défi sorti tout droit des viscères pour signifier le refus de la capitulation dans le cadre d'une lutte à mort.

Churchill souffrait de légers bégaiement et susseyement, et cela affectait sa prise de parole en public. Comme son père, toute sa vie il eut du mal à prononcer les « s ». Jeune homme, il essaya de résoudre le problème en répétant des phrases difficiles comme : « Pour qui sont ces serpents qui sifflent sur vos têtes ? » Plus tard, alors qu'il faisait une tournée de conférences aux États-Unis, il commença à se débarrasser de son susseyement et des inhibitions que cela lui avait causées, mais s'il fit de gros efforts pour surmonter son défaut d'élocution, il ne parvint jamais à l'éliminer totalement. « Ceux qui l'ont entendu parler à l'âge de 50 ans et plus sont fondés à conclure qu'il a mieux dominé ses inhibitions que son défaut d'élocution », dira par la suite son fils Randolph en plaisantant. Le susseyement de Winston est perceptible même dans ses plus célèbres discours, ceux qui inspirèrent la nation pendant la guerre, ce qui a conduit ses détracteurs à supposer – à tort – que c'était l'alcool qui déformait ses mots[29].

Le procédé utilisé par Hitler à l'usine Siemens – ne pas identifier explicitement ses ennemis – était également employé de temps à autre par Churchill. Ainsi, dans un discours radiodiffusé de 1934 sur les causes probables d'une future guerre, il mettait en garde contre « une nation de 70 millions d'âmes à quelques heures de vol de nous à qui l'on enseigne que la guerre est une activité glorieuse » : allusion claire, mais indirecte à l'Allemagne nazie. En revanche, chaque fois qu'il estimait pouvoir nommer ses ennemis directement, il y prenait grand plaisir. Pendant la guerre, ses jugements sur Ribbentrop* et Mussolini, en particulier, étaient de petits chefs-d'œuvre de démolition, en partie numéros de music-hall et en partie manifestations sincères de dédain. Selon le cas, Churchill présentait le Duce comme « un chacal dressé au fouet », « un loufiat et un serf », ou bien « le petit outil de la volonté de son maître ». Rien que sa prononciation du mot « nazis », par ailleurs, qu'il allongeait démesurément pour que cela devienne « naaahhhzis », exprimait le mépris que ceux-ci lui inspiraient. Il tenait à un principe : « Chacun a le droit de prononcer les noms étrangers comme il l'entend[30]. »

Les plaisanteries, dont il était souvent lui-même l'objet, constituaient un élément essentiel des discours de

* Ministre des Affaires étrangères allemand de 1938 à 1945.

Churchill. Je n'ai rencontré qu'un seul exemple où il est passé à côté d'une boutade : lorsque Jock Colville, son secrétaire particulier, au cours d'une conversation sur le sens extraordinaire de l'autopublicité qu'avait Montgomery, ajouta que le général avait interdit aux musiques militaires de la 8e armée de jouer *The British Grenadiers*. À Churchill qui lui demandait pourquoi, Colville répondit que c'était à cause des premières paroles : « *Some talk of Alexander…* » (Certains parlent d'Alexandre [le Grand]). Le général Harold Alexander était le grand rival de Montgomery en Libye en 1942-1943. Les autres convives qui étaient autour de la table gratifièrent le jeu de mots de leurs rires, mais le lendemain matin, Colville s'aperçut avec effroi que Churchill avait pris la chose au sérieux et qu'il avait dicté une note à l'intention du chef de l'état-major impérial pour qu'il annule immédiatement l'ordre de Montgomery. « Quand je lui ai expliqué, embarrassé, que j'avais simplement dit cela pour plaisanter, il fut loin d'apprécier », rapporte Colville. Hormis cette exception qui confirme la règle, pour Churchill l'humour était une composante essentielle de l'existence. Il prisait aussi énormément les comparaisons amusantes et insolites telles que « vouloir punir la Chine, c'est comme fouetter une méduse ». On a tendance à attribuer les mots d'esprit à ceux qui avaient vraiment de l'esprit, par exemple Oscar Wilde, George Bernard Shaw et Noël Coward, même si en réalité ils ne sont pas d'eux, et il est indéniable que Churchill a bénéficié de ce phénomène.

Hitler, qualifié parfois de bon imitateur en privé, ne faisait presque jamais de plaisanteries en public. De toute façon, le don de l'imitation est un peu racoleur, et par ailleurs son humour était de nature malveillante

– rien ne l'amusait plus que la déconfiture d'autrui. Après la guerre, Albert Speer rapporta la cruelle farce qu'Hitler et Goebbels avaient faite au porte-parole officiel des nazis auprès de la presse étrangère, Ernst « Putzi » Hanfstaengl, dont les liens de proximité avec le Führer étaient source de malaise pour le titulaire des fonctions plutôt ronflantes de ministre de la Propagande et de l'Édification du public. Hitler devait beaucoup à Hanfstaengl – ils étaient proches depuis 1923, année où ce dernier avait prêté 1 000 dollars à Hitler pour permettre aux nazis de faire un quotidien du *Völkischer Beobachter*. Diplômé de Harvard, Hanfstaengl avait donné à son ami un air de respectabilité dans les milieux sociaux qui comptaient aux premiers jours du mouvement. Rien de tout cela ne pouvait cependant le protéger de la bile de Goebbels, écrit Speer :

> [Il] entreprit de jeter l'opprobre sur le caractère d'Hanfstaengl en le présentant comme avare, âpre au gain, et d'honnêteté douteuse. Une fois, il apporta un disque avec une chanson anglaise et essaya de prouver qu'Hanfstaengl en avait copié la mélodie pour une marche populaire qu'il avait composée. Le porte-parole était déjà en disgrâce quand, à l'époque de la guerre d'Espagne, Goebbels raconta au cours d'un repas qu'Hanfstaengl avait fait des remarques désobligeantes sur la volonté d'en découdre des soldats allemands qui combattaient là-bas. Hitler était furieux. Il fallait donner une leçon à cette poule mouillée qui n'avait pas le droit de juger le courage des autres, déclara-t-il. Quelques jours après, Hanfstaengl fut informé qu'il devait faire un voyage en avion, et il reçut des ordres sous pli cacheté émanant d'Hitler qu'il ne fallait pas ouvrir avant le

> décollage de l'appareil. Une fois dans les airs, Hanfstaengl lut, horrifié, qu'il allait être déposé en territoire tenu par les rouges espagnols, où il travaillerait comme agent de Franco. À table, Goebbels rapporta tous les détails à Hitler – comment Hanfstaengl avait imploré le pilote de faire demi-tour, en répétant qu'il devait s'agir d'une méprise. Mais, poursuivit Goebbels, l'avion continua à faire des ronds dans le ciel de l'Allemagne pendant des heures. Enfin, le pilote annonça qu'il était obligé d'atterrir d'urgence et il posa l'avion en toute sécurité sur l'aéroport de Leipzig. C'est seulement alors qu'Hanfstaengl se rendit compte qu'il avait été victime d'une mauvaise plaisanterie. Tous les épisodes de cette histoire suscitèrent une grande hilarité à la table d'Hitler – d'autant plus qu'à cette occasion Hitler avait monté la farce aux côtés de Goebbels[31].

Il n'est guère surprenant que peu après Hanfstaengl ait quitté Allemagne pour s'exiler aux États-Unis, où il servit parfois de conseiller à Roosevelt quand le président voulait se plonger dans le cerveau de son principal adversaire.

Ce n'était d'ailleurs pas là un exemple isolé : Goebbels avait appris à utiliser le sens de l'humour et le penchant du Führer pour ces farces afin de se mettre en avant et d'écarter ses rivaux potentiels. L'art de mener les hommes implique de savoir remarquer quand on se fait manipuler, mais il semble qu'Hitler en ait été incapable avec Goebbels, qui était vraisemblablement le nazi le plus intelligent du IIIe Reich. Lorsqu'un autre membre important du parti, Eugen Hadamowsky, se mit à viser la direction de la *Reichsrundfunk* (la radio du Reich), Goebbels décida de mettre au point une nouvelle farce compliquée. Il avait un de ses acolytes en vue pour le poste, mais il craignait qu'Hitler ne lui préférât Hadamowsky, à qui il savait gré d'avoir très efficacement organisé la sonorisation des campagnes électorales des nazis avant leur accession au pouvoir. Albert Speer rapporte ainsi le procédé d'une brillante cruauté que Goebbels mit en œuvre pour saper les chances de sa « bête noire » :

> Il demanda à Hanke, secrétaire d'État au ministère de la Propagande, de faire venir Hadamowsky, et il l'informa officiellement qu'Hitler venait de le nommer *Reichsintendant* (directeur général) de la radio. À table, il expliqua à Hitler qu'Hadamowsky avait sauté de joie en apprenant la nouvelle. Sa description était évidemment très embellie et exagérée, si bien qu'Hitler prit la chose pour une plaisanterie. Le lendemain, Goebbels fit imprimer quelques exemplaires d'un journal qui rapportait la fausse nomination et faisait l'éloge de l'impétrant dans des termes excessifs. Il résuma les grandes lignes de l'article, avec toutes ses formulations ridicules, devant Hitler, et singea l'extase d'Hadamowsky en lisant ces passages sur lui-même. Une fois de plus, Hitler et toute la tablée se tordaient de rire. Le même jour, Hanke demanda au *Reichsintendant* nouvellement nommé de faire un discours devant un micro non branché, et là encore le récit de cette bonne histoire suscita l'hilarité générale chez tous ceux qui étaient attablés autour d'Hitler.

La crédibilité d'Hadamowsky ayant été ruinée derrière son dos (sans vraisemblablement de réelle justification),

Goebbels fut désormais à même de nommer un homme à lui au poste resté vacant. Speer écrit :

> D'un certain point de vue, Hitler était la véritable dupe de toutes ces intrigues. À mon sens, Hitler était en fait une proie facile pour Goebbels dans ce genre de choses. Mais il aurait certainement fallu se demander pourquoi Hitler autorisait ce petit jeu malsain à se perpétuer, voire l'encourageait. Un seul mot de mécontentement y aurait assurément mis fin pour un bon bout de temps[32].

Ces grosses farces ne constituent guère une forme noble d'humour, et apprendre qu'Hitler se prêtait à l'humiliation d'un haut fonctionnaire efficace et dur à la tâche simplement parce qu'il aurait été trop ambitieux nous renseigne énormément sur le mépris dans lequel il tenait l'espèce humaine en général. Que l'on compare avec les magnifiques reparties et les savoureuses plaisanteries de Winston Churchill, et la dichotomie est évidente. (La genèse de sa repartie sans doute la plus célèbre, qui culmine avec « et vous, madame, vous êtes laide, mais moi, demain matin, j'aurai dessaoulé », est peut-être à trouver dans *Savrola*, où il écrit à propos de Lucile, la femme du président Molara : « Il est difficile, sinon impossible, de faire affront à une jolie femme : car la beauté demeure et l'offense lâche pied[33]. »)

Tant de bons mots de Churchill sont si connus qu'il n'y a pas lieu de les reprendre ici, mais il y en a un qui, sans qu'on sache trop pourquoi, ne figure pas dans les recueils habituels de ses traits d'esprit (peut-être parce qu'il est apocryphe). Après une de ses conférences aux États-Unis dans les années 1930 sur les multiples aspects positifs et les bienfaits de l'Empire britannique, une Américaine agressivement anti-impérialiste lui posa une longue question sur l'attitude des Britanniques vis-à-vis du mahatma Gandhi et de son mouvement indépendantiste, avec, pour finir en beauté, l'interrogation : « Donc, M. Churchill, que comptez-vous faire avec vos Indiens ? – En tout cas, madame, pas ce que vous avez fait avec les vôtres ! » aurait répliqué le grand homme.

Hitler évite Churchill

C'était Putzi Hanfstaengl qui avait failli organiser une rencontre entre Hitler et Churchill en août 1932, lorsque ce dernier était en Allemagne pour une tournée des champs de bataille de Marlborough dans le cadre de ses recherches en vue de la biographie de son grand ancêtre. Le mois précédent, Randolph, son fils, avait couvert la campagne électorale d'Hitler pour le *Sunday Graphic*, allant jusqu'à voyager dans son avion de réunion publique en réunion publique, et il souhaitait vivement que son père fasse la connaissance de celui qui, il en était déjà convaincu à l'époque, « n'hésiterait pas » à plonger l'Europe dans la guerre dès qu'il aurait bâti une armée qui en serait capable[34]. Hanfstaengl connaissait Randolph grâce à ses contacts avec la presse étrangère, et il put dîner avec Churchill dans son hôtel de Munich.

Au cours du repas, il décrivit Hitler comme « un être possédé » et il dit à Churchill que, puisque le futur chancelier venait tous les après-midi prendre le thé dans ce même hôtel, il lui serait facile d'arranger une rencontre entre les deux hommes. Selon les mémoires d'Hanfstaengl – rédigés après son départ d'Allemagne, et donc peut-être fortement orientés –, Hitler n'avait pas envie de rencontrer quelqu'un « qu'il savait être son égal sur le plan des talents politiques », avant d'ajouter : « De toute façon, on dit que votre M. Churchill est un francophile enragé. » Cela montre qu'Hitler avait au moins entendu parler de Churchill à ce stade de sa carrière – et d'après des remarques postérieures, il est clair qu'il avait également lu au moins certains de ses écrits autobiographiques.

Hanfstaengl caressait l'espoir qu'Hitler – qui venait de refuser les fonctions de vice-chancelier en déclarant ouvertement qu'il attendait qu'on lui propose celles de chancelier elles-mêmes – pourrait avoir assez de curiosité vis-à-vis de l'ancien premier lord de l'Amirauté britannique du temps de guerre pour venir prendre le café avec Churchill, sa fille Sarah, Randolph, lord Camrose, propriétaire du *Daily Telegraph*, et le Pr Lindemann. Pendant le dîner en question, Churchill avait lancé à Hanfstaengl, tandis qu'ils parlaient de la « forte représentation » des Juifs dans les professions libérales en Allemagne : « Dites à votre patron de ma part que l'antisémitisme ne tient pas la distance. » Il n'eut jamais l'occasion de dire quoi que ce soit directement à Hitler, parce que celui-ci ne fit aucune apparition.

Le lendemain, Hanfstaengl fit une dernière tentative pour persuader le chef nazi de rencontrer celui qui devait – sans qu'ils le sachent ni l'un ni l'autre – se révéler au bout du compte comme sa némésis. Hitler fit précisément la même erreur que tant de membres des cercles politiques britanniques de l'époque : il voyait en Churchill un homme fini, comme il le déclara à Hanfstaengl : « De toute façon, quel est le poids de Churchill ? Il est dans l'opposition et personne n'écoute ce qu'il dit. » La réponse impertinente d'Hanfstaengl – « Les gens disent la même chose de vous » – ne réussit pas davantage à le faire changer d'avis. Le surlendemain, Churchill et son entourage quittèrent la ville pour rentrer en Angleterre, tandis qu'Hitler restait en retrait avant leur départ.

C'est ainsi que fut manquée l'une des grandes entrevues de l'histoire, peut-être à cause d'un complexe d'infériorité de la part d'Hitler, mais plus vraisemblablement du fait que, se rangeant à l'opinion commune, il voyait lui aussi en Churchill une « baudruche dégonflée » avec qui il perdrait son temps. Si c'est le cas, ce manquement est à ajouter à la liste des erreurs de calcul fondamentales d'Hitler. Il est bien sûr impossible d'imaginer ce qui aurait pu se passer si les deux hommes s'étaient vus, mais si Churchill avait été tenté de reprendre son message sur l'antisémitisme, il n'y aurait guère eu de terrain de rencontre – d'autant qu'aucun ne parlait la langue de l'autre. Il y a davantage de chances pour que cela ait ressemblé à la séance de pesage des adversaires avant un match de boxe. Au pire, cela aurait pu constituer l'une des plus grandes déceptions de l'histoire, avec un échange protocolaire de politesses diplomatiques pour la forme, sans aucune sincérité de part et d'autre, et de généralités sur leur expérience de la Grande Guerre. Il vaut peut-être donc mieux, en fin de compte, que l'entretien n'ait pas eu lieu.

Le charisme

Hitler était doté d'un fort charisme, tandis que Churchill n'en a jamais vraiment eu – une autorité naturelle, certes, que beaucoup pourraient prendre pour du charisme, mais ce n'en était pas. Les meneurs d'hommes charismatiques possèdent des qualités presque mystiques qui leur sont attribuées par ceux qui les suivent. Cette forme de pouvoir n'a pas de racines dans la tradition ni d'ancrage dans le respect des institutions : elle ne reconnaît aucune Constitution et n'a rien à voir avec le pouvoir d'un homme d'État élu dans une démocratie. Personne n'a jamais voulu donner à Churchill des pouvoirs dictatoriaux à vie, comme ceux qui furent accordés à Hitler. Le Premier Ministre britannique était l'archétype du meneur d'hommes qui savait les inspirer, mais il n'était pas considéré comme surhumain, éthéré, vivant dans un autre monde que celui du reste de l'humanité. (Tout le monde ne serait pas d'accord : le jeune scientifique R. V. Jones, qui avait été convoqué dans la salle du Conseil des ministres en juin 1940 pour expliquer à Churchill le système de goniométrie qu'utilisait la Luftwaffe pour guider ses avions, écrivit par la suite : « Chaque fois que je l'ai revu au cours de la guerre, j'ai eu l'impression d'être rechargé au contact d'une source d'énergie vivante[35] » – ce qu'il trouvait évidemment exaltant.)

Il existe d'innombrables exemples de gens fascinés par Hitler. Comment s'y prenait-il ? En premier lieu, il avait découvert très tôt dans sa carrière qu'il pouvait intimider et dominer les autres simplement en les regardant dans les yeux sans sourciller. Cela lui donnait une image de détermination et de conviction inébranlables. Comme dans ce jeu d'enfants qui consiste à savoir qui va baisser les yeux le premier, Hitler clignait rarement des yeux quand il dévisageait quelqu'un qu'il voulait impressionner. Cela pouvait être extrêmement déconcertant pour ceux qui ne savaient pas ce qu'il cherchait à faire. Albert Speer raconte l'un de ces « duels avec les yeux » avec Hitler, une fois, pendant un dîner. Alors que son Führer le fixait, il décida d'essayer de ne pas détourner le regard. Hitler continua à le fixer en attendant qu'il s'avoue vaincu. Speer raconte :

> Qui sait quels instincts primitifs sont à l'œuvre dans ce genre de duels avec les yeux. Cette fois-là, il m'a fallu rassembler des forces presque surhumaines, pendant ce qui m'a paru une éternité, pour ne pas céder à la tentation de plus en pressante de détourner le regard[36].

Par chance, au même moment, Hitler dut s'occuper de sa voisine de table, et fut donc contraint de mettre fin au duel.

Atout précieux, Hitler avait les yeux de sa mère, d'un bleu pâle aux nuances peu courantes où se mêlait une étrange teinte de gris verdâtre. Des foules de gens témoignent de leur effet à la fois bizarre et irrésistible : l'ambassadeur de France Robert Coulondre semblait paralysé devant eux, et le dramaturge Gerhart Hauptmann confiait que les avoir vus avait constitué le plus grand moment de son existence. Martha Dodd, la fille de l'ambassadeur des États-Unis, les déclarait « saisissants et inoubliables ». « Ils me pénétraient impitoyablement », précisait Élisabeth, la sœur de Nietzsche. Légèrement protubérants et presque sans cils, les yeux du Führer avaient un curieux effet hypnotique – ils l'ont eu pendant un temps, du moins. C'est ce que proclamait la propagande nazie. Une bonne partie du charisme est due à l'autosuggestion, et si Coulondre, Hauptmann et Dodd n'avaient pas au préalable entendu parler du pouvoir des yeux d'Hitler, peut-être ne l'auraient-ils pas remarqué.

Évidemment, le charisme de celui-ci ne reposait pas que sur son regard. La plupart des gens croient que c'est une qualité innée, qu'on a ou qu'on n'a pas, mais en réalité c'est un caractère acquis, et même un peu un leurre : c'est notre perception qui confère du charisme à un chef – après tout, personne ne naît charismatique. Aucun de ceux qui ont connu Hitler comme caporal dans les tranchées de la Grande Guerre ou comme artiste raté à Vienne ne se souvenait de lui comme de quelqu'un de charismatique, ni vraiment comme d'un meneur d'hommes. Il n'acquit cette qualité que par sa réussite en politique et par ses efforts incessants pour créer un culte de la personnalité à lui dédié. Il cultiva délibérément son statut de surhomme infaillible jusqu'à ce que des millions de gens s'avèrent prêts à accepter la valeur outrageusement gonflée qu'il s'attribuait lui-même. Son biographe sir Ian Kershaw parle de l'« auto-glorification narcissique » qui caractérisait son état d'esprit en 1936[37].

Dès lors que l'on attribue une autorité indiscutable à un chef, il (ou elle) acquiert *de facto* du charisme – terme qui vient du mot grec *khárisma*, « grâce ». Les chefs religieux en ont parfois – du moins aux yeux de leurs disciples – parce que leur autorité est fondée sur leur foi. Étant une religion laïque, le nazisme n'était en rien différent. L'historien Michael Burleigh a montré à quel point l'idéologie nazie s'apparentait à une secte religieuse, en particulier dans sa déification de la figure messianique[38]. L'autorité du Führer ne pouvait être remise en question, et Hitler a délibérément grossi le charisme qu'on lui attribuait pour asseoir son statut de surhomme. Il veillait à ne pas être associé à tout ce qui aurait pu se révéler impopulaire ou laisser entendre qu'il n'était pas infaillible. Il laissait rarement paraître ses émotions et il évitait soigneusement les situations où il fallait exprimer des sentiments humains ordinaires. Presque tous ceux qui l'ont connu personnellement confirment qu'il était difficile d'être détendu en sa présence. Bien que de petits films d'amateur tournés par son amie de cœur Eva Braun le montrent en général amical et poli quand il était en société, il n'en reste pas moins qu'il n'y avait là ni chaleur ni affection sincère. Au contraire, Hitler préférait jouir d'une réputation d'homme inabordable. Jamais il n'établit de véritables relations personnelles avec d'autres êtres humains – en fait, son berger allemand, Blondi, fut peut-être le seul dont il put se faire un ami.

Jusqu'à quelques heures avant son suicide, Hitler ne s'était jamais marié. Eva Braun était tenue éloignée des regards du public et elle n'était connue que de son entourage étroit. Tous les témoins s'accordent pour dire qu'Hitler n'a jamais véritablement montré d'intérêt pour elle – elle était plaisante à regarder et d'une compagnie agréable, mais c'était à peu près tout, jusqu'à sa décision, qui témoignait de son courage et de son dévouement, de rester auprès de lui jusqu'au bout. Elle voulait mourir en femme honnête, en épouse allemande légitime, et il lui accorda au moins cet honneur comme prix de sa décision de le rejoindre dans le suicide. Ensuite, ils se sont vraisemblablement faussé compagnie, parce qu'il n'avait rien fait pour justifier qu'elle l'accompagne dans sa traversée du Styx.

Relations publiques

Hitler aimait se faire photographier avec des enfants et des animaux. S'il n'allait jamais tout à fait jusqu'à embrasser les nourrissons, il se prêtait à tout le reste de la routine avilissante et peu ragoûtante des séances de photos actuelles. Son souci de cultiver son image de simplicité était sûrement l'un de ses artifices de relations publiques les plus efficaces, peut-être encore plus efficace que les mises en scène grandioses des rassemblements nazis. Joseph Goebbels s'efforçait de présenter Hitler comme le « chancelier du peuple », en soulignant la simplicité de ses goûts et sa ressemblance avec l'Allemand moyen. Tandis que beaucoup de ses compatriotes percevaient les dignitaires du parti comme des grands manitous – qu'ils avaient baptisés « faisans dorés » –, le Führer restait à leurs yeux « quelqu'un comme nous ». C'est un artifice de propagande populiste utilisé par de nombreux dirigeants actuels. (De nos jours, rares sont les politiciens américains qui conservent leur veston lors de séances de rencontres avec la population dans les mairies.)

Il avait beau être myope, Hitler ne portait jamais de lunettes en public : il jugeait que cela pourrait entamer son image de surhomme[39]. Ses secrétaires utilisaient alors des caractères d'une grosseur inhabituelle quand elles tapaient ses discours. Il évitait également de se faire photographier en train de faire toute forme d'exercice physique éprouvant. En outre, il ne laissait jamais son valet le voir autrement qu'entièrement habillé. Une fois où, au grand dam d'Hitler, Mussolini s'était fait photographier en maillot de bain, le Führer déclara qu'il ne permettrait jamais cela pour lui : « Un habile faussaire quelconque pourrait faire un montage avec ma tête sur un corps en caleçon de bain[40] ! » craignait-il. Cela l'embarrassait de se déshabiller devant un médecin et il n'autorisa jamais qu'on lui fît une radio de son estomac sensible. Il refusait aussi d'avoir un masseur, comme le lui avait suggéré Heinrich Himmler, le chef des SS*. Il tenait à ce que son corps fût constamment couvert, et même par les chaleurs les plus fortes il portait des sous-vêtements longs de couleur blanche, comme on put le voir à la suite du complot fomenté contre lui le 20 juillet 1944, chaude journée estivale, où son pantalon fut arraché.

À l'inverse, Churchill n'avait cure de son apparence physique. Il n'exigeait presque jamais les égards dus à sa personne, même s'il était toujours conscient du respect à accorder à celui qu'il appelait parfois « le premier des ministres du roi ». Pendant sa maladie au Maroc en 1944, deux auxiliaires l'amenèrent en haut d'une colline de l'Atlas pour un pique-nique en le trimballant dans une nappe faisant fonction de hamac improvisé peu glorieux. Mais il ne se souciait pas le moins du monde de l'absence de dignité qu'impliquait ce mode de transport. On le voyait souvent au travail en robe de chambre et en chaussons. Il lui arrivait de se déshabiller sans complexe et de prendre un bain devant son personnel et ses collègues masculins. Une fois, sortant nu de son bain, il

---

* Himmler quant à lui s'en remettait aux soins du fameux masseur thérapeute Felix Kersten (1898-1960), qui grâce à l'influence qu'il exerçait sur son patient obtint la libération de milliers de prisonniers détenus dans des camps de concentration. Voir François Kersaudy, *La Liste de Kersten. Un juste parmi les démons*, Paris, Fayard, 2021.

accueillit même un président Roosevelt interloqué par la plaisanterie : « Le Premier Ministre de Grande-Bretagne n'a rien à cacher au président des États-Unis. » Churchill avait de plus un penchant inné fort peu charismatique pour les couvre-chefs bizarres et les uniformes de fantaisie. Il fut le seul Premier Ministre à porter une tenue militaire pendant ses fonctions – ce que ne fit jamais le duc de Wellington lui-même. Sur des photographies prises avec Roosevelt, on le voit en tenue de général de brigade aérienne honoraire, aussi bien qu'en colonel du 4e hussards ou encore en colonel du bataillon 4/5 (Cinque Ports) du Royal Sussex Regiment. Si la plupart des gens trouvent extrêmement attachant son goût pour les vêtements excentriques, ce trait de caractère a cependant tendance à faire apparaître Roosevelt comme le supérieur de Churchill. Lequel, dans *Savrola*, avait montré qu'il était conscient des avantages de s'habiller simplement, même s'il n'avait pas personnellement suivi ce conseil. Il décrit ainsi le héros éponyme entrant dans la salle de bal de Lauranie :

> Aucune décoration, aucune médaille n'ornait son strict habit de soirée. Au milieu de l'éclat des couleurs, de la multitude des uniformes resplendissants, sa silhouette était sombre – mais, comme le duc de Wellington à Paris à la Restauration, il apparaissait comme leur chef à tous, calme, confiant et serein[41].

Il est bien certain qu'à l'époque où Churchill est devenu Premier Ministre, il ne semblait pas attacher beaucoup d'importance aux conventions vestimentaires. En 1940, il mit au point ce qu'il appelait sa « tenue d'alerte » à partir de sa combinaison de maçon, mais confectionnée en velours, avec une fermeture Éclair sur toute la longueur du tronc. Son secrétariat avait beau tourner cette « barboteuse », comme il l'avait baptisée, en ridicule, Churchill la portait parfois même lors de visites officielles, pour inspecter des troupes ou pour recevoir des dignitaires étrangers. Elle ne fut pas appréciée au Kremlin où, raconta-t-il, « ils pensaient que je poussais la démocratie trop loin ». Cela confirme ce qu'Hitler savait déjà : en évitant de trop bien s'habiller, un dirigeant accroissait sa visibilité au lieu de la diminuer.

Bien sûr, les nazis adoraient les beaux costumes. Et il est difficile d'imaginer quoi que ce soit de plus grandiose que l'uniforme d'apparat d'Heinrich Himmler – sauf celui d'Hermann Göring, par ailleurs grand amateur de médailles et qui en a même inventé quelques-unes, sachant pertinemment qu'il serait le premier à se les voir décerner. Pourtant, l'uniforme d'Hitler lui-même n'était pas cousu de fil d'or, il n'avait ni épaulettes ni barrettes de décoration sur la poitrine, ni cordons ni écharpes : uniquement la croix de fer du simple, mais courageux soldat de la Première Guerre mondiale, l'insigne du parti nazi et un autre petit écusson. Hitler encourageait les autres dirigeants nazis à s'habiller dans des tenues très voyantes pendant que lui restait sobrement vêtu. Cela faisait partie de son image démagogique de « chancelier du peuple », à qui il envoyait un message pour lui dire que lui, contrairement à d'autres dirigeants, était si puissant qu'il n'avait pas besoin de tenues ou de breloques spéciales pour le faire savoir.

Lorsqu'il alla rendre visite à Mussolini à Rome en 1938, il fit spécialement faire des uniformes pour tous ceux qui l'accompagnaient. La commande échut à Benno von Arent, *Reichsbühnenbildner* et futur *Reichsbeauftragter für die Mode* – responsable des décors de théâtre et de la haute couture du Reich, surtout connu pour ses décors d'opéras et d'opérettes et dont les talents de concepteur de médailles lui valurent de la part d'Albert Speer le surnom de « quincaillier du Reich ». Les diplomates qui faisaient partie du voyage furent ainsi habillés en queues-de-pie rehaussées d'épais fils d'or. Seul le Führer était, comme d'habitude, habillé simplement. Il répétait : « Il faut que ce qui m'entoure soit magnifique. Alors, ma simplicité fait un effet frappant. »

Leur refuge privé

Une partie du charisme qu'Hitler s'était construit de bout en bout était fondée sur les séances de photographie soigneusement encadrées qui donnaient de lui le portrait d'un homme aimant la simplicité et la nature. Pour ce faire, il était nécessaire qu'il dispose d'un endroit presque entièrement réservé à la vie privée et d'une base habilement choisie loin de toute grande ville. Il faut en effet que les chefs soient physiquement inaccessibles de temps à autre pour faire ressortir leur pouvoir sur les événements, ce qu'il avait bien compris. La ville de Berchtesgaden, dans les Alpes bavaroises, est de fait inextricablement liée à Adolf Hitler, dont la résidence de campagne, le Berghof, était construite au-dessus du village d'Obersalzberg, en haut de la montagne. Hitler était très fier de sa longue association avec la région, qui avait débuté quand il était allé rendre une visite incognito à un autre politicien fasciste, Dietrich

Eckart, avant le putsch de la brasserie de Munich. Au fil des ans, il avait séjourné dans différentes auberges alentour avant d'acheter une maison qui se retrouva au centre d'un énorme ensemble édifié pour les hauts dignitaires nazis. Martin Bormann, Hermann Göring et Albert Speer firent tous construire des maisons à flanc de coteau, principalement pour protéger leur accès personnel au Führer, d'une importance capitale. Il subsiste sous les collines un kilomètre de fortifications souterraines en béton qui leur était destiné, bien qu'une grande partie du reste ait été démolie par l'armée américaine en 1945 afin d'empêcher que le site ne devînt une relique pour les néonazis. (C'était là une inquiétude justifiée : l'hôtel qui se trouve au sommet du Gran Sasso dans les Abruzzes, d'où Mussolini avait été libéré par un audacieux coup de main de parachutistes, a fait de sa chambre un musée qui commémore avec nostalgie l'action du commando SS.) Hitler évoqua ses souvenirs de l'endroit devant ses acolytes en janvier 1942 :

> Oui, il y a beaucoup de liens entre Obersalzberg et moi. Tant de choses y ont vu le jour avant de se concrétiser. C'est là que j'ai passé les plus belles heures de ma vie. C'est là que tous mes grands projets ont été conçus et mûris. À l'époque, j'avais des heures et des heures de loisirs, et tant d'amis charmants !

Si l'on peut avancer que le spectre d'Hitler hante un endroit, ce n'est pas la partie désormais rasée et anonyme des environs de la Wilhelmstrasse de Berlin où se trouvait son repaire souterrain, mais bel et bien là-haut, sur les pentes des Alpes bavaroises.

Le Berghof lui-même n'était pas le chef-d'œuvre architectural que le Führer voyait en lui. Pour une raison inconnue, celui-ci avait horreur des meubles vernis, leur préférant le pin laissé nu. Son biographe Norman Stone en a fait une description assez détaillée :

> L'édifice aurait été parfait pour un méchant sorti des romans de Ian Fleming. Il était doté d'énormes dalles de marbre rouge ; des tableaux volés étaient accrochés aux murs ; un tapis épais de grande dimension recouvrait le sol ; un feu énorme crépitait dans l'âtre ; des fauteuils trop grands étaient disposés à une distance inconfortable les uns des autres, ce qui obligeait les visiteurs à crier ou presque leurs platitudes pour se faire entendre tandis que virevoltaient les étincelles du foyer au début du crépuscule[42].

Pour ses 50 ans, le parti nazi offrit à Hitler un tour de force de génie civil, le « Nid d'Aigle », construction de pierre perchée à 2 000 mètres d'altitude et atteinte par une trouée dans la montagne, d'où il pouvait observer toute la région, dont cette ville de Salzbourg qu'il aimait tant. Malgré tout, le panorama à couper le souffle ne suffisait pas à apaiser son âme. Paradoxalement, ces paysages magnifiques paraissent seulement avoir aidé Hitler à prendre ses décisions les plus radicales. C'est en effet lors de séjours à Obersalzberg qu'il monta le complot pour se saisir du pouvoir absolu en Allemagne, qu'il mit au point le sinistre plan de démembrement de la Tchécoslovaquie et qu'il prépara l'invasion de la Russie. Joseph Goebbels, visiteur régulier, se plaignait fréquemment dans son journal intime du temps énorme que le Führer passait à Obersalzberg, mais il se félicitait de la tendance qu'avait « la solitude des montagnes » à le faire redoubler d'efforts dans le fanatisme. C'est alors qu'il y séjournait à la fin de mars 1933 qu'Hitler décida du boycottage de tous les commerces, services, médecins et membres des professions juridiques juifs à travers tout le Reich. Il est évident que la somptueuse beauté du décor avait sur le chancelier l'effet inverse de celui qu'elle avait sur la plupart des autres gens : au lieu de l'amadouer et de l'humaniser, elle lui endurcissait le cœur et le remplissait de rêves de domination raciale. Selon la légende, l'empereur d'Allemagne Frédéric Barberousse avait dormi au pied de l'un des sommets les plus élevés de la chaîne de montagnes de Berchtesgaden, l'Untersberg, et ce n'est donc pas par hasard que l'invasion de la Russie par l'Allemagne en juin 1941 reçut le nom de code d'opération « Barbarossa » (« Barberousse » en allemand).

À partir de l'été 1933, Obersalzberg devint un lieu de pèlerinage pour beaucoup d'Allemands. Sir Ian Kershaw commente :

> Les foules d'admirateurs qui essayaient d'apercevoir le chancelier du Reich étaient si nombreuses qu'Himmler, qui commandait la police politique de Bavière, fut obligé d'imposer des restrictions spéciales de circulation dans les alentours de Berchtesgaden et d'interdire l'usage de jumelles à ceux qui tentaient d'apercevoir « le moindre mouvement du chancelier du peuple ».

Finalement, l'intérêt était tel qu'il fallut ériger des barrières sur tout le périmètre pendant les promenades que faisait Hitler l'après-midi afin de tenir les curieux à distance. Traditionnellement, « jusqu'à deux mille personnes de tous âges et de tous les endroits d'Allemagne, que leur dévotion avait poussées à emprunter les sentiers escarpés qui menaient à Obersalzberg, venaient attendre, souvent des heures, pour défiler en silence devant Hitler au signal de l'un des membres de son entourage ». Pour l'un de ceux-ci, parmi les plus proches, Fritz Wiedemann, cette adulation sans borne avait des échos religieux, et elle contribuait sans aucun doute à conduire Hitler à se croire en possession de pouvoirs presque surhumains.

La Bavière fut aussi le cadre idéal pour la propagande. Y furent prises nombre de photographies qui montrent le Führer en culotte de cuir traditionnelle appuyé à un arbre ; le Führer avec des enfants admiratifs, blonds et souriants ; le Führer en train de caresser son berger allemand Blondi ; le Führer penché sur des plans d'architecte de villes qu'il avait l'intention de construire ; le Führer, heureux et détendu, prenant le thé avec Eva Braun ; le Führer comme père de son peuple aryen ; le Führer vêtu d'une cape accueillant des hôtes de marque comme David Lloyd George ou le duc de Windsor au Berghof ; l'homme d'État au travail, parcourant une pente enneigée pour réconforter des vieillards…

Disposer d'un endroit loin de la ville où il pouvait réfléchir, écrire et recevoir était également important pour Churchill. Son manoir de Chartwell fut acquis en septembre 1922 pour la somme de 5 000 livres – prix cassé parce qu'en piteux état : il avait été mis aux enchères avec un prix de réserve de 6 500 livres sans susciter d'offres. Churchill parvint à trouver la somme car il avait hérité d'un petit-cousin, lord Herbert Vane-Tempest, tué lors d'un accident de chemin de fer juste au moment où il venait d'être nommé secrétaire d'État aux Colonies. Il lui fallut toutefois dépenser près de 20 000 livres supplémentaires pour rénover la maison au cours des dix-huit mois suivants, et cela pesa constamment sur ses ressources pendant des années, au point que Clementine répétait toujours ses craintes de les voir devenir insolvables. Ce n'en était pas moins le genre de retraite dont avait besoin un homme qui souffrait de temps en temps de dépression (baptisée son « chien noir »), car elle offrait une vue superbe sur les collines du Kent qui ne pouvait qu'insuffler de l'optimisme.

Si Obersalzberg était l'endroit le plus germanique et le plus wagnérien d'Europe centrale, il n'y a pas de comté plus typiquement anglais que le Kent. Tout comme la situation géographique et l'aspect du Berghof encourageaient Hitler dans ses rêves de conquête, le cadre enchanteur de Chartwell renforçait la détermination qu'avait Churchill de leur résister.

Architecture

Hitler était obsédé par l'architecture et le pouvoir qu'elle avait de mettre en valeur la grandeur nouvelle de l'Allemagne et de lui-même. À cet égard, il se serait volontiers fait l'écho de la remarque bien vue de Churchill : « Nous façonnons d'abord nos édifices, et ensuite ce sont eux qui nous façonnent. » Il avait des plans d'aménagement de Berlin dignes d'un mégalomane. Pendant que Goebbels mettait en scène d'énormes rassemblements qui célébraient le culte quasi religieux du Führer, Speer recevait de celui-ci l'ordre d'édifier, à quelques centaines de mètres de la Potsdamer Platz de

Berlin, une nouvelle chancellerie du Reich qui à la fois impressionnerait et intimiderait les visiteurs. Il n'en reste rien aujourd'hui : il y a désormais un immeuble d'habitation et – fort bonne idée – une école maternelle sur cet emplacement. Les plans montrent que la nouvelle chancellerie était quelque vingt fois plus spacieuse que l'ancienne. La date de construction de la nouvelle chancellerie – 1938 – est hautement significative, car c'est au cours de cette même année qu'Hitler annexa l'Autriche (mars) et le pays des Sudètes (octobre), remplissant ainsi deux de ses plus grands objectifs de politique étrangère sans recours à la guerre.

Visant une énorme expansion territoriale dans sa quête de *Lebensraum* pour le peuple allemand, Hitler voulait absolument faire la plus forte impression possible sur ses visiteurs étrangers. Et d'expliquer à Speer, qu'il avait retenu pour être l'architecte de « Germania », sa nouvelle capitale :

> Je vais avoir des entretiens extrêmement importants dans les mois à venir. À cet effet, il me faut des salles et des salons grandioses qui feront impression sur les gens, en particulier les dignitaires de moindre rang.

La nouvelle chancellerie du Reich s'étendait sur 400 mètres. Bien que son adresse fût aux 2-6, Vossstrasse, ce n'était pas là que se trouvait l'entrée. Speer choisit exprès de la situer dans un endroit en apparence illogique, sur le côté du bâtiment, dans la Wilhelmstrasse. De ce fait, les dignitaires qui arrivaient étaient forcés de traverser 300 mètres de salles à la splendeur croissante, avec au centre la galerie de Marbre, avant de parvenir au cabinet du Führer :

« Pendant le long parcours depuis l'entrée jusqu'à la salle de réception, ils auront un avant-goût de la puissance et de la grandeur du Reich allemand ! »

Le cabinet d'Hitler était une vaste pièce de plus de 120 mètres carrés, ornée de volumineux lustres et d'un immense tapis aux tons pastel. Les panneaux avant de l'énorme bureau du Führer avaient pour décor des frises dotées de trois têtes de grande taille, l'une d'entre elles représentant la Méduse, avec des serpents entrelacés qui sortaient de son crâne. Dans la mythologie classique, quiconque voyait la Méduse subissait immédiatement son sortilège et était transformé en pierre. À noter qu'Hitler travaillait rarement dans son cabinet, dont l'unique fonction était de recevoir des visiteurs et de les laisser bouche bée devant son charisme et la puissance de l'Allemagne.

Tout cela est à comparer avec le 10, Downing Street, maison de ville du quartier de Whitehall, dont la taille et le style n'ont rien de spécial, du moins de l'extérieur. « L'une des résidences de Londres les moins solidement bâties, construite au début du XVIIIe siècle, période bien connue pour le travail bâclé », selon Roy Jenkins. Le numéro 10 est un peu comme la capsule spatiale de la série télévisée *Dr Who*, avec une surface bien plus importante que cela ne semble possible de l'extérieur, car elle s'étend jusqu'à l'emprise au sol des maisons voisines et est reliée à d'autres endroits de Whitehall par des passages que l'on ne peut voir du dehors. Mais même en tenant compte de cela, on aurait pu faire rentrer l'ensemble de sa surface utile dans le seul cabinet d'Hitler. Il n'y a donc pas plus différents que le 10, Downing Street et la chancellerie du Reich, cette dernière étant aussi peu commode que tape-à-l'œil.

Il n'est guère étonnant qu'il soit impossible à un Premier Ministre britannique de faire naître un type de charisme semblable à celui d'Hitler. Avant guerre, les dirigeants politiques du royaume pouvaient emprunter les rues sans être entourés de l'escouade de gardes du corps, de conseillers et de collaborateurs qui les accompagnent de nos jours, et le fait même que l'on pût les approcher compromettait leur possibilité d'acquérir du charisme. Même pendant la guerre, Churchill allait souvent à pied de Downing Street au Parlement. Aujourd'hui, les Premiers Ministres ont tendance à parcourir ces quelque 200 mètres en voiture, et ils ne choisissent de marcher pour couvrir cette courte distance que lorsque – comme lors des funérailles de la reine mère en 2002 – cela peut leur rapporter un certain capital politique.

Accessoires, emblèmes et signes distinctifs

Hitler et les nazis étaient passés maîtres dans le recours aux accessoires et aux signes distinctifs à travers leurs uniformes, leurs bottes de cuir, leur emblème – la croix gammée –, leurs brassards, leur drapeau, leur hymne et le salut hitlérien – qui leur conféraient une identité de groupe bien marquée, ainsi qu'à leurs adeptes. Même la caractéristique faciale extrêmement puissante d'Hitler, son absurde petite moustache en forme de brosse à dents, connut différents stades de développement, car il en modifiait parfois la largeur. Churchill avait lui aussi compris que les hommes politiques avaient besoin de signes distinctifs, et dans un essai sur leurs accessoires – les cols montants de Gladstone, la pipe de Baldwin, et ainsi de suite –, il écrivit un jour, sachant que c'était faux : « Jamais je ne me suis abaissé à cela. » Croyait-il vraiment que les gens ordinaires portaient ses chapeaux melons, ses nœuds papillons à pois, ses cols cassés, et fumaient comme lui des cigares de la taille des « Roméo et Juliette » (dont il avalait rarement la fumée) ? Il possédait également des dizaines de couvre-chefs : des casquettes de l'armée et de la marine, des casques coloniaux, un chapeau de brousse australien, des toques d'astrakan russes, des chapeaux de toute sorte : ronds, en paille, hauts-de-forme – l'un d'entre eux a récemment atteint 10 000 livres aux enchères –, de cow-boy, et même une coiffe de guerre en plumes de grand chef indien d'Amérique. À l'été 1941, il adopta le V de la victoire qu'il reproduisait avec ses doigts. Un jour, alors qu'il était sur le point d'entrer dans un endroit bondé, il alluma un cigare en donnant un conseil au député conservateur qui se trouvait à côté de lui : « N'oubliez jamais ce qui vous distingue[43] ! »

Face à cela, Hitler était un non-fumeur fanatique qui voyait dans le tabac « la vengeance de l'homme rouge contre l'homme blanc qui lui avait apporté l'alcool » – il fallait le Führer pour aller jusqu'à y trouver une origine « raciale ». Les nazis lancèrent le mouvement antitabac le plus puissant du monde entre 1933 et 1945, avec des interdictions de fumer dans les lieux publics, une restriction des rations de tabac allouées aux femmes et la recherche la plus poussée qui fût en matière d'épidémiologie, qui associa pour la première fois la consommation de tabac au cancer du poumon. La crainte que le tabac puisse constituer un danger pour le bien-être physique de la race aryenne conduisit les médecins allemands – dont la moitié étaient membres du parti nazi lorsque la guerre éclata – à prendre la tête de cette campagne contre le tabac. Des publicités faisaient valoir qu'alors qu'Hitler, Mussolini et Franco étaient tous trois non-fumeurs, Staline et Roosevelt étaient des adeptes de la cigarette et Churchill rarement vu sans son cigare[44].

Pourtant, malgré toutes ces campagnes, la consommation de cigarettes en Allemagne augmenta au début du régime nazi, passant de 570 par tête et par an en 1932 à 900 en 1939. (En France, partie d'un nombre identique, elle n'atteignit que 630 la même année.) Les militants antitabac allemands avaient beau se plaindre auprès du Führer de la publicité « à l'américaine » contre laquelle ils devaient se battre, lui n'avait pas envie de s'en prendre aux fabricants de cigarettes parce qu'ils s'étaient très tôt rangés parmi les soutiens enthousiastes de son régime, au point de lancer une marque spéciale de *Sturmzigaretten* (cigarettes des Chemises brunes). Ils fournissaient aussi une inestimable source de revenus pour le Trésor d'Hitler, constamment en situation précaire – y contribuant par exemple pour pas moins de 1 million de Reichsmarks au cours de l'année budgétaire 1937-1938. En 1941, les taxes sur le tabac rapportaient environ 8 % de toutes les recettes de l'État et s'avéraient donc cruciales pour l'effort de guerre.

Les Postes et la Luftwaffe avaient eu beau proscrire le tabac en leur sein, de même que beaucoup d'usines, de bureaux du gouvernement et du parti nazi, de résidences de personnes âgées et d'hôpitaux – Himmler avait de surcroît imposé l'interdiction de fumer à tous les membres des SS en service –, la consommation n'en continuait pas moins d'augmenter. Si quelques abris antiaériens proposaient des salles spéciales, en général il y était interdit de fumer, tout comme dans les autobus et les trains de soixante des plus grandes villes d'Allemagne à partir de 1941. Les nazis annoncèrent « le début de la fin » de la consommation de tabac dans tout le Reich lorsqu'ils portèrent les taxes à leur plus haut niveau en novembre de cette même année. Le résultat, c'est que si les soldats fumaient plus que jamais auparavant (quelque 87,3 %), ils fumaient moins de cigarettes au total (– 23,4 %). En 1940-1941, les Allemands fumèrent le nombre étonnant de 75 milliards de cigarettes, assez pour former un bloc cylindrique de 145 mètres de haut sur une base de plus de 100 mètres carrés.

Relations avec autrui

Qui des deux hommes, diriez-vous, était le meilleur dans ses relations avec autrui : Hitler ou Churchill ? Alors que le premier conservait ses distances et ne s'intéressait véritablement à personne en dehors de lui-même, en revanche il s'occupait bien de ses collaborateurs, unanimes ou presque à l'adorer. Si l'un tombait malade, il allait le voir à l'hôpital. Il aimait leur faire des cadeaux pour leur anniversaire et à Noël, allant jusqu'à les choisir personnellement. Certains, comme son valet, voyaient en lui un deuxième père.

Même jusqu'à sa mort en 2000, à 83 ans, la secrétaire favorite d'Hitler, Gerda Christian, conserva un souvenir ému de celui qu'elle avait toujours – y compris après 1945 – appelé « le Chef ». Restée auprès de lui presque jusqu'à la fin dans le bunker, elle n'eut jamais par la suite le moindre mot déplaisant pour son ancien patron « attentionné et juste ». Il n'est point de meneur d'hommes si malfaisant qu'il ne trouve ses défenseurs :

il devait sans aucun doute être possible de dénicher au XVIe siècle des Moscovites qui se souvenaient avec nostalgie du règne d'Ivan Vasilievitch. C'était un tsar d'une grande dureté, auraient-ils reconnu devant leur verre de vodka, mais il était juste et il fallait replacer ses tortures dans leur contexte historique. « Le Terrible » était en fait plus un petit nom gentil et respectueux qu'un qualificatif critique. Gengis Khan avait vraisemblablement aussi des soutiens qui auraient avancé des années plus tard qu'il avait eu mauvaise presse, que probablement il ne savait pas ce qui avait été fait en son nom, qu'il était resté incompris, et que de toute façon lui au moins avait fait arriver les yacks à l'heure. Comme se le remémoraient les Transylvaniens sentimentaux, avec Vlad III l'Empaleur, on savait toujours où on en était.

Eric Hobsbawm*, qu'on décrivait régulièrement comme notre plus grand historien vivant – Dieu sait pourquoi, alors que ses proches contemporains Robert Blake, Asa Briggs, Alan Bullock, Antonia Fraser, Paul Johnson et Hugh Thomas étaient encore de ce monde –, ne s'est jamais lassé de répéter que Joseph Staline avait modernisé l'Union soviétique et qu'il ne pouvait donc pas avoir été si mauvais que cela. Kim Il-sung, Fidel Castro et même Pol Pot ont également trouvé des Occidentaux pour faire leur apologie. Il est bien connu que des intellectuels et des écrivains qui proclament leur objectivité et leur athéisme à chaque occasion sont

* Adulé par les uns, exécré par les autres, Eric Hobsbawm (1917-2012) était un historien militant marxiste juif réfugié à Londres en 1933 avec ses parents. Membre actif du Parti communiste de Grande-Bretagne (CGB), il soutint la répression soviétique en Hongrie (1956) et à Prague (1968).

souvent les premiers à vouer un culte au pouvoir illimité, et il semble que plus ce pouvoir s'exerce brutalement, plus leur allégeance se fait zélée.

Le remarquable culte du héros dont ont fait preuve à l'égard de Napoléon des Anglais intelligents et sensibles alors même que la Grande Armée était stationnée à Boulogne en 1804 est un bel exemple de ce lamentable phénomène. Dans son ouvrage *Napoleon and English Romanticism*, l'historien Simon Bainbridge fait la chronique de ce qu'il appelle l'« obsession » qu'avaient Byron, Hazlitt, Wordsworth, Coleridge et Southey vis-à-vis de l'ambitieux parvenu corse. Dans le monde politique, là aussi, les whigs frôlèrent la trahison de près avec leur admiration non déguisée pour l'ennemi de leur pays. Alors qu'il était étudiant à Cambridge, William Lamb – devenu par la suite lord Melbourne – écrivit une ode à Bonaparte en latin, et ses lettres à sa mère rapportent sa joie devant les victoires des Français et son chagrin face à celles des alliés. Charles James Fox et lui admiraient l'« énergie » de Napoléon, un peu comme des écrivains et des aristocrates britanniques admiraient l'« énergie » de l'Allemagne nazie dans les années 1930. L'historien Arthur Bryant alla jusqu'à décrire Hitler comme « le Soldat inconnu revenu à la vie » en juin 1939, trois mois seulement avant le début de la guerre – et il n'avait pas l'excuse d'avoir personnellement connu le Führer, comme Frau Gerda Christian.

La manière dont certains intellectuels ont été envoûtés par des tyrans au XXe siècle – des hommes authentiquement brillants comme Jean-Paul Sartre et E. H. Carr sont tombés platoniquement amoureux de Staline en politique – a eu un terrible effet sur le reste de leurs compatriotes. L'esprit critique a été anesthésié, l'opposition potentielle muselée. Ce qui est peut-être excusable chez une jeune secrétaire qui ne connaissait pas grand-chose de l'existence en dehors du bunker de Berlin est absolument impardonnable chez des écrivaillons aguerris comme Walter Duranty, le correspondant du *New York Times* à Moscou au cours des années 1930, qui a vu de ses yeux la politique menée par Staline pour créer délibérément la famine en Ukraine et n'en a pas moins écrit favorablement sur le régime bolchevique. Un autre journaliste américain, Lincoln Steffens, est célèbre pour être allé plus loin en déclarant à son retour de Russie : « J'ai vu l'avenir, et il fonctionne. » Encore aujourd'hui, maintenant que le marxisme-léninisme a été consigné aux poubelles de l'histoire – sauf bien sûr en Chine, à Cuba et dans les départements de sociologie des universités occidentales – et que la démonstration a indiscutablement été faite qu'il n'a jamais fonctionné malgré soixante-dix ans d'expérimentation, les semblables d'Hobsbawm restent convaincus du contraire.

Tout comme ceux qui défendent les frères Kray et leurs amis gangsters* en se hâtant d'avancer que grâce à eux les rues de l'East End de Londres étaient sûres, et comme les républicains irlandais qui font valoir que l'IRA est efficace pour chasser les petits trafiquants de drogue, il semble n'y avoir aucun personnage assez vil pour ne pas mériter l'hagiographie, aussi fallacieuse qu'en soit la justification. Il y a aussi une part de

* Les frères jumeaux Ronald (1933-1995) et Reginald (1933-2010) Kray sont restés célèbres pour le puissant réseau de gangstérisme qu'ils avaient tissé dans les années 1950 et 1960 avec comme couverture leurs « boîtes de nuit » londoniennes. Arrêtés à la fin des années 1960, ils passèrent le reste de leur existence en prison.

perversité dans la nature humaine qui nous fait avoir envie de dire le contraire de tout le monde, d'être l'enfant qui fait remarquer que le roi est nu. Bien sûr, encadrée comme il faut, cette impulsion peut parfois être bonne pour la démocratie. Même lorsque la Chambre des représentants des États-Unis entérina la déclaration de guerre au Japon après l'attaque surprise de Pearl Harbor, il y eut quelqu'un – Mme Jeannette Rankin, du Montana – pour voter contre. Elle était seule contre 388, elle était irréfléchie et avait tort, mais rien ne put la faire dévier de sa courageuse position pacifiste. Seules les dictatures exigent l'unanimité absolue, et les résultats électoraux comme ceux de 1985 en Corée du Nord, où le « Grand Leader » prétendit avoir remporté 100 % des voix, évoquent souvent plus la faiblesse que la force.

Pour Frau Gerda Christian, il y eut une ironie finale. Elle racontait à ses amis :

> Je ne peux pas me plaindre du temps que j'ai passé auprès du Führer : nous avions même le droit de fumer à une époque où cela ne se faisait pas chez les dames.

Comme ce fut seulement après une longue et douloureuse bataille contre le cancer du poumon qu'elle mourut, il est loisible d'avancer que son patron a finalement eu raison d'elle – elle aussi.

Au contraire d'Hitler, Churchill était un patron pour qui il était dur de travailler. Très souvent, il ne savait pas faire montre de « ce charme dont peu de grands hommes sont dépourvus » évoqué dans *Savrola*. Dans ses relations avec autrui, il pouvait parfois être impoli et sarcastique. Ses secrétaires avaient du mal à interpréter ce qu'elles décrivaient comme « ses grognements inarticulés » ou

« les mots qu'il lançait sans explication », et il pouvait souvent être blessant pour ceux qui ne voyaient pas où il voulait en venir. « Je me demande bien ce qu'on vous a appris à l'école » ou « Pourquoi ne lisez-vous donc pas quelques livres ? » lançait-il sur un ton renfrogné. Dans le monde du travail d'aujourd'hui, un tel comportement serait passible du Conseil de prud'hommes. Il était d'une humeur exécrable, mais son grand charme lui permettait de recoller les morceaux après coup. Pour sa défense, il faut dire qu'il était tout aussi mal dégrossi avec ses collègues et ses supérieurs qu'avec ses subordonnés.

Un jour où, quand il était chancelier de l'Échiquier dans les années 1920, Churchill eut un désaccord avec le ministre de la Santé d'alors, Neville Chamberlain, on rapporte qu'il manifesta son mécontentement devant le Premier Ministre, Stanley Baldwin, en « faisant les cent pas dans la pièce en hurlant et en levant le poing », avant de se lancer dans « une tirade tonitruante ». Chamberlain considérait ces sautes d'humeur comme « puériles et méprisables », et il écrivit à Baldwin : « Je ne voudrais pour tout l'or du monde faire partie de son personnel ! Fantasque ! Mot galvaudé, mais qui décrit parfaitement son tempérament ! »

Alors qu'il subissait l'effroyable tension de l'été 1940 à la tête du pays, Churchill reçut une lettre de sa femme qui disait : « Vous courez le danger de vous voir universellement détesté par vos collègues et subordonnés du fait de vos manières rudes, sarcastiques et arrogantes. » Et d'ajouter : « Je dois avouer que j'ai remarqué une détérioration dans votre attitude, et vous n'êtes plus aussi gentil qu'autrefois. » Il en tint compte et essaya de s'amender, mais, comme aimait à le répéter le Premier Ministre australien Paul Keating :

> L'art de mener les hommes, ce n'est pas l'art de se rendre sympathique. C'est celui d'avoir raison et d'être fort[45].

Churchill alla jusqu'à reconnaître sa brusquerie dans un discours à la Chambre des communes en juin 1941 :

> Je ne crois pas qu'une seule des expressions de mépris ou de sévérité que j'ai entendues dans la bouche de nos critiques approche de près ou de loin le vocabulaire que j'ai pris l'habitude d'utiliser, pas seulement oralement, mais aussi dans tout un ensemble de notes de service écrites. En fait, je m'étonne que beaucoup de mes collègues m'adressent encore la parole.

Savoir prendre conseil

Le seul fait que Clementine Churchill ait pu écrire si franchement à son mari témoigne bien de la solidité de leur mariage, fondé sur un amour durable et sans fard. Le 16 avril 1908, alors qu'il lui faisait la cour, Winston écrivait à Clementine Hozier : « Quel réconfort et quel plaisir cela a été pour moi de rencontrer une jeune fille avec tant de qualités intellectuelles et de telles réserves de nobles sentiments ! » Le 18 avril 1964, cinquante-six ans, deux guerres mondiales et deux mandats de Premier Ministre plus tard, et après avoir échangé plusieurs centaines de lettres et de télégrammes, Clementine Churchill écrivit à son mari pour lui dire que les trois chefs de parti souhaitaient venir lui rendre visite pour marquer la fin de sa carrière parlementaire ; c'est leur dernière lettre qui nous soit parvenue.

L'authenticité de leur amour fut évidente dès le début : « Le lit est triste sans vous », lui écrivit-il alors qu'elle était loin. Il est totalement faux de suggérer, comme le fit l'acteur hollywoodien Kevin Costner en mai 2001 – sans avancer la moindre preuve –, que Churchill ait pu un jour tromper Clementine. Que cette dernière ait pu avoir « une passion romantique classique », selon les termes de leur fille Mary, avec le marchand d'art Terence Philip reste un sujet de discussion chez les historiens. Seul souvenir de leur brève aventure, une colombe que Philip lui avait offerte fut enterrée sous le cadran solaire de l'allée de la Rose Dorée, à Chartwell, avec quelques vers de W. P. Kerr :

> Ci-gît la colombe de Bali.
> Il ne faut pas trop s'éloigner
> Trop loin des hommes sobres.
> Là-bas se trouve une île,
> J'y pense encore[46].

(Si Churchill était l'un des « hommes sobres » auxquels le poème faisait allusion, cela le rend encore plus mystérieux.)

Malgré cette veine romantique, Clementine Churchill était une battante. Elle n'avait pas de temps à perdre avec les amis de son mari les plus intéressants, comme lord Beaverbrook, Brendan Bracken ou lord Birkenhead, mais elle avait conservé la précieuse capacité de faire taire des hommes comme les généraux de Gaulle ou Montgomery avec son regard assassin de vieille maîtresse d'école. Une personne d'une moindre trempe n'aurait vraisemblablement pu survivre à un mariage avec une figure aussi exigeante et instable que Winston Churchill. C'était toujours pour sa défense qu'elle réservait ses mots les plus durs. Par exemple, lors d'un déjeuner donné par l'ambassadeur de France en 1953, elle entendit d'une oreille l'ancien ministre des Affaires étrangères lord Halifax dire que son mari était devenu un handicap pour le Parti conservateur, et rétorqua d'un ton méchant : « Si le pays s'en était remis à vous, nous aurions très bien pu perdre la guerre. » Par comparaison avec ces relations de franchise et d'égalité que Clementine entretenait avec Churchill, notons que même après plusieurs années de liaison avec Hitler, Eva Braun continuait de l'appeler « *mein Führer* », et il est inconcevable qu'elle ait pu un jour le prendre à part pour l'avertir de l'effet qu'il faisait à ses subordonnés, quand bien même il le lui aurait demandé.

Des bruits ont couru pour expliquer que si les relations entre Hitler et Eva Braun n'ont abouti que tardivement (il avait 56 ans) au mariage, qui plus est seulement quelques heures avant leur mort, c'est parce qu'il était homosexuel. Selon le Dr Lothar Machtan de l'université de Brême, auteur d'un ouvrage sérieusement documenté, aux arguments séduisants mais au bout du compte peu convaincants, publié en 2001 et intitulé *La Face cachée d'Adolf Hitler*, le Führer était tout aussi homosexuel que sa caricature dans *Les Producteurs*, le film de Mel Brooks. D'après Machtan, non seulement Hitler avait eu de multiples partenaires masculins avant 1933 (et souffrit d'être contraint de se restreindre par la suite), mais il ordonna le massacre de juillet 1934, la nuit des Longs Couteaux, pour dissimuler ce coupable secret.

Malheureusement – c'est presque inévitable avec les théories de ce genre –, les preuves sont au mieux douteuses et fragmentaires, au pire de simples insinuations. Bien que depuis les années 1920 soient sorties des dizaines de biographies aux titres du genre *J'étais le pilote d'Hitler, J'étais le médecin d'Hitler, J'étais le valet d'Hitler,* personne n'a encore proposé l'ouvrage à sensation au succès assuré *J'étais l'amant d'Hitler.* Lothar Machtan l'explique par le fait que, parmi les 150 tués au cours de la nuit des Longs Couteaux, il y avait beaucoup de Chemises brunes et d'autres hommes qui connaissaient les penchants d'Hitler, et que cette massive « élimination de témoins et de preuves » fut presque totale.

La théorie du Dr Machtan est sujette à caution sur bien des points. Joseph Goebbels est connu pour avoir exécré les invertis : aurait-il accepté sans réticence de se mettre au service de quelqu'un soupçonné de l'être, jusqu'à se tuer pour lui avec sa femme et leurs six enfants ? Les généraux soupçonnés d'uranisme virent en outre leur carrière anéantie, et l'homosexualité fut déclarée crime passible d'internement en camp de concentration. Bien que le Dr Machtan recoure à beaucoup de propagande anti-hitlérienne des années 1920 et du début des années 1930 pour étayer sa thèse, ses affirmations sont fondamentalement suspectes par nature, car elles émanent des ennemis politiques d'Hitler les plus implacables.

Après les « révélations » posthumes par des historiens et des auteurs de documentaires télévisés sur l'homosexualité de lord Baden-Powell, de lord Kitchener et de lord Montgomery, il était peut-être inévitable que l'on s'interroge à propos d'un homme qui ne connut qu'un mariage précipité. Ce n'est d'ailleurs pas uniquement la réputation du Führer qui en pâtit : d'après un ancien camarade d'Hitler dans les tranchées, les autres soldats lui enduisaient la verge de cirage noir pendant son sommeil, activité que le Dr Machtan qualifie de « toute évidence courante » au sein de l'armée allemande.

Celui qui a propagé cette histoire, et bien d'autres encore, au sujet d'Hitler s'appelait Hans Mend, surnommé le « Cavalier fantôme ». S'il est exact qu'il servit dans la même unité que le futur chancelier pendant la guerre, c'était surtout un maître-chanteur et un pédophile, qui fit de la prison pour atteinte aux bonnes mœurs et qui avait par ailleurs un contentieux financier avec Hitler. Sa mort à Dachau est avancée comme preuve que ce dernier l'avait réduit au silence, mais elle peut tout aussi bien avoir été liée à ses autres activités. Quoi qu'il en soit, Hitler avait laissé Mend en vie des années après avoir éliminé les chefs des Chemises brunes, ce qui aurait constitué un curieux oubli s'il avait voulu avant tout réduire au silence ceux qui étaient au courant de ses secrets. Loin d'être nouvelle, l'accusation d'homosexualité avait été régulièrement lancée contre Hitler par les sociodémocrates et les communistes allemands dans leurs journaux avant 1933. Contrairement à ce que prétend le Dr Machtan, ce n'est pas vraiment un sujet tabou, car un grand nombre de publications sur Hitler, parmi les dizaines de milliers existantes, se sont penchées sur cet aspect possible de sa personnalité, ainsi que sur la nature de ses relations avec Rudolf Hess et Albert Speer en particulier. S'il faut en croire le Dr Machtan, Hitler était un homosexuel qui multipliait les partenaires, un prédateur insatiable qui avait jeté son dévolu sur ses chauffeurs, ses camarades de régiment, des jeunes prostitués viennois et des inconnus ramassés dans la rue – mais, ajoute-t-il sans dire pourquoi, « nous ne pouvons que nous borner à des conjectures quant à la nature et à la profondeur de la dimension homoérotique qui unissait Hitler et Speer ». Et d'essayer de nous faire croire qu'il a uniquement épousé le « garçon manqué » qu'était Eva Braun – elle qui a choisi de mourir avec lui, alors qu'elle est censée avoir su qu'elle ne lui servait que de « couverture » – pour détourner les futurs historiens de la piste de son passé homosexuel.

En 1980, le Pr Norman Stone avait déjà étudié de près cette question de la sexualité du Führer pour sa biographie intitulée *Hitler*, et il avait proposé une théorie bien plus vraisemblable que celle de l'homosexuel actif qui change soudain en devenant chancelier d'Allemagne. Pour lui, Hitler était « semi-asexué » et il n'avait que la moitié des niveaux normaux de testostérone dans le sang : « Personne n'a jamais su ce qui se passait dans le cerveau d'Hitler, et il n'en a jamais rien révélé. » En outre, il se peut qu'il ait été encore vierge à 35 ans.

Stone estimait que le seul véritable amour d'Hitler avait été l'architecture, ce qui en soi implique un paradoxe si l'on considère le nombre de magnifiques édifices qu'il a contribué à détruire. Il ne s'intéressait ni aux hommes ni aux femmes sous l'angle de la sexualité, car l'acte sexuel n'aurait fait que le ravaler à leur niveau méprisable. Il était proche d'Hess, qui n'était pas homosexuel, et de Röhm, qui l'était, et il les tutoyait en privé, mais cela ne prouve en rien qu'il eût jamais de rapports sexuels avec l'un ou l'autre, ni même qu'il en ait eu envie.

Ernst « Putzi » Hanfstaengl, qui avait connu Hitler mieux que quiconque aux premiers jours du parti nazi, voyait en lui « le type même du masturbateur refoulé », du moins avant qu'il ne soit dans son intérêt d'exagérer la sexualité de son ancien patron devant les services secrets américains. Comme Hitler a vraisemblablement eu une liaison avec sa propre nièce, Geli Raubal, ce qui a peut-être conduit au suicide de cette dernière en septembre 1931, il a pu au mieux être bisexuel, après tout. Selon le Pr Stone, « c'était quelqu'un de très solitaire, mais il était prêt à accepter une longue histoire d'amour avec le pouvoir » – un verdict qui est infiniment plus convaincant que celui que nous propose le Dr Machtan.

Même si Hitler était homosexuel, cela n'expliquerait en rien ce qu'il a fait en politique, ni comment il s'y est pris. En dehors de son charisme soigneusement construit, il était plutôt quelqu'un d'ordinaire. Richard Evans, professeur d'histoire contemporaine à l'université de Cambridge, a finement fait remarquer :

> La seule chose réellement extraordinaire chez Hitler, c'était son talent d'orateur propre à soulever les foules, talent qu'il s'était découvert après la Première Guerre mondiale presque par accident. Pour le reste, il semble avoir été normal dans sa vie privée, sans originalité dans ses idées et fanatique quant à sa haine viscérale des Juifs – ce qui n'avait rien d'exceptionnel chez les idéologues de l'extrême droite dans la république de Weimar –, laquelle obéissait en réalité à des motifs politiques[47].

Pour sa part, Churchill était un personnage extraordinaire, quels que soient les critères que l'on choisit de retenir.

Délégation contre ingérence

Il est notoire que Churchill avait tendance à vouloir tout gérer et à se mêler des affaires d'autrui. Aujourd'hui, dans les milieux professionnels, on dirait qu'« il ne savait pas déléguer ». Son chef de cabinet quand il était au Trésor, Percy James Grigg, raconte :

> Il pouvait se faire que les notes de service d'une matinée donnée couvrent un énorme éventail qui allait de la rédaction préliminaire d'un important document d'État, d'hypothèses de travail pour le budget à venir et de propositions d'amélioration du classement des dossiers, jusqu'à une protestation contre le fait que le service des Domaines fournissait des allumettes fabriquées en Tchécoslovaquie à une administration britannique.

Tous les matins, depuis son lit, Churchill diffusait des instructions et des interrogations sans fin sur tout ce qui traversait son esprit à la fois fertile et curieux. Par exemple, pendant son mandat de chancelier de l'Échiquier au cours des années 1920, il demanda un matin au directeur des Affaires financières d'examiner la possibilité de bloquer l'augmentation prévue du traitement des enseignants ; il interrogea le secrétaire général du Conseil des ministres pour savoir s'il était vraiment nécessaire d'accroître le nombre de sous-marins stationnés à Hong Kong ; et il s'enquit auprès du ministère des Affaires étrangères du coût des télégrammes qu'il recevait depuis la Perse. Ces ingérences créaient des tensions et rendaient Churchill impopulaire chez les hauts fonctionnaires du Trésor en poste de longue date, qui n'appréciaient pas que le chancelier cherche à se mêler de questions qui, selon eux, pouvaient parfaitement se régler à l'échelon inférieur.

Lors de la grève générale de 1926, alors qu'il était à l'Échiquier, Churchill chercha de même à diriger la *British Gazette*, la feuille de propagande du gouvernement, au point que son rédacteur en chef tenta désespérément de lui interdire l'entrée du bâtiment où elle était imprimée. Après le tirage de la première nuit, il alla se plaindre au Premier Ministre, Stanley Baldwin, en lui expliquant que Churchill avait essayé « de pousser un personnel insuffisant bien au-delà de ce qu'il pouvait produire ». Cinq jours après, il revenait à la charge : « Il débarque quand tout le monde est le plus occupé et insiste pour qu'on change des virgules et des points, jusqu'à rendre le personnel furieux ! » Pis encore, il semble qu'il ait voulu montrer aux imprimeurs professionnels comment faire marcher leurs machines.

Hitler s'occupait du fonctionnement du gouvernement de façon totalement différente. Il avait horreur d'organiser des réunions et de lire des rapports, et il n'aimait pas coucher quoi que ce soit sur le papier. « Une seule idée de génie vaut plus que toute une vie de travail de bureau consciencieux », disait-il. Face à cela, Churchill était dur à la tâche : « Je me suis aperçu que je pouvais ajouter presque deux heures à ma journée de travail en faisant la sieste pendant une heure après le déjeuner », confiait-il. L'auteur peut confirmer que cette pratique est efficace pour l'avoir essayée, et il est vrai qu'elle a permis à Churchill d'empoisonner l'existence de son personnel pendant la guerre en autorisant le Premier Ministre à rester debout jusqu'à 2 heures du matin, ce qui épuisait ceux qui n'avaient pas eu le luxe de pouvoir faire un somme au cours de l'après-midi.

Hitler, lui, était plutôt indolent. Là où Churchill se plongeait dans de complexes questions économiques, certes pas toujours avec succès, lui s'en souciait rarement. « J'ai le don de réduire tous les problèmes à leur plus simple expression », déclara-t-il en 1932. Il savait ce qu'il voulait : pas de chômage et un réarmement massif. Il nomma donc le plus grand expert économique d'Allemagne, Hjalmar Schacht, comme ministre de l'Économie et plénipotentiaire du Réarmement, en lui laissant la charge de gérer l'économie et en lui disant :

> L'inflation vient d'un manque de discipline, manque de discipline chez les acheteurs et manque de discipline chez les vendeurs. Je vais veiller à ce que les prix restent stables. Mes Chemises brunes sont là pour cela[48].

Ses conceptions économiques donnent à l'expression « économie dirigée » un sens encore plus sinistre que celui que sa dimension ouvertement étatiste lui confère aujourd'hui.

Schacht parvint effectivement à obtenir un surprenant redémarrage de l'économie, mais à quel prix ! Le financement du programme de réarmement d'Hitler par le déficit budgétaire fut tel qu'au bout de trois ans de prospérité économique, au milieu des années 1930, les magasins d'alimentation de l'Allemagne commencèrent à manquer d'approvisionnements. Le ministre de l'Agriculture, Richard Darré, était inquiet de la situation. Il bombardait le bureau d'Hitler de notes de service, et il essaya pendant deux années entières d'obtenir une audience avec le Führer, mais en vain. Celui-ci ne s'intéressait pas à ce qu'il considérait comme des questions économiques sans importance, qu'il valait mieux laisser aux experts.

Hitler ne se mit à s'impliquer personnellement que lorsqu'il apparut que ses plans d'expansion militaire étaient en danger. Schacht prévenait que l'Allemagne courait à la faillite si les dépenses de réarmement n'étaient pas sévèrement réduites, mais Göring, qui comprenait mieux que Schacht ce qu'Hitler voulait entendre, se vantait en disant : « Je n'y connais rien en économie, mais j'ai une volonté sans limite. » Alors que Schacht essayait de restreindre le programme de réarmement, lui flaira l'occasion à la fois de plaire à son patron et d'étendre les ramifications de son pouvoir. Il promit de présenter un « plan quadriennal » qui fournirait à la fois la nourriture et les canons. Hitler le nomma donc « plénipotentiaire du Reich au plan quadriennal » et, quelques mois après, Göring avait mis en place de nombreux experts chargés de questions économiques spécifiques, tous en concurrence avec leurs homologues du ministère de l'Économie de Schacht.

En mai 1937, ce dernier protesta auprès d'Hitler contre les intrigues de Göring, mais le Führer l'éconduisit, l'incitant à en parler directement avec celui-ci. Quelques mois plus tard, Schacht n'eut plus d'autre choix que de démissionner. C'est là un exemple typique de la manière dont Hitler dirigeait l'État nazi. Il ne s'intéressait pas aux détails exécutifs ou administratifs. En revanche, il fixait les objectifs généraux et laissait ses subordonnés se battre entre eux pour les atteindre.

Pour un subordonné, la meilleure façon d'aborder Hitler était d'adopter la tactique du général Walter Model, qui évitait toujours de demander quoi que ce soit au Führer, arrivait à chaque fois avec des propositions débordantes d'énergie, ne tenait parfois pas compte des ordres qu'il jugeait impossibles à exécuter et se contentait très souvent de mettre Hitler devant le fait accompli en lui présentant un rapport de ses actions déjà lancées. Cela prenait très souvent, surtout si Model parvenait à lui faire croire que telle ou telle stratégie avait été originellement imaginée par le Führer lui-même, auquel cas son approbation était acquise d'avance. Model avait des manières un peu brutales, mais il était d'une fidélité absolue. Surnommé « le lion de la défense » et « le pompier du Führer » parce que celui-ci ne cessait de le déplacer de front en front pour tenter de contenir la progression de l'Armée rouge en 1944-1945, Model finit par se tirer une balle dans la tête le 20 avril 1945.

Hitler allait même jusqu'à encourager la concurrence entre les différentes branches de l'appareil de l'État, suscitant une sorte de lutte néodarwinienne entre les ministères et ses acolytes. Prenant le contrepied total des techniques de gestion fondées sur l'esprit d'équipe, il ne voyait pas d'inconvénient à faire se dresser certains secteurs de son gouvernement les uns contre les autres. Ainsi, le ministre des Affaires étrangères Joachim von Ribbentrop était méprisé par le ministre de la Propagande Joseph Goebbels, qui était honni par le patron du parti Martin Bormann, que haïssait le chef des SS Heinrich Himmler, lequel était craint par le ministre de l'Armement et de l'Architecture Albert Speer, qui était exécré par le commandant de la Luftwaffe Hermann Göring que, pour boucler la boucle, détestait Ribbentrop. Ce chaudron d'animosités bouillonnantes était agité par le Führer, devant qui tous étaient individuellement responsables, au bout du compte. Cette situation était de toute évidence absurde, mais elle convenait bien à Hitler car elle correspondait à ses conceptions darwinistes et asseyait son pouvoir personnel en le plaçant en position d'ultime arbitre entre toutes les factions rivales. Albert Speer donne dans ses mémoires un bel exemple de la technique d'Hitler :

> Il appréciait au plus haut point que l'ambassadeur [Walther] Hewel, l'homme de liaison de Ribbentrop, lui transmette le contenu de ses conversations téléphoniques avec le ministre des Affaires étrangères. Il lui arrivait même de souffler à Hewel des paroles destinées à déconcerter et à dérouter son supérieur. Parfois, il restait juste à côté d'Hewel, qui couvrait le combiné de sa main en répétant ce que lui disait Ribbentrop, tandis qu'Hitler lui chuchotait ce qu'il fallait répondre. En général, c'étaient des remarques caustiques faites pour attiser les soupçons du ministre des Affaires étrangères à propos de tiers qui pourraient influencer Hitler sur des questions de politique étrangère en empiétant de ce fait sur son pré carré.

Ce n'était pas une façon de diriger un gouvernement.

Lorsque la guerre éclata en 1939, Churchill se vit confier la charge de premier lord de l'Amirauté, avec la responsabilité de l'ensemble des opérations navales. Il apparut aussitôt que sa traversée du désert n'avait en rien diminué sa tendance à s'occuper de tout. Depuis son cabinet dans le bâtiment de l'ancienne Amirauté – rebaptisé aujourd'hui *Churchill Room* –, il bombardait aussi bien ses subordonnés que ses collègues du Conseil restreint de notes de service qui couvraient presque tous les aspects de la guerre. Un officier de marine notait dans son journal :

> Winston Churchill attache personnellement un grand intérêt à l'action des marins, et il cherche à y mettre son grain de sel. C'est quelqu'un d'extraordinaire qui maîtrise étonnamment bien la situation, mais c'est dommage qu'il ne se cantonne pas dans son domaine[49].

Churchill reconnaissait cette facette de sa nature, déclarant devant les Communes trois ans plus tard :

> Je ne fais évidemment pas partie de ceux qui ont besoin d'être aiguillonnés. En fait, à bien y regarder, l'aiguillon, c'est moi.

À ses yeux, son « domaine » de premier lord de l'Amirauté s'étendait bien au-delà de la responsabilité de la marine royale. Dans une lettre au ministre des Affaires étrangères, lord Halifax, le 10 septembre 1939 – soit une semaine seulement après avoir pris ses fonctions –, il estimait que l'ami d'Halifax, l'ambassadeur de Grande-Bretagne en Italie, sir Percy Loraine, « ne semblait pas comprendre notre détermination », avant de poursuivre avec des commentaires sur les télégrammes venus d'Égypte. Il terminait sur ce qui apparaissait comme une menace courtoise :

> J'espère que vous ne m'en voudrez pas d'attirer votre attention de temps en temps sur des points qui me frappent dans les télégrammes du ministre des Affaires étrangères, car c'est de loin préférable à ce que je les soulève en Conseil restreint.

Quelques jours après, Churchill envoyait une note à Halifax pour le presser de faire entrer la Bulgarie dans le système de défense des Balkans. En même temps, il écrivait des lettres au lord du Sceau privé, sir Samuel Hoare, en commençant par « Mon cher Sam », comme celle où il contestait la nécessité du couvre-feu, du rationnement de l'essence et de la viande ainsi que des restrictions sur l'ouverture des salles de spectacle, avant de proposer la mise sur pied d'une « *Home Guard* constituée d'un demi-million d'hommes de plus de 40 ans ». Cette lettre aussi se concluait sur des mots qui semblaient dangereux :

> J'entends un peu partout des plaintes continuelles sur le manque d'organisation du front de l'intérieur. Ne pourrions-nous pas nous y atteler ?

Cette propension à se mêler de tout n'est pas inhabituelle chez les dirigeants dynamiques, et ce n'est pas non plus forcément une mauvaise chose. Leur souci du détail peut donner de très bons résultats, mais tout dépend de la façon de procéder. Le grand problème de cette forme de gestion, c'est que plus les gens sont efficaces dans leur poste, plus ils ont horreur qu'on leur donne des conseils. Si la plupart du personnel et des collègues de Churchill se résignaient à supporter ses ingérences, c'est seulement parce qu'émanaient de lui la vitalité et la volonté de se battre dont on avait si désespérément besoin. Pour reprendre les termes de l'un de ses secrétaires, il n'était pas seulement « un empoisonneur de première », il était aussi « un tonifiant de première[50] ». Grâce au ciel, ce dernier qualificatif l'emportait. Son énergie et son allant firent plus que compenser tous ses défauts et tous ses échecs, y compris celui de l'expédition en Norvège au printemps de 1940.

L'idée de l'opération venait de Churchill lui-même. Dès septembre 1939, il avait proposé de couper l'Allemagne de certaines de ses sources d'approvisionnement en minerai de fer en mouillant des mines dans les eaux norvégiennes, territoire neutre. Des considérations juridiques et diplomatiques avaient retardé son lancement pendant plusieurs mois. Quand on envoya enfin la marine royale vers la Norvège, les Allemands avaient frappé les premiers. Parfaitement au fait des intentions des Alliés, ils allèrent occuper les principaux ports norvégiens avant l'arrivée de la flotte britannique. À l'issue de plusieurs semaines de combats, les Britanniques réussirent bel et bien à prendre le port de Narvik, mais pour mieux être contraints de l'évacuer le lendemain. La Norvège fut bientôt entre les mains d'Hitler : la plus grande puissance navale du monde avait subi une défaite humiliante. L'un des nombreux paradoxes de la période, c'est que ce fut cette débâcle qui força Chamberlain à démissionner et fit Churchill Premier Ministre, alors même que le premier lord de l'Amirauté avait une responsabilité nettement plus directe que celle du Premier Ministre dans les malencontreuses bourdes des Alliés au cours de l'opération. Mais les dirigeants sont souvent jugés plus sur leur dynamisme que sur leurs actions, et en général à juste titre. Et Churchill possédait une qualité nécessaire entre toutes aux grands meneurs d'hommes : une force d'âme communicative.

Hitler comme lui surent s'appuyer sur un puissant sentiment nationaliste pendant la guerre. À l'instar de Charles de Gaulle qui avait « une certaine idée de la France », Churchill avait lui aussi une certaine idée de ce qu'était et de ce que pourrait être la Grande-Bretagne, et c'était une idée héroïque née de sa conception (souvent romantique à l'excès) de l'histoire britannique. Hitler n'avait pas cette compréhension instinctive de la véritable nature du peuple allemand et de ses caractères nationaux innés. Il savait jouer de sa colère et de son ressentiment, mais c'était la seule corde à son arc, alors que Churchill savait adapter son message aux changements d'époque.

Malgré tous ses beaux discours sur Trafalgar, Napoléon et Nelson, le Premier Ministre dut admettre en juillet 1940 qu'Hitler était encore loin de subir son Waterloo. Il reporta ses espoirs sur 1942 : « La guerre prendra alors, j'en suis sûr, une autre forme que la défensive, à laquelle elle s'est jusqu'ici cantonnée. » Sa prédiction était exacte, naturellement – la fin de 1942 devait voir les premières grandes victoires alliées avec El-Alamein et Stalingrad –, mais il restait toujours incapable de proposer une raison logique d'être optimiste. Il demandait une foi aveugle, et grâce à ses qualités de meneur d'hommes, à ses talents d'orateur et à l'absence d'autre porte de sortie honorable, il parvint à l'obtenir.

Hitler lui aussi encourageait l'idée que la lutte en cours de l'Allemagne prolongeait celles, glorieuses, de jadis. Il se présentait comme le descendant spirituel des grands héros germaniques, l'héritier apostolique en ligne directe des géants comme l'empereur Frédéric Barberousse, Otto von Bismarck – qui avait donné son nom à l'un des plus puissants navires de guerre allemands – et Frédéric le Grand, dont il se fit lire les exploits par Goebbels tandis que l'Armée rouge marchait sur sa chancellerie en avril 1945.

Tant le chancelier que le Premier Ministre exigèrent de leur pays de grands actes de sacrifice, manière de mener leurs compatriotes totalement à rebours des idées reçues. C'est ce qu'enseignent les manuels sur l'art de mener les hommes et les ouvrages publiés par les gourous de la gestion :

> La tâche première des meneurs d'hommes est de susciter un sentiment de bien-être chez ceux qu'ils ont à mener. On obtient ce résultat quand le meneur d'hommes sait instaurer de la *resonance* [*sic*] – réservoir de positivité qui libère ce qu'il y a de mieux chez les gens[51].

Malgré l'épouvantable jargon de cette citation de conseillers en gestion, le fait est que les gens peuvent éprouver un sentiment de bien-être même en faisant des sacrifices et que cela peut libérer ce qu'il y a de mieux en eux – du moins en temps de guerre. Les hommes politiques, en somme, ne sont pas toujours obligés de peindre les choses en rose pour être populaires. Le secrétaire particulier de Churchill rapporte les propos que lui a tenus l'un de ses ministres de second rang, Richard Law, le 15 décembre 1940, lors d'un dîner au cours du *Blitz*, en mettant le doigt sur cette vérité :

> Le secret du pouvoir d'Hitler, c'était son appel au sacrifice. Le [Premier Ministre] l'avait compris et ses propres discours étaient magnifiques de ce point de vue, mais Bevin [le ministre du Travail] pensait qu'il pouvait soutenir le moral des gens en leur promettant une hausse des salaires et des temps meilleurs. Il se trompait[52].

La seule chose que Churchill ne demanda jamais à la population britannique de sacrifier, c'était l'espoir. Avant l'entrée en guerre de la Russie et des États-Unis en 1941, il était impossible de prédire comment Hitler allait être vaincu – Churchill lui-même ne pouvait pas le savoir avec certitude, mais ses discours radiodiffusés ne laissaient pas le moindre doute à quiconque sur le fait que c'était inéluctable :

> C'est un message d'encouragement à nos forces combattantes sur mer et dans les airs et à nos armées sur le pied de guerre qui attendent leur heure à tous leurs postes et dans tous leurs cantonnements que nous adressons depuis notre capitale. Elles savent qu'elles ont derrière elles une population qui ne faiblira pas, qui n'abandonnera jamais la lutte, aussi dure et prolongée soit-elle, mais qu'au contraire nous tirerons du cœur des souffrances lui-même le souffle de la survie et les outils de la victoire, remportée non pas pour nous seuls, mais pour tout le monde ; victoire non seulement pour notre époque, mais pour les jours meilleurs à venir pour longtemps.

Ce qui faisait d'Hitler un meneur d'hommes charismatique, c'était la quête du pouvoir. Toutefois, Churchill a démontré que les meneurs d'hommes n'ont pas besoin de charisme ni de pouvoirs dictatoriaux pour inspirer autrui. Après l'avoir rencontré, les gens avaient le sentiment que le Führer pouvait tout accomplir. Mais quand ils rencontraient Churchill, ils avaient le sentiment que c'étaient eux qui pouvaient tout accomplir. L'inspiration authentique l'emporte sur le charisme créé artificiellement.

« *Travailler pour le Führer* »

L'une des techniques d'Hitler pour mener les hommes, qui s'avéra très efficace, consistait à encourager ce que l'on appelait « travailler pour le Führer », c'est-à-dire exécuter des tâches que l'on estimait devoir lui plaire, même s'il n'avait pas expressément donné son agrément. Nulle part ce ne fut plus visible dans l'Allemagne nazie que dans la guerre contre les Juifs. Lorsque Göring succéda à Schacht, des mesures de plus en plus radicales furent prises pour éliminer ceux-ci de l'économie allemande. En avril 1938, plus de 60 % des entreprises juives avaient déjà été mises en liquidation ou « aryanisées ». Tout au long de 1938, à la suite du rattachement de l'Autriche, la violence antijuive s'accrut dans tout le Reich. Hitler jugeait important pour son image à l'étranger de ne pas être personnellement associé à cette campagne à mesure qu'elle prenait de l'ampleur. Par exemple, aucune discussion de la « question juive » n'était autorisée dans la presse à l'occasion de ses visites dans différentes régions allemandes en 1938.

Le lendemain de l'assassinat d'Ernst vom Rath, troisième secrétaire de l'ambassade d'Allemagne à Paris, par le Juif polonais Herschel Grynszpan le 7 novembre 1938, des dirigeants locaux du parti nazi lancèrent des manifestations antijuives et des pogromes partout en Allemagne. Le soir du 9 novembre, les chefs nazis se réunirent dans l'ancien hôtel de ville de Munich pour fêter le quinzième anniversaire du putsch de la brasserie. À l'heure où commençait la soirée, Rath venait de mourir de ses blessures. Goebbels rapporte dans son journal : « J'explique la chose au Führer. Il décide : il faut laisser les manifestations se poursuivre et dire à la police de se retirer. Pour une fois, il faut que les Juifs sentent bien la colère de la population. »

Goebbels saisit l'occasion pour rehausser sa cote auprès du Führer, qui avait gravement souffert de ses difficultés conjugales nées de sa liaison avec l'actrice tchèque Lida Baarova. En « travaillant pour le Führer » dans un domaine aussi important, il tenait sa chance de regagner ses faveurs. Après le départ d'Hitler de l'ancien hôtel de ville, il fit donc un discours incendiaire qui suggérait que le parti nazi organise et exécute des « manifestations » contre les Juifs dans tout le pays. Les chefs nazis répercutèrent aussitôt le message dans leurs sections locales ; les militants du parti et les SA furent alors lâchés sur les synagogues et les biens des Juifs, dont la vie était menacée.

Hitler refusa catégoriquement de laisser les SS participer aux pogromes de la nuit de Cristal. Il fallait que les « manifestations » apparaissent comme des « explosions spontanées de la colère publique », selon les termes de Goebbels, et l'implication des SS aurait trop fait ressembler la violence à une opération organisée. Dans les faits, rares sont ceux qui s'y trompèrent. Six semaines seulement après la signature des accords de Munich, la véritable nature du régime nazi éclatait aux yeux du monde. Hitler se hâta de se dissocier de ces événements, mais il est clair que Goebbels avait son plein soutien, quoique les apologistes du Führer aient pu tenter de faire accroire depuis. Dans un discours secret tenu devant une centaine de journalistes de premier plan au lendemain des pogromes, Hitler faisait l'éloge du chef-d'œuvre de propagande de Goebbels. « Führer en grande forme. Très remonté contre les Juifs. Entérine absolument ma – et nos – politiques », notait celui-ci quelques jours plus tard, le 15 novembre, dans son journal. De fait, Hitler encourageait désormais Göring à trouver une solution coordonnée à la « question juive ».

Göring saisit l'occasion pour obtenir une injection de fonds dans son plan quadriennal qui battait de l'aile. Les compagnies d'assurances furent informées qu'elles auraient à couvrir les pertes si elles ne voulaient pas que leurs activités à l'étranger en souffrent. Quant aux Juifs, un décret grotesque les tenait pour responsables des dommages qu'ils avaient subis. Les indemnités d'assurance étaient versées au Reich, et non aux Juifs, et Göring leur imposa une « amende de rémission » de 1 milliard de marks. À compter du 1er janvier 1939, tous les Juifs devaient être totalement exclus de l'économie.

Le besoin impérieux qu'avaient les sous-fifres d'impressionner Hitler conduisit à une radicalisation de la politique des nazis. La nuit de Cristal apprit au monde, comme s'il n'avait pas déjà été suffisamment averti – au premier chef par Churchill –, que le nazisme était un credo maléfique qui allait en toute vraisemblance le plonger dans la guerre. Du point de vue économique, le plan quadriennal de Göring n'était tout simplement pas viable, et il fallait bien trouver quelque part l'argent dépensé pour le réarmement. La solution, c'était la guerre, et c'était ce qu'Hitler voulait depuis le début. Churchill avait eu raison. Le jour de la déclaration de guerre, Neville Chamberlain le nomma à son ancien poste de premier lord de l'Amirauté. Winston était de retour.

Hitler et Churchill à partir de 1940

> « La guerre est devenue quelque chose de minable, tout son lustre a disparu. Ce n'est plus qu'une question de ronds-de-cuir qui appuient sur des boutons. »
>
> Churchill au député Robert Bernays, dans la buvette de la Chambre des communes, au cours des années 1930.

Dès le premier mois de la guerre, durant la période connue sous le nom de « drôle de guerre » ou de *Sitzkrieg*, alors que les autres prônaient la prudence, Churchill poussait à l'action, pas seulement dans le pays, mais aussi à l'étranger. Or, sa confiance vis-à-vis des mesures anti-sous-marins de la Grande-Bretagne se révéla infondée. Le porte-avions *Courageous* se fit couler dans les parages de Bristol en septembre 1939. Le mois suivant, un sous-marin allemand perçait les défenses de Scapa Flow et coulait le cuirassé *Royal Oak*. Au cours des neuf premiers mois de la guerre, la Grande-Bretagne perdit 800 000 tonneaux de capacité maritime face à un nombre relativement faible de mines magnétiques et de sous-marins ennemis. Pourtant, à la fin du printemps de 1940, Churchill soutenait en public que la marine royale avait réduit à moins de douze unités le nombre de sous-marins allemands présents en première ligne. Si cette estimation avait été exacte, la marine aurait presque déjà éliminé la quasi-totalité des sous-marins que l'Allemagne pouvait aligner à ce moment-là. Malheureusement, elle était fausse, et Churchill fut contraint de faire muter vers le service actif le directeur de la lutte anti-sous-marine à l'Amirauté, qui s'obstinait à lui donner les vrais chiffres.

Le 20 janvier 1940, Churchill s'adressa aux nations neutres à la TSF, en incitant les Néerlandais, les Belges et les Scandinaves à « se dresser de concert avec les Empires français et britannique contre l'agression et l'erreur ». Cela ne fit qu'encourager Hitler à engager une action préventive. Les procès-verbaux des réunions présidées par le Führer, saisis après la guerre, révèlent qu'au tout début de 1940 il considérait toujours « le maintien de la neutralité de la Norvège comme la meilleure option pour l'Allemagne », mais qu'en février il était parvenu à une conclusion différente : « Les Anglais ont l'intention d'y débarquer et je veux y être avant eux. » Sa ferme décision de lancer une attaque contre la Norvège fut prise quelques jours après que Churchill eut donné l'ordre au contre-torpilleur *Cossack* de se rendre dans ses eaux pour y partir à l'abordage du navire allemand *Altmark*, afin de libérer des prisonniers britanniques. Churchill retira un important capital de ce succès et l'événement fit grand bruit. Le gouvernement norvégien protesta contre la violation de son territoire, mais son acceptation tacite contribua à convaincre Hitler que le pays était en fait complice de la Grande-Bretagne, et cela fournit l'étincelle qui déclencha l'opération préventive qu'il ordonna ensuite : l'invasion de la Norvège.

Au soir du 9 avril 1940, Churchill dégustait un excellent dîner au domicile de son collègue du Conseil restreint, le secrétaire d'État à l'Air sir Samuel Hoare. Il était de très bonne humeur. Le projet qu'il chérissait de longue date, le mouillage de mines dans les eaux norvégiennes, était enfin en cours de réalisation, et il espérait qu'il allait interrompre les importations de minerai de fer depuis la Scandinavie, qui étaient vitales pour les Allemands.

> Winston était très optimiste, ravi de ce mouillage de mines, et sûr d'avoir marqué des points sur les Allemands. Il est reparti totalement confiant et tout content à dix heures et demie[1].

Or, en revenant à l'Amirauté, Churchill découvrit que c'était lui, et non pas les Allemands, qui était perdant. En effet, une importante force navale allemande était signalée en route vers la Norvège. Le lendemain, les nazis prenaient le port crucial de Narvik et seulement quelques semaines après tout le pays était aux mains d'Hitler.

Le commandant allemand, Eduard Dietl, n'avait pourtant que 2 000 chasseurs alpins et 2 600 marins à opposer aux 24 500 combattants alliés, dont la 6e division norvégienne. Alors, qu'est-ce qui avait raté[2] ? Une chose importante : les Allemands avaient eu d'excellents renseignements sur les intentions des Britanniques – les visées de Churchill n'avaient été révélées par personne d'autre que lui-même : il y avait fait une série d'allusions lors d'une conférence secrète avec des attachés de presse neutres à Londres le 2 février, qui avait vite été connue du renseignement allemand. Fin mars 1940, la presse mondiale avait accumulé les spéculations sur les visées alliées en Scandinavie et les soupçons se renforcèrent quand on découvrit que le neveu de Churchill, Giles Romilly, avait été envoyé en Norvège.

À l'inverse, aucune fuite n'avait transpiré de l'audacieux plan d'Hitler. Une unité ultrasecrète avait été créée au sein du haut commandement allemand, l'*Oberkommando der Wehrmacht* (OKW), sous la supervision personnelle du Füher. Le général von Falkenhorst fut nommé responsable des préparatifs de cet « exercice *Weser* ». Pour conserver au maximum le secret, il ne reçut initialement aucune carte pour l'aider dans sa tâche. Il s'acheta donc une carte touristique de la Norvège et alla s'enfermer dans une chambre d'hôtel avant de revenir montrer ses plans à Hitler, qui donna aussitôt son aval. Le Führer ne dit même pas mot du projet à Ribbentrop. Tout se déroula avec succès grâce à cette combinaison : du secret, de l'audace et du dynamisme. Hitler lui-même qualifia avec raison cette opération de l'une des « plus culottées » de l'histoire militaire récente.

En face, la Grande-Bretagne était dotée d'une encombrante structure gouvernementale qui avait tendance à freiner les opérations de ce type. Il fallait en effet consulter le Conseil restreint, le ministère des Affaires étrangères, les Français, les dominions et d'autres organismes importants – et tenir compte de l'opinion mondiale – avant que Churchill ne puisse violer la neutralité des Scandinaves en minant leurs ports. Non seulement il n'y avait aucune autorité unique auprès de laquelle obtenir rapidement la permission de lancer une opération de cette nature, mais encore tant de parties avaient été impliquées dans le processus de décision qu'il n'était guère étonnant que les Allemands eussent été parfaitement au courant des intentions britanniques.

Grâce à ses pouvoirs dictatoriaux, il était beaucoup plus facile pour Hitler de tenir ses plans secrets que pour les dirigeants britanniques. Son gouvernement ne s'était pas réuni depuis 1938, et jamais il ne le ferait pendant le reste de la guerre. Et alors que les réserves du ministre des Affaires étrangères britannique, lord Halifax, firent beaucoup pour retarder l'action des Alliés, son homologue allemand avait été totalement exclu du processus de décision. Ce culte du secret s'accordait avec l'ordonnance fondamentale numéro 1 du Führer, affichée dans tous les bureaux militaires :

> Chacun ne doit connaître que ce qui est utile à l'accomplissement de sa tâche, et ce pas avant que ce ne soit nécessaire.

Cependant, au cours de la campagne de Norvège, Hitler fit preuve d'une inquiétante perte de sang-froid. Soudain pris de frayeur devant la situation à Narvik, il fit rédiger au feld-maréchal Wilhelm Keitel un message qui ordonnait aux forces qui étaient sur place de se retirer jusqu'à la Suède neutre pour s'y faire interner. Seule l'intervention rapide d'un officier relativement peu élevé dans la hiérarchie, qui remplissait les fonctions de son supérieur malade et en permission, sauva la situation. Lorsque le lieutenant-colonel Bernhard von Lossberg reçut dans le bureau de l'OKW à Berlin le texte à adresser au commandant à Narvik, il alla aussitôt voir

Keitel* et le feld-maréchal Jodl** en refusant tout de go de transmettre les ordres du Führer. Cela reflétait, leur dit-il, la même perte de sang-froid que celle qui avait fait perdre la bataille de la Marne à l'Allemagne pendant la Première Guerre mondiale, ce qui avait conduit à quatre ans de guerre de tranchées et à la défaite finale.

Jodl lui fit valoir qu'il n'était pas à même de revenir sur cet ordre, mais il trouva une façon de résoudre le problème en envoyant un autre télégramme au commandant à Narvik pour le féliciter de sa récente promotion tout en déchirant les ordres d'Hitler. Le lendemain, il expliqua à son Führer que le télégramme n'avait pas été envoyé car il contredisait le message de félicitations qu'il venait de lui câbler. L'état-major militaire d'Hitler compensait ainsi ses faiblesses. Son revirement lors de la campagne de Norvège ne fut d'ailleurs pas un incident isolé : la même chose devait se reproduire au cours de la campagne de France au printemps de 1940. Un examen approfondi du célèbre succès de la guerre éclair à l'ouest révèle à la fois les forces et les faiblesses d'Hitler chef militaire.

La mentalité alliée d'avant mai 1940 peut parfaitement se résumer en deux mots : « ligne Maginot », nom donné au complexe dispositif de fortifications de la France sur ses frontières avec l'Allemagne. Construite entre la fin des années 1920 et le début des années 1930

---

* Wilhelm Keitel (1882-1946), commandant militaire de toutes les forces allemandes (*Oberkommando der Wehrmacht*) à compter de 1938, convaincu de crimes de guerre et pendu à Nuremberg en 1946.

** Alfred Jodl (1890-1946), adjoint de Keitel à l'OKW. Convaincu de crimes de guerre et pendu à Nuremberg en 1946.

et ainsi nommée d'après le nom du ministre français de la Défense sur une longue période*, elle était considérée comme le système de fortification le plus perfectionné de son époque et jugée invulnérable face à toute attaque allemande. En réalité, ces fortifications contenaient en germe la défaite la plus ignominieuse que la France ait jamais subie dans sa longue histoire de subjugation et de capitulation. Le haut commandement français s'attendait à ce qu'une nouvelle guerre avec l'Allemagne soit une réplique des combats de tranchées de la Première Guerre mondiale. Fondamentalement, la ligne Maginot constituait un front de l'Ouest en béton armé. C'était un cas d'école de carence des chefs ; ce que le haut commandement français était incapable de comprendre, c'était que l'histoire se répète rarement de la même façon, et que les chefs qui s'accrochent aux recettes du passé sont presque certains de courir à l'échec. Répondant à une mise en garde contre une répétition des erreurs de 1914-1918, Churchill déclara en 1944 à la Chambre des communes, en manière de plaisanterie :

> Je suis sûr que nous n'allons pas refaire les erreurs de cette époque : nous allons vraisemblablement en faire une série d'autres.

Lorsque les nazis préparèrent leur offensive contre la France, ils étaient de toute évidence inférieurs en nombre et en matériel. Les Alliés avaient davantage

* André Maginot (1877-1932), ancien combattant de la Première Guerre mondiale, fut notamment ministre de la Guerre à plusieurs reprises entre 1922 et 1932.

d'hommes, de canons, de chars de meilleure qualité. Mais l'armée allemande avait un avantage inestimable : elle avait de meilleurs chefs. Leurs commandants reconnaissaient que les circonstances militaires avaient totalement changé depuis 1918. La campagne de Pologne avait démontré la vitesse et la capacité de destruction que pouvait atteindre une attaque combinée des blindés et des bombardiers en piqué, les « Stukas ».

Pendant que le haut commandement allemand se préparait à déclencher à l'ouest cette nouvelle forme d'offensive, baptisée *Blitzkrieg* (guerre éclair), le Parlement britannique était plongé dans une crise politique de grande ampleur, car une proportion non négligeable des députés retiraient leur soutien au Premier Ministre, Neville Chamberlain.

Churchill arrive aux affaires

Entre le 7 et le 10 mai 1940, un séisme parlementaire spectaculaire renversa Neville Chamberlain, le Premier Ministre sortant, au profit de Winston Churchill, le premier lord de l'Amirauté. Chamberlain, l'un des hauts responsables qui avaient mené la politique d'apaisement avant la guerre, dirigeait le gouvernement d'Union nationale – principalement conservateur – depuis trois ans et continuait de bénéficier d'un soutien considérable au sein du Parti conservateur et dans le pays. Cependant, une explosion spontanée de colère face aux piètres résultats du corps expéditionnaire britannique lors de la récente campagne de Norvège était sur le point de se produire aux Communes. Le long week-end de Pentecôte approchait, et il fut convenu que le débat traditionnel sur la suspension des travaux parlementaires serait consacré à la question de la débâcle militaire de Norvège et à la conduite de la guerre dans son ensemble telle que menée par le gouvernement. Sans que les députés de Westminster le sachent, Hitler se préparait à lancer sa guerre éclair à l'ouest, et tandis qu'ils se réunissaient au soir du mardi 7 mai 1940, il ne restait plus que cinquante-cinq heures avant l'invasion générale des Pays-Bas, de la Belgique et de la France.

Rares étaient ceux – s'il y en avait – qui s'attendaient à la chute du gouvernement d'Union nationale de Neville Chamberlain à la suite de ce débat, et encore moins le Premier Ministre lui-même. Juste avant qu'il ne débute, il indiqua à lord Halifax qu'il doutait que le débat n'« aboutisse à grand-chose ». Néanmoins, une combinaison de facteurs extraordinaires, dont des discours incendiaires émanant de figures respectées, l'absence de soutien de certains députés de base conservateurs, une prestation désastreuse du Premier Ministre, des intrigues et des accords incessants en coulisse, enfin un discours pour une fois sans grand relief prononcé par Winston Churchill, fit qu'au bout de deux jours de séances, un nouveau climat s'était instauré à Westminster, contraignant Chamberlain à abandonner ses fonctions.

John Moore-Brabazon, député conservateur, prit quelques photographies un peu brouillées en cachette – ce qui était formellement interdit par le règlement des Communes – de ce que l'on appellerait plus tard le « débat sur la Norvège » avec son minuscule appareil Minox depuis le bas de la tribune de la Chambre. Grâce à ces clichés, il est possible d'avancer que les bancs des députés et les galeries du public étaient entièrement occupés lorsque Chamberlain prit la parole pour défendre l'action de son gouvernement. Le Premier Ministre s'efforça de se justifier d'avoir dit dans un élan d'autosatisfaction, le 4 avril, qu'Hitler avait « raté le coche », alors que l'offensive allemande en Norvège était intervenue seulement quatre jours après, contraignant les forces britanniques à évacuer le pays à partir du 2 mai.

Confronté à des interruptions régulières venues des bancs travaillistes, Chamberlain poursuivit vaillamment sa défense peu convaincante en tentant de se disculper, lui et son gouvernement. Usant de propos parfaitement représentatifs de l'ensemble de son discours, il expliqua :

> Pour ma part, j'essaie de rester sur la voie médiane, sans susciter de vains espoirs qui ont peu de chance de se réaliser ni donner la chair de poule aux gens en dressant des tableaux uniformément sinistres de la situation.

On était loin de l'ardeur guerrière qu'avaient su insuffler à la Grande-Bretagne des meneurs d'hommes comme les deux Pitt, lord Palmerston et Lloyd George.

En lui répondant, Clement Attlee, le chef de file de l'opposition et du Parti travailliste, porta des coups notables à la planification, à l'organisation et à l'exécution des opérations en Norvège, faisant valoir que le gouvernement n'avait pas su tirer les leçons de la tactique hitlérienne de guerre éclair telle qu'elle avait été déployée contre la Pologne l'automne précédent. « La guerre n'est pas menée avec l'énergie, l'intensité, la détermination et le dynamisme suffisants », asséna-t-il avant de se moquer de Chamberlain qui avait « raté tous les coches de la paix, mais attrapé celui de la guerre ». Dans sa péroraison, Attlee s'affirmait confiant dans le fait que la Grande-Bretagne gagnerait la guerre au bout du compte, mais pour ce faire, ajoutait-il, « il nous faut à la barre des gens différents de ceux qui nous y ont conduits ».

Prenant la suite, sir Archibald Sinclair, le chef du Parti libéral, alla dans le même sens :

> Les vantardises pleines d'autosatisfaction, mais hélas ! infondées, des ministres offrent un contraste pitoyable avec les coups rapides et sévères portés par les forces allemandes.

Jusque-là, rien qui ne soit prévisible. Avec une majorité conservatrice de 249 députés issue des élections législatives de 1935, le gouvernement n'avait pas grand-chose à craindre si le débat se poursuivait en observant strictement les lignes de partage entre les partis. Mais après un discours pro-Chamberlain du général sir Henry Page Croft, député conservateur impérialiste, et une réplique dévastatrice du colonel Josiah Wedgwood, député travailliste, qui attaqua « l'optimisme trop facile » de Croft et prédit une « invasion éclair » de la Grande-Bretagne, la fragile façade de l'unité du parti connut sa première faille.

L'amiral de la flotte sir Roger Keyes, député conservateur de Portsmouth, se dressa dans son grand uniforme de parade avec six rangées de rubans de décorations pour dénoncer la conduite de la campagne de Norvège : « Épisode choquant d'incompétence, que, je le dis devant la Chambre, l'on n'aurait jamais dû laisser se produire. » Venant du héros du légendaire raid de Zeebrugge en 1918, son opinion avait beaucoup de poids. Parmi les nombreux récits contemporains de cette journée que l'on trouve dans les carnets et dans la correspondance des personnes présentes, tous ou presque parlent du puissant effet et de la valeur d'autorité du discours de Keyes. L'amiral parvint indirectement à décharger son ami Churchill de toute responsabilité dans la débâcle de Norvège, bien que l'expédition ait été presque entièrement pilotée depuis l'Amirauté. « Le pays tout entier se tourne vers lui pour contribuer à gagner la guerre », dit-il de Churchill avant de se rasseoir sous les acclamations nourries.

Peu après, Leo Amery, ancien ministre conservateur de haut rang très respecté, prit la parole pour asséner un coup de massue aux membres du gouvernement. De petite taille et peu doué naturellement comme orateur, Amery n'en avait pas moins beaucoup d'influence parce qu'il représentait l'une des circonscriptions de la ville de Birmingham, la patrie de Chamberlain, et qu'il avait lui-même été premier lord de l'Amirauté. À mesure que sa philippique avançait, Amery sentait que l'humeur de la Chambre était de son côté, et il décida de prendre le risque de conclure son discours sur les mêmes mots que ceux qu'Oliver Cromwell avait utilisés pour dissoudre le Long Parlement en 1653 :

> Cela fait trop longtemps que vous siégez ici pour l'utilité que vous avez pu avoir. Allez, vous dis-je, et qu'on en ait fini avec vous. Au nom de Dieu, partez !

L'effet fut aussi théâtral qu'il fut destructeur pour le gouvernement, et on rapporte qu'il aurait persuadé plusieurs députés de voter contre Chamberlain.

Oliver Stanley, le secrétaire d'État à la Guerre, fit de son mieux pour sauver la situation, et un ou deux partisans du gouvernement d'Union nationale vinrent à sa défense. Mais dès la fin des échanges du premier jour, il était devenu évident, à la suite de l'intervention d'un député travailliste, que le procès ne portait plus seulement sur la conduite de la campagne de Norvège, mais sur l'existence même du gouvernement.

Lorsque le travailliste Herbert Morrison ouvrit la deuxième journée du débat sur la Norvège, le mercredi 8 mai 1940, le sort dudit gouvernement de Neville Chamberlain était bel et bien en balance. La première journée s'était avérée désastreuse pour les ministres et il était évident qu'un nombre significatif de soutiens du gouvernement d'Union nationale, principalement ceux qui s'étaient opposés à la politique d'apaisement au cours des années 1930, mais aussi des anciens ministres remerciés, des frondeurs et des « éternels mécontents » allaient saisir cette occasion de tenter d'éliminer Chamberlain en votant avec les travaillistes et les libéraux. La présence de plusieurs jeunes députés en tenue militaire augurait mal pour le gouvernement, jugeait-on, considérant le climat de colère au sein des forces armées face à ce qui était perçu comme de l'incompétence en haut lieu. Chez les responsables de la discipline de vote du parti gouvernemental, l'inquiétude était accrue par le nombre de députés généralement fidèles qui envisageaient soit de s'abstenir, soit de ne pas prendre part au vote à la fin du débat.

« L'état d'esprit, la réactivité et le tempérament de certains ministres au moins ont été mauvais, déficients et inacceptables », soutenait Morrison avant de citer nommément Chamberlain lui-même, sir John Simon (le chancelier de l'Échiquier) et sir Samuel Hoare (le ministre de l'Air). Il annonça également que les travaillistes avaient réclamé un vote en bonne et due forme à la fin du débat, qui, expliquait-il aux députés, « indiquerait s'ils sont globalement satisfaits de la conduite des affaires ou s'ils ont des appréhensions sur la conduite des affaires ».

Sur ces entrefaites, Chamberlain prit la parole pour relever le défi, mais d'une manière très mal avisée. Après avoir parlé de ses « amis à la Chambre », il poursuivit : « J'accepte ce défi. En fait, j'en suis ravi. Au moins, nous allons voir qui est avec nous et qui est contre nous, et j'invite mes amis à nous soutenir dans le vote de ce soir. » Ce fut perçu à raison comme un appel non déguisé à l'étroit esprit de parti à un moment de grand péril national, et son coup de poker se retourna donc contre lui avec des conséquences désastreuses.

L'orateur suivant, sir Samuel Hoare, le partisan de l'apaisement à tous crins des années 1930, se fit durement étriller par une série d'interventions émanant de l'amiral Keyes, du responsable travailliste Hugh Dalton et de pas moins de sept autres députés. Alors qu'il était secrétaire d'État à l'Air, Hoare fut obligé d'admettre que la RAF n'était « pas assez forte, et de loin » – remarque dévastatrice de la part d'un membre du gouvernement qui était aux affaires depuis presque le début de la décennie précédente.

Puis ce fut le tour de David Lloyd George, qui attendait depuis dix-huit ans l'occasion de se venger de ceux qui l'avaient contraint à quitter ses fonctions de Premier Ministre en 1922. L'éloquent Gallois, fort de sa réputation d'être « celui qui avait gagné la [Grande G]uerre », avança que la Grande-Bretagne était dans une situation bien pire qu'en 1914 et mit Chamberlain en cause pour son incapacité à « soulever » et à « mobiliser » l'Empire britannique. C'était une basse attaque personnelle pleine de morgue, mais très efficace. À un député conservateur qui l'interpellait, il rétorqua avec sarcasme : « Laissez-moi parler, que cela vous plaise ou non. Hitler n'obéit pas aux consignes de vote du ministre du Copinage [le responsable de la discipline du Parti conservateur]. » Puis il donna son sentiment sur la garantie de Chamberlain à la Pologne vue par les neutres : « Notre signature n'a plus aucune valeur sur le marché. »

Churchill étant prêt à endosser la pleine responsabilité de tout ce qui s'était passé en Norvège, Lloyd George fit l'une des remarques les plus révélatrices du débat en usant d'une métaphore très parlante : « Le très honorable député ne doit pas se laisser transformer en abri antiaérien pour protéger ses collègues des éclats de bombes. » Il conclut son discours aux effets dévastateurs en faisant allusion à l'appel à la nation lancé par Chamberlain pour qu'elle accepte les sacrifices nécessaires à la victoire : « Rien ne peut plus contribuer à la victoire que le sacrifice de son mandat. »

D'autres grandes figures de l'époque prirent également la parole, comme Alfred Duff Cooper (qui avait démissionné à cause des accords de Munich) ou l'ancien ministre travailliste sir Stafford Cripps. Le jeune député conservateur Quintin Hogg (devenu lord Hailsham) fit certes lui aussi une intervention, mais la Chambre attendait que Churchill conclue le débat. Ce ne fut pas un de ses meilleurs moments. Il perdit son sang-froid, accusant le travailliste Emanuel Shinwell de « rester planté dans son coin », et il suscita la colère du Parti travailliste avec ses quolibets. Son plaidoyer final – « Faisons taire les hostilités d'avant-guerre, oublions les querelles personnelles et réservons nos haines à l'ennemi commun » – tomba complètement à plat.

Quand on passa au vote, la Chambre se divisa, avec 281 députés disposés à donner quitus au gouvernement et 200 contre : une majorité de 81 voix, bien plus faible qu'autrefois en temps de paix, alors que des consignes impératives de vote avaient été données par le Parti conservateur. Parmi les frondeurs se trouvaient lady Astor*, Robert Boothby**, Harold Macmillan***, Quintin Hogg****, John Profumo*****,

---

* Née en Virginie, Nancy (1879-1964) épousa Waldorf, lord Astor en 1906. Lorsqu'il hérita du siège de son père à la Chambre des lords en 1919, il perdit automatiquement celui de député conservateur de Plymouth. Lady Astor remporta l'élection qui s'ensuivit, ainsi que les suivantes jusqu'en 1945, et fut la première femme à occuper son siège aux Communes. Churchill la jugeait trop fantasque, notamment du fait qu'elle passât subitement du soutien inconditionnel à l'apaisement et à Chamberlain au rejet tout aussi inconditionnel de ce dernier en mai 1940.

** Longtemps député conservateur et occasionnellement ministre de second rang, avec une carrière en dents de scie, Boothby (1900-1986) fut un temps proche de Churchill et fit partie des adversaires déclarés de l'apaisement à la fin des années 1930.

*** Héritier de la célèbre maison d'édition et futur Premier Ministre (1957-1963), Macmillan (1894-1986) fut très tôt porté vers la politique, se rangeant toujours du côté des conservateurs qui avaient des préoccupations sociales. Chamberlain le tint délibérément éloigné des affaires du fait qu'il était un vigoureux adversaire de l'apaisement.

**** Connu comme « très à droite » parmi les ministres de Margaret Thatcher, Hogg (1907-2001), héritier du titre paternel de lord Hailsham, avait en fait eu une réputation de rebelle réformiste conservateur dans sa jeunesse, où il s'était opposé à l'apaisement.

***** Considéré comme un jeune député conservateur auquel était promise une brillante carrière, Profumo (1915-2006) faisait le général Spears*, lord Wolmer**, Harold Nicolson***, Leslie Hore-Belisha**** – et bien sûr Leo Amery***** et l'amiral Keyes. Il y eut un certain tumulte quand deux des contestataires, Harold Macmillan et le comte Winterton, entonnèrent *Rule, Britannia******* avant de se faire réduire au silence par des conservateurs furieux, tandis que des travaillistes criaient à Chamberlain : « Vous avez raté le coche ! » En tout, 41 députés de la majorité gouvernementale avaient voté contre Chamberlain et une cinquantaine d'autres s'étaient abstenus. Il était certain que le gouvernement avait subi un grave revers et quand

---

partie des adversaires déclarés de l'apaisement. Sa vie politique fut brisée net en 1963 par un scandale sexuel retentissant.

* Grand ami de Churchill, Spears (1886-1974) s'était lancé en politique en 1922 ; il s'opposa toujours à la politique d'apaisement de Chamberlain avant de reprendre du service en 1940 comme officier de liaison du Premier Ministre avec la France libre, non sans conflits ultérieurs avec le général de Gaulle.

** Lord Wolmer (1887-1871) siégea aux Communes sans discontinuer de 1910 à 1940, avant de rejoindre la Chambre des lords en héritant du titre paternel et d'entrer au service de Churchill dans les bureaux d'opérations clandestines.

*** Célèbre par son journal, Nicolson (1886-1968), grand admirateur de Churchill, dénonça le péril nazi dès son entrée aux Communes en 1935.

**** Hore-Belisha (1893-1957), après avoir été ministre de Chamberlain, fut remercié par ce dernier en janvier 1940, en raison, selon la rumeur, de sa judaïté.

***** Amery (1873-1955) est resté dans l'histoire comme le député conservateur qui a lancé l'attaque contre Chamberlain, aboutissant au départ de ce dernier.

****** Ce chant patriotique, qui vante la supériorité britannique sur toutes les mers du globe, fait souvent fonction de deuxième hymne national.

Chamberlain quitta la Chambre après l'annonce des résultats, il était devenu évident que sa survie comme Premier Ministre n'était plus du tout assurée. Churchill avait fait ce qu'il pouvait, mais, heureusement pour lui, cela ne suffisait pas. Il avait toutefois fait preuve de la solidarité qu'il fallait pour ne pas être soupçonné de déloyauté par les conservateurs qui continuaient dans leur immense majorité à pencher pour Chamberlain.

Bien que, la veille au soir, le gouvernement d'Union nationale fût sorti victorieux du débat sur la Norvège du point de vue strictement numérique avec 81 voix d'avance, le résultat apparaissait bel et bien comme une défaite morale, car la majorité dépassait normalement les 200 députés, et de loin. Les cadres gouvernementaux tentèrent d'évaluer l'étendue des dégâts avec précision le jeudi 9 mai au matin, tout en s'efforçant de les limiter en ayant recours aux vieilles recettes, comme le marchandage. Dans un premier temps, les responsables de la discipline du parti essayèrent de savoir auprès des frondeurs lesquels avaient voté contre le gouvernement ou bien s'étaient abstenus la veille au soir et quel prix ils exigeaient pour lui donner de nouveau leur soutien. Ensuite, le secrétaire de Chamberlain chargé des relations avec le groupe parlementaire, lord Dunglass (le futur Premier Ministre sir Alec Douglas-Home), invita quelques députés de premier plan à Downing Street pour entendre leurs griefs et leur communiquer que Chamberlain était disposé à sacrifier le chancelier de l'Échiquier, sir John Simon, et le ministre de l'Air, sir Samuel Hoare, pour rester en poste.

Ce même matin, Chamberlain reçut également Leo Amery pour lui proposer le portefeuille de chancelier de l'Échiquier ou celui de ministre des Affaires étrangères, qu'Amery refusa tout net. Il semble qu'à partir de 10 h 15, le Premier Ministre se soit rendu compte que la démission le guettait et il fit donc venir son ami et complice idéologique, le ministre des Affaires étrangères lord Halifax. Au cours de leur entretien, les deux hommes tombèrent d'accord pour inviter le Parti travailliste et le Parti libéral à rejoindre le gouvernement. Comme il était très peu probable que les travaillistes acceptent de travailler sous l'égide de Chamberlain, celui-ci demanda à Halifax s'il serait prêt dans ce cas à former un gouvernement auquel lui, Chamberlain, s'engageait à participer. « Je lui ai exposé tous les arguments qui me venaient à l'esprit contre ma candidature », écrivit dans ses carnets Halifax, qui siégeait aux Lords. Il y avait par-dessus tout « la position difficile d'un Premier Ministre n'ayant pas la possibilité de baigner au centre des affaires, à la Chambre des communes ».

Il est peut-être significatif que Chamberlain ne lui ait pas, semble-t-il, fait valoir que les règles pouvaient être modifiées pour permettre à un pair de siéger aux Communes en situation d'urgence, alors même que l'on sait maintenant qu'il s'était secrètement renseigné auprès des juristes du gouvernement pour connaître l'éventuelle marche à suivre[3]. Au lieu de cela, il fit la prédiction douteuse que de toute façon il n'y avait guère d'opposition à attendre aux Communes parce qu'il s'agirait d'un gouvernement de coalition.

La direction que prenait la conversation tordit le ventre d'Halifax. Il n'avait ni imaginé ni prévu de se retrouver Premier Ministre. À son retour au ministère des Affaires étrangères après cette entrevue de 10 h 15, il confia à son adjoint, Rab Butler, que même s'« il avait le sentiment de pouvoir assumer cette tâche », ce serait Churchill qui dans les faits conduirait la guerre, et qu'il « se transformerait vite en une sorte de Premier Ministre honoraire », avec peut-être moins d'influence modératrice sur Churchill que s'il restait ministre des Affaires étrangères, héritier apparent et le plus puissant des membres du Conseil restreint.

Pour ce qui était des travaillistes, alors réunis pour le congrès annuel du parti à Bournemouth, Butler avait eu deux conversations la veille au soir avec Hugh Dalton et Herbert Morrison, qui l'un et l'autre voulaient qu'Halifax sache que leur parti accepterait d'entrer dans un gouvernement dirigé par lui, Dalton ajoutant que « Churchill devait se concentrer sur la guerre ». Attlee avait également indiqué à l'ami de Churchill, Brendan Bracken, que les travaillistes seraient disposés à participer à un gouvernement Halifax. Avec le soutien du roi – qui pensait que le titre de noblesse de ce dernier pouvait être « mis entre parenthèses » vu l'urgence –, du Premier Ministre sortant Chamberlain, de la direction du Parti travailliste et de la masse du Parti conservateur, il suffisait qu'Halifax demande le poste de Premier Ministre pour qu'on le lui offre sur un plateau. Il savait toutefois que son absence d'intérêt pour la chose militaire et son manque de connaissances en la matière constituaient une lacune inadmissible chez un Premier Ministre en temps de guerre. Churchill en fit une plaisanterie, lançant aux Communes en janvier 1942 :

> Quand j'ai été appelé aux fonctions de Premier Ministre, il y a maintenant presque deux ans, il n'y avait pas beaucoup de candidats à ce poste. Depuis, peut-être, le marché s'est étendu.

Avant la rencontre cruciale au 10, Downing Street, Churchill déjeuna avec Anthony Eden et sir Kingsley Wood – un ancien soutien de Chamberlain. Au cours du repas, Wood lui conseilla de tenir bon pour emporter le poste. Churchill joua magnifiquement ses cartes pendant la crise, réussissant à faire de lui-même le candidat évident sans être considéré en quoi que ce soit comme ayant sapé la position du Premier Ministre en place. C'était là exactement le type même d'habileté qu'on attend d'un dirigeant politique, et dont il n'avait pas souvent fait preuve au cours de son passé plein de romantisme impétueux – mais ce jour-là, il sut conserver son sang-froid avec des résultats dévastateurs.

Lorsque Chamberlain, Churchill, Halifax et David Margesson, le président du groupe parlementaire conservateur, se réunirent dans la salle du Conseil de Downing Street à 16 h 30 le vendredi 9 mai, l'état d'esprit d'Halifax était sincèrement à l'abnégation. Churchill a donné un récit désormais célèbre de l'entrevue :

> J'ai connu beaucoup d'entretiens dans ma vie publique, et ce fut sans aucun doute le plus important. D'habitude, je parle énormément, mais ce jour-là, je me suis tu.

Et de prétendre que c'est seulement après « une très longue pause », qui parut encore plus longue que les deux minutes de silence du 11 Novembre, qu'Halifax, presque par embarras, lâcha que son titre de noblesse l'empêchait de devenir Premier Ministre et que lui, Churchill, en conclut : « Il était désormais clair que la tâche allait m'échoir – en fait, qu'elle m'avait déjà échu. »

Écrit huit ans après les faits, le récit de Churchill est contestable. Il se trompa sur l'heure et la date de l'entrevue, et omit même absolument la présence de Margesson. Dans l'intervalle, il avait si souvent raconté l'anecdote qu'elle en avait acquis le vernis de véracité qui s'attache à toute bonne histoire suffisamment répétée. Si l'on se fonde sur les récits contemporains qui nous sont parvenus et sur les réminiscences de Margesson lui-même, ainsi que sur d'autres indices indirects, on peut penser qu'il n'y a pas du tout eu de « très longue pause », mais qu'en fait « Halifax fit valoir presque aussitôt que Churchill était bien davantage désigné pour diriger la guerre ».

Une indication précieuse est apparue nettement plus tard pour laisser entendre qu'il y avait bel et bien eu un instant de silence, avant que Churchill ne mette en avant ses aptitudes pour le poste – ou du moins le manque d'aptitudes d'Halifax, ce qui revenait au même. Loin que le manteau du pouvoir soit tombé tout seul sur ses épaules, il s'en est emparé. En 2001 furent publiés les lettres et carnets de Joseph P. Kennedy, l'ambassadeur des États-Unis à Londres, par les soins de sa petite-fille. Ils rapportent une visite que Kennedy fit le 19 octobre 1940 à Neville Chamberlain, alors mourant du cancer dans sa résidence à la campagne. Après avoir fait un tour d'horizon sur la guerre et discuté de sa santé extrêmement chancelante, Chamberlain parla de l'entrevue qui avait suivi le vote sur la Norvège. Kennedy rapporte :

> Il avait alors voulu faire d'Halifax le Premier Ministre en disant qu'il se rangerait derrière lui comme ministre.

> Edward, comme à l'habitude, commença par dire : « Je n'y arriverai peut-être pas, siégeant à la Chambre des lords », et Finalement [*sic*] Winston déclara : « Je ne crois pas que vous y arriverez. » Et il n'a pas voulu venir, et cela a réglé la question[4].

Le mot « Finalement », avec sa majuscule, implique qu'un silence, ou une longue discussion, avait en réalité eu lieu, puis que Churchill, d'une honnêteté brutale, était tombé d'accord avec Halifax – « et cela a réglé la question ».

Une autre interprétation est possible, dont il faut parler, ne serait-ce que pour l'éliminer : celle où les mots « il n'a pas voulu venir » portent sur Churchill et non sur Halifax, et signifient qu'en fait le premier avait refusé de faire partie d'un gouvernement dirigé depuis la Chambre des lords par le second. Bien que cela puisse être défendable dans la construction grammaticale de la phrase de Kennedy, cela ne peut l'être dans le contexte de la situation politique de l'époque, parce que Churchill aurait été forcé par patriotisme de participer à un gouvernement Halifax que les partis d'opposition se préparaient à rejoindre. Il est exclu qu'il ait tenu bon pour obtenir le poste par chantage. Il est évident que Chamberlain voulait bien dire qu'Halifax « n'a pas voulu venir » prendre le poste. Parallèlement, l'historien David Carlton a avancé une ingénieuse théorie selon laquelle Chamberlain ne voyait en Churchill qu'un Premier Ministre bouche-trou qui permettrait à la Grande-Bretagne de surmonter la crise passagère d'alors, après quoi il le remplacerait – ce qui donc lui faisait préférer en secret Churchill à Halifax, qui pourrait s'avérer impossible à déloger plus tard. C'est là aussi une théorie de trop, bien qu'elle soit séduisante pour ceux qui magnifient à souhait la nature machiavélique des politiciens.

Churchill se révéla à cette occasion un authentique meneur d'hommes : il était convaincu qu'il était le meilleur pour le poste et, en se disant d'accord avec Halifax, il ne cacha pas qu'il le voulait. Il est rare que des fonctions élevées comme celles de Premier Ministre de Grande-Bretagne tombent toutes seules dans l'escarcelle des candidats possibles : Churchill jugea son heure venue et agit en conséquence.

Il restait encore à Chamberlain à demander aux dirigeants travaillistes s'ils accepteraient de rejoindre son gouvernement ou bien s'ils seraient prêts à le faire le cas échéant sous un autre Premier Ministre. Quand Attlee et son adjoint Arthur Greenwood arrivèrent au 10, Downing Street, ils expliquèrent qu'ils allaient consulter leurs collègues à Bournemouth et téléphoneraient leur décision le lendemain ; mais ils avertirent aussi Chamberlain confidentiellement qu'il était fort peu probable que les travaillistes soient disposés à se rallier à lui. Après son discours lors du débat sur la Norvège, on ne voit pas ce qu'Attlee aurait pu lui dire d'autre. Quelques heures plus tard, à l'aube du 10 mai, Hitler lançait sa guerre éclair à l'ouest. Qu'Hitler ait attaqué le jour même où Chamberlain démissionnait est l'une des grandes coïncidences de l'histoire – mais rien de plus. Rien n'indique qu'il ait choisi ce moment parce que la Grande-Bretagne traversait une crise politique.

La première réunion du Conseil restreint qui suivit l'offensive d'Hitler à l'ouest dès l'aube eut lieu à 8 heures du matin le vendredi 10 mai 1940. La nouvelle n'était pas une surprise – en fait, moins d'une semaine auparavant, Halifax avait prévenu toutes les ambassades britanniques : « Il semble vraisemblable que nous allons bientôt subir le plein choc d'un assaut allemand contre nous. » Les ministres apprirent comment la Belgique et les Pays-Bas, tous deux neutres jusque-là, subirent l'invasion allemande qui avait pour objectif de contourner la ligne Maginot et de porter ainsi un coup décisif à la France. Quand le Conseil se réunit de nouveau à 11 h 30, Chamberlain avait conclu à sa grande satisfaction – mais pas à celle de beaucoup d'autres – que la situation militaire était si grave qu'elle justifiait absolument qu'il reporte sa démission à plus tard. Comment, interrogeait-il, changer de gouvernement au milieu d'une telle crise ?

C'est à cet instant que le lord du Sceau privé, sir Kingsley Wood, fidèle soutien de Chamberlain jusque-là, informa le Premier Ministre sans ménagement qu'au contraire cette nouvelle crise signifiait qu'il fallait qu'il se retire sur-le-champ. « Personne ne dit mot devant le Conseil en dehors de moi. Edward [Halifax] sans aucun cœur », noterait le ministre de l'Air sir Samuel Hoare. De nombreux autres ministres qui étaient autour de la table, surtout Winston Churchill, mais probablement aussi Halifax, avaient compris que la situation nouvelle sur le continent rendait le départ de Chamberlain non pas moins, mais encore plus impératif. Ce que peu d'entre eux pouvaient savoir, c'est que la veille, Wood était allé voir Churchill afin de l'inciter à tenir bon pour le poste, et qu'il serait bientôt récompensé de ce prompt retournement de veste par le portefeuille de chancelier de l'Échiquier.

Lorsque la direction travailliste téléphona depuis Bournemouth pour dire que le parti acceptait d'entrer dans un gouvernement de coalition, mais pas s'il était dirigé par Chamberlain, le sort du Premier Ministre était réglé. Toutefois – fait crucial –, les travaillistes n'avaient pas la possibilité de se prononcer sur le nom du nouveau Premier Ministre. Il est donc absolument faux de penser, ainsi qu'ont persisté à le faire pendant des décennies certains politiciens comme Roy Hattersley, Julian Critchley, Michael Foot et Barbara Castle, que ce sont les travaillistes qui ont fait de Churchill le Premier Ministre. En réalité, le parti s'était proclamé tout aussi disposé à rejoindre un gouvernement Halifax : ayant si peu de députés aux Communes, il n'était pas vraiment à même de faire autrement. Le choix relevait donc de Chamberlain et du roi.

Dans le courant de l'après-midi, Chamberlain fit un dernier effort pour persuader Halifax de changer d'avis et de prendre les fonctions de Premier Ministre, malgré ce qui semblait avoir été convenu la veille avec Churchill. Lord Dunglass téléphona à Henry « Chips » Channon au ministère des Affaires étrangères pour lui faire demander au sous-secrétaire, Rab Butler, de tenter de convaincre Halifax d'accepter le poste. Lorsque Butler se rendit au cabinet du ministre, on lui dit qu'il était allé chez le dentiste et qu'il ne pouvait pas être contacté. Puis Chamberlain se fit conduire au palais de Buckingham pour présenter sa démission au roi George VI, qui nota ensuite dans ses carnets :

> J'ai accepté sa démission en lui disant à quel point je jugeais qu'il avait été traité avec une grande injustice et à quel point je regrettais que toute cette polémique ait vu le jour.

Quand ils en vinrent à la question de son successeur, le roi « suggéra bien sûr Halifax » comme « l'homme de la situation », mais Chamberlain lui dit qu'Halifax « n'était pas enthousiaste ». Le roi n'exerça pas son droit de demander lui-même à Halifax, alors qu'un appel personnel émanant du souverain à l'intention d'un zélé serviteur de la Couronne aurait peut-être pu le faire changer d'avis.

Ce fut donc Churchill qui baisa la main du roi le 10 mai à 18 heures. George VI n'avait guère eu envie de l'appeler, en partie peut-être à cause du rôle irresponsable qu'il avait joué en soutenant son frère Édouard VIII à l'époque de la crise de l'abdication. Néanmoins, quand il apparut que son devoir constitutionnel était de le nommer, le roi dissipa tout embarras éventuel en faisant une plaisanterie, que rapporte Churchill :

> Sa Majesté m'accueillit avec la plus extrême courtoisie en me priant de m'asseoir. Il me dévisagea quelques instants, intrigué, puis me demanda : « Je suppose que vous ne savez pas pourquoi je vous ai fait venir ? » Adoptant la même tonalité, je répondis : « Sire, je n'en ai pas la moindre idée. » Il se mit à rire, puis me dit : « Je veux vous demander de former un gouvernement. » Sur quoi je déclarai que j'acceptais bien volontiers.

Le nouveau Premier Ministre savait que la première chose qu'il devait faire, c'était d'inviter les travaillistes et les libéraux à venir constituer ce qu'il baptisa plus tard sa « grande coalition », et il demanda donc à Attlee et à Arthur Greenwood de rejoindre un War Cabinet extrêmement resserré de cinq membres qui comptait déjà

Chamberlain et Halifax. Churchill savait qu'il lui fallait traiter les conservateurs correctement eux aussi : « Je suis dans une large mesure entre vos mains », avoua-t-il à Chamberlain ce même soir.

À 21 heures, à la radio, Chamberlain expliqua les raisons de sa démission au pays, en l'appelant à soutenir son successeur. La future Élisabeth II, alors âgée de 14 ans, confia à sa mère qu'elle avait été émue aux larmes. Churchill, qui s'était déjà mis à l'œuvre, resta au travail jusqu'au milieu de la nuit ; il rapporte les pensées qui lui traversèrent l'esprit quand il alla se coucher à 3 heures du matin :

> J'avais conscience d'un profond sentiment de soulagement. J'avais enfin autorité pour prendre toutes les affaires en main. J'avais l'impression d'être guidé par la main du destin, comme si toute mon existence préalable n'avait été qu'une préparation en vue de cette heure et de cette épreuve.

Hitler sur le chemin de Compiègne

Le 21 juin 1940, Hitler se rendit à Compiègne, au nord de Paris, visiter le monument français qui commémorait la défaite de l'Allemagne à l'issue de la Grande Guerre. Un correspondant de guerre américain, William Shirer, nous a laissé une description du langage corporel du Führer en ce jour de triomphe :

> Il descend du monument et parvient à faire même de ce geste un chef-d'œuvre de morgue. Il parcourt lentement la clairière du regard. Soudain, comme si son

> visage ne suffisait pas à exprimer entièrement ses sentiments, il jette tout son corps en harmonie avec son état d'esprit. Il pose rapidement ses mains sur ses hanches, et plante ses pieds en les écartant très largement. C'est un geste magnifique de défiance, de mépris intense pour l'endroit et tout ce qu'il représentait depuis les vingt-deux ans qu'il était le témoin de l'humiliation de l'Empire allemand.

La semaine suivante, le 28 juin, Hitler fit deux choses qui ne correspondaient pas du tout à ses habitudes : il se leva de bonne heure pour aller visiter une ville. Comme tout bon touriste allemand, le Führer avait préparé son parcours en se renseignant sur les beautés architecturales de Paris. Tandis que le cortège de grosses Mercedes noires dépassait la Madeleine pour s'engager vers l'Arc de Triomphe, il était ravi d'étaler ses connaissances détaillées devant son entourage.

Aux Invalides, il contempla en silence le tombeau de Napoléon, cet autre conquérant européen auquel il aimait fréquemment se comparer. Désormais, il était convaincu que ses qualités de meneur d'hommes faisaient de lui, selon les termes du général Keitel, « le plus grand chef de guerre de tous les temps ». En tout juste dix mois, l'armée allemande avait conquis la moitié de l'Europe. Seuls les Britanniques et les dominions de leur empire, ainsi que la courageuse Grèce, continuaient à le défier. Pourtant, la méthode qui avait permis les succès initiaux d'Hitler comme chef de guerre devait au fil du temps se révéler comme sa plus grande faiblesse, et en s'appuyant sur elle, Churchill devait montrer l'exemple à suivre à quiconque aspire à être un meneur d'hommes aujourd'hui.

Lorsque Hitler revint en Allemagne après le succès de sa guerre éclair en France, il était au faîte de sa popularité. Mais la guerre éclair, cette nouvelle forme d'offensive, n'avait pas été inventée par lui, pas plus qu'il ne conçut les plans d'opérations pour l'invasion de la France. Le crédit en revient à deux généraux, Erich von Manstein et Heinz Guderian. Dès le début des années 1930, le second avait préconisé des interventions rapides de blindés faites pour prendre l'ennemi par surprise. À partir de ses idées, le premier mit au point le plan baptisé « Coup de faucille » pour contourner les fortifications françaises et réduire à néant leur supériorité en nombre et en matériel.

Manstein voulait mettre sur pied une offensive blindée à travers les forêts de la chaîne des Ardennes, région généralement considérée impassable par des chars. Selon les idées reçues, il était fou d'essayer d'attaquer par cette voie – mais c'est précisément ce qui a fait le succès de la stratégie allemande. Les divisions blindées allaient lancer l'assaut là où l'ennemi s'y attendrait le moins, ce qui leur permettrait d'enfoncer un coin entre les forces alliées en progressant rapidement jusqu'aux côtes de la Manche – exactement comme un coup de faucille (la métaphore venait de Churchill).

La plupart des généraux du haut commandement étaient favorables à une opération beaucoup plus classique, et ils voyaient la principale ligne d'offensive venir du nord, de part et d'autre de Liège. Ils considéraient que la manœuvre blindée de Manstein à travers les Ardennes était tout simplement trop risquée. Celui-ci fut donc vite muté à un poste sans importance. Mais c'est alors que le Führer intervint. Pour lui, les plans sans imagination du haut commandement de l'armée (OKH) ne semblaient guère dépasser « les idées d'un élève officier[5] ». En revanche, si le coup de faucille de Manstein impliquait de gros risques, il bénéficiait d'un élément crucial : la surprise. Hitler ordonna donc à l'OKH d'adopter le plan Manstein.

Ce fut une décision de commandement très bien inspirée. Hitler avait compris que les plans d'opérations du haut commandement entraînaient en réalité des risques plus élevés que la manœuvre en coup de faucille en apparence irréfléchie, parce qu'une offensive classique par le nord était exactement ce que les Alliés attendaient. Les meneurs d'hommes qui réussissent ne font pas des paris hasardeux : ils prennent des risques calculés, parce qu'ils comprennent que parfois la chose la plus dangereuse que l'on puisse faire, c'est de ne pas prendre de risques du tout.

Toutefois, sans l'audace et l'esprit d'initiative de Guderian, l'invasion allemande aurait très bien pu s'enliser pour se terminer en guerre de tranchées semblable à la Première Guerre mondiale. Quand, au troisième jour de l'offensive, les blindés de Guderian atteignirent la Meuse, Hitler et le haut commandement de l'armée lui donnèrent l'ordre d'attendre les divisions d'infanterie qui suivaient aussi vite qu'elles pouvaient. Il en résulta le plus gros embouteillage routier que l'Europe ait jamais vu : des colonnes de 1 500 chars et d'un million et demi de soldats formaient un bouchon de plus de 200 kilomètres qui remontait depuis la Meuse jusqu'au Rhin. Au moment même où la lame de la faucille commençait à pénétrer profondément, menaçant de couper les forces françaises et britanniques du Nord de leurs autres armées dans le Sud, le Führer se mettait à avoir de sérieux doutes : il était inquiet de savoir les flancs des avant-gardes de blindés commandées par Guderian exposés. Celui-ci savait que chaque jour perdu donnerait aux Alliés le temps de se replier et de se regrouper, et il décida donc le 14 mai de ne pas tenir compte des ordres d'Hitler et de poursuivre sa percée vers l'avant, entraînant avec lui d'autres divisions.

La guerre éclair allemande de 1940 fonctionna parce que les Alliés craignaient un retour à la coûteuse situation bloquée de 1914-1918. Mais si l'on est persuadé que les événements du passé vont se répéter exactement de la même manière, on est presque sûr d'échouer. Toute la carrière d'Hitler avait été fondée sur la prise de risques, et pourtant, quand il s'est agi de mettre en œuvre l'audacieux plan de Manstein, il fit preuve d'un manque de sang-froid surprenant, comme pour la Norvège.

Le 17 mai, Franz Halder, le chef d'état-major général de l'armée, nota dans son journal :

> Journée vraiment déplaisante. Le Führer ne tient pas en place. Il est effrayé par son propre succès, ne veut rien risquer et préférerait donc nous faire tout arrêter[6].

Guderian reçut l'ordre de s'arrêter sur l'Oise et d'attendre que les divisions d'infanterie le rattrapent. Ce fut une grosse erreur tactique, qui montrait qu'Hitler, bien qu'il fût prêt à prendre des risques et à employer la tactique de la guerre éclair, n'en avait pas saisi le fonctionnement, aussi étonnant que cela puisse paraître.

Guderian, lui, avait parfaitement compris que seules la vitesse et la surprise le protégeaient de la contre-attaque. Protestant avec véhémence contre l'ordre de faire halte, il voulut abandonner son commandement et ne revint sur sa démission qu'après avoir obtenu la permission d'entreprendre ce qui était appelé une « reconnaissance en force » – sans qu'on sache trop ce que cela recouvrait. Il décida d'interpréter cela comme une autorisation d'agir de sa propre initiative et de pousser vers les côtes de la Manche, ce qu'il se hâta de faire.

Le type révolutionnaire de guerre mécanisée de Guderian se révéla irrésistible et prit les Alliés complètement par surprise. Au bout de dix jours de campagne, les premières unités allemandes atteignirent l'embouchure de la Somme, donc la Manche. Le coup de faucille était achevé. Les armées alliées qui étaient au nord, y compris le corps expéditionnaire britannique, étaient encerclées. Ce fut le pire jour de l'histoire de la Grande-Bretagne depuis quatre cents ans : les Britanniques étaient sur le point de perdre leur corps expéditionnaire avec ses 250 000 hommes. Pourtant, le succès du coup de faucille ne peut être attribué au commandement d'Hitler, mais plutôt aux plans de Manstein et à l'audace et à l'esprit d'initiative de Guderian. Si ce dernier s'en était tenu aux directives d'Hitler, il n'y aurait eu qu'une « guerre » et pas d'« éclair » – et surtout, c'est tout à fait possible, une campagne à l'issue fort différente.

Guderian aurait-il réussi à faire passer ce genre d'initiative au sein de l'armée britannique ? En récompense de ses exploits au cours de la campagne de France, Hitler le promut général de corps d'armée. On persiste à penser en Grande-Bretagne que les Allemands étaient comme des automates, que leurs soldats obéissaient aveuglément aux ordres, mais c'est un mythe : Guderian put utiliser son esprit d'initiative parce qu'il agissait conformément au principe allemand d'*Auftragstaktik* (mission tactique).

La mission par délégation de responsabilité

Mise au point originellement dans l'armée prussienne du XIXe siècle, et désormais doctrine officielle de l'Otan, la notion de mission tactique signifie que le quartier général se borne à fixer les objectifs tout en laissant les commandants sur le terrain décider de la meilleure façon de les atteindre. Le critère décisif, c'est la réussite ou l'échec – et non pas l'obéissance. Le secret de la saisissante victoire d'Hitler sur la France, ce fut la pratique de la mission par délégation de responsabilité. C'est un principe crucial du commandement efficace. Les gourous de la gestion parlent de « déléguer » : il faut que les chefs fassent confiance à leurs subordonnés et se reposent sur leur esprit d'initiative et leur savoir-faire. Élément important, tout le monde dans l'armée allemande avait reçu une formation spécifique qui permettait de suppléer un supérieur si les circonstances l'exigeaient.

Cependant, si le commandement de l'armée allemande était si efficace en 1939-1941, comment se fait-il que ces victoires des premières années de guerre aient été suivies de défaites ignominieuses ? La réponse est à trouver chez l'homme qui s'était autoproclamé chef suprême des forces allemandes : Adolf Hitler. Les failles fatales dans son aptitude à mener les hommes avaient déjà été mises en évidence lors de sa guerre éclair contre la France. Un moment clé de la campagne se déroula dans la maison Boiron à Charleville-Mézières, dans les Ardennes, non loin du Luxembourg, où Hitler arriva le 24 mai 1940. C'était le poste de commandement du général Gerd von Rundstedt, à la tête du groupe d'armées A, situé au sud-ouest des forces alliées encerclées.

Toutes les divisions blindées allemandes étaient sous les ordres de ce général de la vieille école, âgé de 64 ans. Il voulait que ses blindés attendent l'infanterie, plus lente.

Le commandant en chef de l'armée, le général Walther von Brauchitsch, et son chef d'état-major, le général Franz Halder, n'étaient absolument pas d'accord. Ils voyaient bien que, sans maintien de la pression, les forces alliées tenteraient de s'échapper par la Manche. Le soir du 23 mai, ils ôtèrent le commandement des divisions blindées à von Rundstedt pour le donner au groupe d'armées B, au nord-est. Hitler n'apprit ce changement de commandement que le lendemain matin en rendant visite à von Rundstedt, à son quartier général de Charleville-Mézières.

Les deux hommes avaient pris la décision qui s'imposait, mais sans en référer à leur Führer. Celui-ci ne pouvait accepter que le haut commandement de l'armée agît de sa propre initiative, comme il avait pourtant été formé à le faire selon les principes de la délégation de responsabilité. Or, comme la victoire était quasi certaine, Hitler voulait qu'il fût clair que ce n'étaient pas ses généraux qui étaient en train de remporter cette campagne, mais bien lui-même. L'armée était la seule force d'Allemagne assez puissante pour le déposer, il fallait que toute l'aura de la victoire à l'ouest lui revienne, à lui seul. En conséquence, il annula sur-le-champ le transfert du commandement des divisions blindées et autorisa von Rundstedt à diffuser un ordre d'arrêt à son groupe d'armées.

C'est ce fameux ordre d'arrêt [ou *Haltbefehl*] devant Dunkerque qui donna aux Alliés le répit nécessaire à l'évacuation de 338 226 combattants britanniques, français et belges. Aucune autre décision de la Seconde

Guerre mondiale n'a suscité le même tonnerre de protestations de la part des généraux allemands. Brauchitsch insista plusieurs fois auprès d'Hitler pour qu'il revienne sur cet ordre – en vain. Le Führer se réjouissait de l'humiliation infligée au commandant en chef de l'armée qui, de son propre aveu, se sentit « coincé le dos au mur ».

Quand la gravité de son erreur apparut dans toute son étendue, Hitler prétendit qu'il avait volontairement épargné les Britanniques pour bien montrer qu'il ne voulait pas leur faire la guerre. Or, ses véritables motifs étaient fort différents. Sa décision de retenir les blindés n'avait rien à voir avec une prétendue magnanimité envers la Grande-Bretagne, pas plus qu'avec de quelconques considérations stratégiques. Son objectif premier, c'était de remettre l'armée à sa place, comme l'ont montré des travaux historiques récents[7].

Plutôt qu'à l'armée, c'est à l'aviation de Göring qu'il revint d'achever la déroute des armées alliées encerclées. Hitler voulait également donner le temps aux SS d'Himmler de faire route sur Dunkerque pour venir participer aux opérations : en obligeant ainsi l'armée à partager la victoire avec l'aviation et les SS, il était certain d'en retirer le plus gros du crédit.

La Luftwaffe échoua lamentablement. Lorsque Dunkerque fut enfin prise, la plupart des forces alliées avaient été transportées saines et sauves de l'autre côté de la Manche. Pendant ce temps, le Führer avait remporté une bataille relativement futile contre le haut commandement de l'armée. Ce n'était là que la première de ses nombreuses graves erreurs commises au cours de la guerre. Ses efforts pour étendre et protéger les fondements de son pouvoir, même au mépris de la logique militaire, semèrent les germes de sa défaite finale. Un proche de son état-major personnel, le commandant Gerhard Engel, expliquerait plus tard :

> Certaines des décisions d'Hitler n'avaient rien à voir avec le raisonnement militaire. Elles n'étaient prises que pour bien montrer aux chefs de l'armée que c'était Hitler qui commandait, et personne d'autre[8].

Churchill parle sans détour

Il est difficile de concevoir comment le nouvel adversaire britannique d'Hitler, Winston Churchill, aurait pu refuser de pactiser avec les nazis si l'ensemble du corps expéditionnaire britannique avait été fait prisonnier à Dunkerque. En la circonstance, il transforma le sauvetage réussi des armées alliées en un triomphe propre à soutenir le moral de ses compatriotes. Il se pouvait bien qu'avoir eu raison sur Hitler et les nazis ait fait entrer Churchill à Downing Street en mai 1940 ; mais pour qu'il puisse y rester, encore lui fallait-il inventer une manière entièrement nouvelle de mener les hommes, qui dans les faits abolissait la logique et s'adressait au cœur plutôt qu'à la raison. Car à vrai dire, même si Churchill ne pouvait faire autrement que de dire à la population britannique que la guerre était gagnable, il n'avait pas la moindre idée du moyen d'y parvenir. Dans toute une série de discours mobilisateurs, il fit un certain nombre de déclarations sur les manières dont la victoire pourrait être obtenue, toutes plus invraisemblables les unes que les autres.

Il implorait ainsi le public – comme seuls les meneurs d'hommes exceptionnels peuvent le faire, et uniquement en temps de crise – de se fier à ses sentiments plus qu'à ses calculs. Si les événements lui avaient donné tort, il aurait dû affronter la colère de la population pour l'avoir cruellement induite en erreur. Dans son premier discours de Premier Ministre aux Communes le 13 mai 1940, Churchill s'était montré d'une honnêteté désarmante en avouant n'avoir « rien à proposer si ce n'est du sang, des efforts, des larmes et de la sueur ». Pourtant il avait bien davantage à proposer, comme il le dit ensuite :

> Vous demandez : quel est votre but ? Je peux répondre en un seul mot : c'est la victoire, la victoire à tout prix, la victoire en dépit de toute la terreur, la victoire, aussi longue et dure soit la route ; car sans victoire, il n'y a pas de survie.

Quand il reprit la parole en public, six jours après, les Allemands avaient percé les défenses françaises au nord de la ligne Maginot, et il fallait que les Britanniques retiennent encore davantage leur scepticisme quant à la possibilité de victoire finale. Churchill n'avait pas perdu tout espoir que l'armée française tienne bon :

> Nous pouvons envisager avec confiance la stabilisation du front en France et l'engagement général et massif de toutes les forces, qui permettra aux soldats britanniques et français de mettre parfaitement en évidence leurs qualités face à leurs adversaires. Pour ma part, j'ai une confiance indestructible vis-à-vis de l'armée française et de ses chefs.

Elle ne resta cependant pas longtemps indestructible, parce que seulement dix jours après, le corps expéditionnaire britannique était évacué à partir des plages autour de Dunkerque. Mais en faisant lui-même preuve d'un courage exceptionnel, Churchill suscita avec succès chez les Britanniques une honte – celle d'avoir été pendant vingt ans les zélés partisans de l'apaisement de l'Allemagne et d'avoir mis le même enthousiasme à embrasser les accords de Munich et à rejeter Churchill – qui se transforma en héroïsme. Ses discours partaient du principe que la population civile était impatiente de voir arriver les attaques des Allemands :

> Il se trouvera beaucoup d'hommes – et de femmes – sur notre île, au moment où l'épreuve débutera, pour éprouver un sentiment de réconfort, voire de fierté, en pensant qu'ils partagent les périls de nos gars du front, soldats, marins et aviateurs – Dieu les bénisse ! –, et détournent vers eux-mêmes au moins une partie de l'assaut qu'ils subissent. N'est-ce pas là le moment pour tous de fournir les plus ultimes efforts dont ils sont capables ?

En s'adressant aux gens de cette façon avant même que la Grande-Bretagne ne soit la cible des premières attaques, Churchill métamorphosa des gens légitimement craintifs en héros. Et même si tout le monde ne partageait pas sa confiance quant à la victoire finale, personne n'était prêt à répandre le défaitisme en exprimant ses peurs. Ce fut là une parfaite démonstration de l'art qu'avait Churchill de mener les hommes, comme on le vit encore aux Communes le 4 juin 1940 :

On nous dit que Herr Hitler a un plan d'invasion des îles Britanniques. Ce n'est certes pas le premier. Lorsque Napoléon stationna un an à Boulogne avec ses embarcations à fond plat et sa Grande Armée, quelqu'un lui dit : « Il y en a qui sont coriaces en Angleterre. » Il est certain qu'il y en a encore bien davantage depuis le retour du corps expéditionnaire britannique. [...]

Bien que d'énormes contrées de l'Europe et de nombreux États anciens et fameux soient tombés ou puissent tomber dans les griffes de la Gestapo et de tout l'appareil atroce du régime nazi, nous n'allons ni fléchir ni flancher. Nous allons poursuivre jusqu'au bout, nous allons nous battre en France, nous allons nous battre sur les mers et les océans, nous allons nous battre avec une confiance croissante et une force croissante dans les airs. Nous allons défendre notre île, quel qu'en soit le prix. Nous allons nous battre sur les plages, nous allons nous battre sur les terrains d'atterrissage, nous allons nous battre dans les champs et dans les rues, nous allons nous battre dans les collines. Nous ne nous rendrons jamais.

Dans un discours radiodiffusé particulièrement tragique, il avertit également ses auditeurs :

De longues et sinistres nuits d'épreuves et de souffrances nous attendent. Non seulement de grands dangers, mais beaucoup d'autres malheurs, d'insuffisances, d'erreurs, de déceptions vont à coup sûr être notre lot. La mort et le chagrin vont être nos compagnons de route, la constance et la bravoure notre seul bouclier. Il faut que nous restions unis, il faut que nous restions impavides. Il faut que nous restions inflexibles.

Joseph Goebbels fut de ceux qui comprirent immédiatement la stratégie qui sous-tendait la lugubre honnêteté de Churchill. Le chef de la propagande nazie écrivit en effet dans un article intitulé « Les stratagèmes de Churchill » :

> Son slogan sur le sang, la sueur et les larmes l'a placé dans une position qui le prémunit de toute attaque. Il fait penser au médecin qui prédit que son patient va mourir et qui, à chaque aggravation de l'état du patient, explique avec autosatisfaction qu'il l'avait bien dit.

En préparant le public à entendre des mauvaises nouvelles, Churchill ôtait aux nazis toute réelle valeur de propagande pour leurs victoires. Ils ne pouvaient détruire le moral de la nation si les Britanniques avaient déjà appris le pire de la bouche du Premier Ministre en personne.

Dans son discours à la Chambre du 4 juin sur l'évacuation de Dunkerque, celui-ci avait la conviction qu'il fallait qu'il propose une lueur d'espoir – aussi faible soit-elle – pour encourager les Britanniques à poursuivre la lutte. L'argument qu'il choisit de mettre en avant était la possibilité – fort éloignée, voire négligeable, il ne l'ignorait pas – de voir les États-Unis bientôt entrer en lice. Dans son allocution, il évoqua la perspective de continuer le combat « jusqu'à ce que, lorsque Dieu jugera le moment venu, le Nouveau Monde, avec toute sa capacité et toute sa puissance, se lance au secours de l'Ancien pour le libérer ». À la suite de ses échanges avec le président Roosevelt, il savait qu'une intervention militaire américaine directe n'était toujours pas près de se produire en dehors de toute provocation. Mais mener les hommes, c'est leur donner de l'espoir, aussi fallacieux soit-il.

Le point crucial, c'était que si la population britannique était en train de se faire berner, seule une minuscule minorité refusait de l'être. Les escrocs professionnels le savent bien : pour qu'un « coup » réussisse, il faut que le « pigeon » consente, ne serait-ce qu'inconsciemment, à se faire mener en bateau. C'est ce qui s'est produit dans le subconscient collectif de la population britannique en 1940-1941 : elle a cru Churchill parce qu'elle s'est forcée à vouloir le croire, et parce que la seule autre issue – la paix avec Hitler – était tout simplement trop effroyable et trop déshonorante à envisager. Pourtant, si l'on avait demandé à des Britanniques pris individuellement au cours de cette période étrange mais sublime de treize mois si, en toute logique, ils jugeaient vraiment possible de pousser l'Amérique à entrer en guerre, de réussir à faire capituler l'ensemble du continent européen par le blocus ou de vaincre l'Allemagne par l'un ou l'autre des moyens que Churchill semblait avoir en réserve, ils auraient eu bien du mal à expliquer sur quels arguments rationnels s'appuyait la foi de ce dernier en la victoire finale.

La saisie des pleins pouvoirs

Churchill avait appris de la Grande Guerre, et en particulier du désastre des Dardanelles, que « tenter de mener à bien une vaste et importante opération de guerre à partir d'une position subordonnée » était une erreur. Il ajoutait par ailleurs : « Ma seule erreur fatale avait été de tenter de réussir une grande entreprise sans avoir la pleine autorité qui aurait si facilement pu en assurer le succès. » Se souvenant de cela, il décida de s'approprier précisément cette pleine autorité quand il arriva au pouvoir en 1940.

Les guerres ne se gagnent pas par des évacuations, comme le dit Churchill, mais elles ne se gagnent pas non plus uniquement par des discours propres à soutenir le moral. L'une de ses premières mesures fut de s'attaquer aux lourdes et rigides structures de décision héritées de Chamberlain. Il déplorait en effet à juste titre que tout fût « réglé pour le plus grand nombre par le bon sens de la plupart après consultation de tout le monde ». Du comité de la Défense impériale, qui était chargé des plans stratégiques, mais non des opérations, il disait qu'il représentait « le maximum d'étude et le minimum d'action ».

La solution de Churchill, c'était d'associer responsabilité et pouvoir direct d'action. Il n'aimait pas les comités uniquement consultatifs. La guerre, disait-il, c'était « plutôt comme un malfrat qui tape sur le crâne de l'autre avec un gourdin[9] ». Devant Harold Macmillan, ses propos étaient tout aussi directs :

> Tenez, vous pouvez prendre le marin le plus brave, l'aviateur le plus intrépide et le soldat le plus audacieux : si vous les mettez ensemble, vous obtenez quoi ? La somme de leurs peurs.

Macmillan se rappelait que Churchill avait prononcé ces mots « en faisant bruyamment siffler les "s" ». Lors de passages antérieurs au gouvernement, Churchill avait réussi à rationaliser les processus de décision au ministère de l'Armement et au Colonial Office. Il s'était rendu compte que cela évitait aux responsables d'être noyés dans les détails et les redites. Pendant la guerre, ses considérables talents d'organisateur trouvèrent à s'employer dans sa tentative de réduction des chevauchements entre le gouvernement et l'administration. Il avait même le don de simplifier le vocabulaire administratif : les *Local Defence Volunteers* devinrent la *Home Guard*, les *Communal Feeding Centres* devinrent les *British Restaurants*, et ainsi de suite.

Avec ses dix membres, le War Cabinet de Chamberlain avait été trop important, comme au début de la Grande Guerre. Une erreur avait été d'y inclure les ministres des trois branches armées, ce qui encourageait les discussions sur trop de domaines, allant parfois jusqu'à l'élaboration de plans d'opérations. Chamberlain avait bien tenté d'y remédier en créant un comité de coordination militaire présidé par lord Chatfield et chargé d'harmoniser les efforts des trois branches avec la politique fixée par le War Cabinet, mais il souffrait de rester consultatif, sans avoir l'autorité sur aucun département ministériel ni le pouvoir de donner des ordres. En avril 1940, ce comité fut dissous sous la pression de Churchill, qui se plaignait cependant peu après de « ne pas avoir le pouvoir de prendre et de faire respecter ses décisions ». Devenu Premier Ministre, il réduisit le War Cabinet de moitié pour le faire passer à seulement cinq membres. Un haut responsable écrira plus tard :

> L'époque de la simple coordination était définitivement révolue. Désormais, nous allions avoir des ordres clairs, des chefs pour nous commander et de l'action – avec de la volonté derrière[10] !

Churchill ne s'arrêta pas là. Il s'efforça aussitôt d'obtenir des pouvoirs plus étendus, convaincu qu'à la guerre l'échec stratégique était dû, selon ses propres termes, à « l'absence totale d'un cerveau directeur et d'une volonté dirigeante ». C'était déjà mauvais de faire la guerre avec des comités, mais en outre il n'y avait pas de distinction claire entre les prises de décisions politiques et militaires. La création d'un nouveau portefeuille de ministre de la Défense, qu'il s'attribua en prenant son homme de confiance, le général Ismay, pour assurer la liaison avec les chefs d'état-major, constitua un coup de maître politique et administratif. La nouvelle structure donnait à Churchill une autorité supérieure à celle de tous les Premiers Ministres qui l'avaient précédé. Il s'était institué directement responsable de l'élaboration des plans de guerre et de leur exécution, sans avoir créé un véritable nouveau ministère de la Défense, avec tous ses frais et son appareil bureaucratique. « Nous devons bien veiller à ne pas définir nos pouvoirs trop précisément », confia-t-il à Ismay. Souples et nébuleux, ces pouvoirs s'avérèrent bien plus efficaces que s'ils avaient été encadrés par Whitehall ou Westminster.

Churchill s'efforça aussi immédiatement de réduire le nombre de comités. En particulier, il fusionna un grand nombre de missions britanniques civiles et militaires aux États-Unis qui se multipliaient tandis que leurs responsabilités se recouvraient souvent. Deux semaines après être devenu Premier Ministre, il envoyait une note de service au secrétaire général du War Cabinet :

> Je suis sûr qu'il y a bien trop de comités d'une catégorie ou d'une autre auxquels les ministres sont obligés

> d'assister et qui ne donnent guère de résultats utiles. Il faut en réduire le nombre par suppression ou fusion.

Il jugeait désespérant le processus collectif de décision à l'aide de comités, sur lequel reposait tout le fondement de l'administration britannique depuis si longtemps.

Pourtant, ces nouveaux pouvoirs n'étaient pas anti-démocratiques. Churchill n'avait pas assumé des pouvoirs autocratiques : il continuait à œuvrer de concert avec le War Cabinet, parce qu'il savait qu'au bout du compte son pouvoir dépendrait toujours de la Chambre des communes, qui en décembre 1916 avait fait tomber le Premier Ministre d'alors, Herbert Asquith, et en mai 1940 avait procédé de même avec Neville Chamberlain. (L'historien de Churchill se serait aussi souvenu du sort de lord Aberdeen au cours de la guerre de Crimée : souvent, les Premiers Ministres britanniques qui commencent une guerre ne parviennent pas à la terminer.) Churchill dit devant le Congrès des États-Unis en décembre 1941 :

> Je suis un enfant de la Chambre des communes. Dans la maison de mon père, j'ai été élevé dans la foi en la démocratie. « Faire confiance au peuple », tel était son message. [...] Dans mon pays, comme dans le vôtre, les hommes publics sont fiers d'être les serviteurs de l'État et ils auraient honte d'en être les maîtres.

En pratique, la simplification des structures lui permit de mettre en œuvre des politiques prêtant à controverse, comme le recours à des bombardiers lourds tels que le Lancaster contre les villes allemandes. Sous Chamberlain, les bombardements avaient été limités au largage de tracts et à l'attaque de cibles navales : les raids aériens sur des objectifs terrestres étaient proscrits, non seulement par crainte de représailles allemandes, mais aussi pour des considérations juridiques un peu bizarres. Un projet d'attaque par la Royal Air Force de cibles militaires dans la Forêt-Noire avait ainsi été rejeté par le secrétaire d'État à l'Air d'alors, sir Kingsley Wood, avec ce commentaire :

> Vous rendez-vous compte qu'il s'agit de propriété privée ? Ça alors ! – si cela continue, vous allez me demander de bombarder Essen[11] !

Churchill n'avait pas ces pudeurs, et quelques jours après son entrée à Downing Street, il autorisa les attaques contre des cibles militaires et industrielles en Allemagne. Quand trois mois plus tard, au plus fort de la bataille d'Angleterre, les premières bombes allemandes tombèrent sur le centre de Londres, il court-circuita aussi bien les chefs d'état-major que le secrétaire d'État à l'Air pour donner directement l'ordre au *Bomber Command* de lancer un raid de représailles sur Berlin. Une prise de décision aussi rapide aurait été impensable avec les structures du gouvernement précédent. C'était pourtant la bonne décision : au cours des quatre années suivantes, les bombardements stratégiques allaient être le seul moyen dont disposerait la Grande-Bretagne pour porter la guerre au cœur même du territoire allemand.

Parmi les autres manières de prendre la haute main sur l'effort de guerre britannique, signalons les fameuses notes de service de Churchill, ses « prières » et ses étiquettes marquées « Action ce jour ». Il avait l'esprit d'une étonnante fertilité. « Winston avait dix idées par jour ; une seule était bonne, et il ne savait pas laquelle », aimait à raconter son chef de l'état-major impérial, le général Alan Brooke (devenu lord Alanbrooke). Roosevelt fit une remarque semblable, disant que le Premier Ministre avait cent idées par jour dont six étaient bonnes (chiffre nettement plus élevé, bien que le pourcentage soit plus faible).

Aucun détail n'était trop insignifiant pour échapper à l'attention de Churchill. Il spécifia le nombre de singes qui devaient occuper le Rocher de Gibraltar (vingt-quatre), tenta de découvrir si les armes prises comme trophées pendant la Première Guerre mondiale pouvaient être remises en état de fonctionnement, se préoccupa des animaux du zoo de Londres au cours des bombardements, et fit en sorte que les rations de bière aillent aux combattants du front avant ceux de l'arrière. Il voulut même savoir si l'on ne pourrait pas utiliser de la cire pour protéger les oreilles des soldats sous les bombardements[12]. Plusieurs de ces demandes de renseignement, baptisées « prières » parce qu'elles commençaient souvent par « Veuillez je vous prie voir si... », portaient souvent une étiquette rouge qui indiquait « Action ce jour ». Le jour même où il devenait Premier Ministre, le 10 mai 1940, par exemple, au milieu de toutes les urgences nées de l'offensive d'Hitler à l'ouest, Churchill imagina d'inviter l'ex-Kaiser Guillaume II à déserter son exil aux Pays-Bas pour venir en Grande-Bretagne. (Cela s'avéra faire partie des neuf mauvaises idées d'Alanbrooke ou des quatre-vingt-quatorze autres de Roosevelt et resta sans suite.) Il arrivait parfois que sa volonté de tout prendre en main aille trop loin. Son secrétaire particulier, Jock Colville, avait le souvenir d'une soirée aux Chequers :

> Comme de coutume, je reçus l'ordre de téléphoner à l'officier de permanence à l'Amirauté pour savoir s'il y avait du nouveau. Il n'y en avait pas, et il me promit de me rappeler aussitôt s'il apprenait la moindre chose intéressante. Une heure après, je reçus l'ordre d'aller encore aux nouvelles et cet officier de permanence, vexé, me rappela la promesse qu'il m'avait faite. Lorsque, vers 2 heures du matin, on m'imposa de réessayer malgré toutes mes objections, l'officier en colère, réveillé alors qu'il prenait quelques heures de sommeil, m'accueillit avec le vocabulaire fleuri des marins en pleine action ennemie. En entendant un flot de paroles, Churchill supposa qu'au moins un contre-torpilleur allemand avait été coulé. Il m'arracha le combiné des mains et fut soumis à un chapelet de qualificatifs peu flatteurs qui de toute évidence le fascinait. Après avoir écouté pendant une ou deux minutes il expliqua qu'il n'était que le Premier Ministre et qu'il se demandait s'il y avait du nouveau dans les opérations navales[13].

Churchill écrivit un jour :

> Ceux qui sont chargés de la direction suprême des affaires doivent rester aux commandes sur les sommets ; ils ne doivent jamais descendre dans les vallées de l'action personnelle et physique directe.

Cependant, devenu Premier Ministre, il lançait aussi :

> L'efficacité et le succès d'une administration se manifestent tout autant dans les petits détails que dans les vastes problèmes.

Dans les premières semaines de son nouveau mandat, il alla jusqu'à spécifier la taille du drapeau qui flottait devant l'Amirauté. « Churchill examine à la loupe chaque document qui a trait de près ou de loin à la guerre et il ne dédaigne pas demander des renseignements sur le point le plus secondaire », rapporta l'un de ses secrétaires particuliers. Il donna notamment des instructions sur les lapins et sur la manière d'éviter aux producteurs de whisky de souffrir de la guerre, et il modifia même les noms de code de certaines opérations militaires.

Hitler s'attacha lui aussi aux minuties de la conduite de la guerre, par exemple en interdisant personnellement les courses de chevaux à Berlin pour une certaine période, mais il y avait une différence décisive entre Churchill et lui : les ordres du Führer étaient presque tous publiés par son secrétaire particulier, Martin Bormann, et non signés de sa main. Lui ne consignait presque jamais rien par écrit, ce qui lui permettait de nier toute responsabilité si les choses tournaient mal ou si elles étaient trop infâmes pour qu'il puisse y être directement associé. « Ne jamais donner par écrit un ordre qui peut l'être par oral », telle était sa maxime. Cela l'autorisait (ainsi que ses apologues, avec cependant la même absence de vraisemblance) à nier la responsabilité de ses crimes, jusqu'à la Shoah elle-même.

Churchill, pour sa part, ne faisait aucune difficulté pour assumer ses responsabilités, ainsi qu'il le déclara aux Communes le 21 avril 1944 :

> Je n'ai pas l'intention de passer les années qui me restent à expliquer ou à retirer quoi que ce soit de ce que j'ai dit jadis, et encore moins à m'en excuser.

L'année suivante, il alla plus loin :

> Si l'on m'accuse d'une erreur, je ne peux que répondre avec M. Clemenceau lors d'une occasion célèbre : « J'ai peut-être fait un certain nombre d'erreurs dont vous n'avez pas entendu parler. »

Churchill était habitué de longue date aux accusations, voire à l'opprobre, et il s'était constitué une carapace de rhinocéros contre les critiques dès avant la Seconde Guerre mondiale. Il fallait bel et bien être un pachyderme pour avoir survécu en politique après la débâcle de Gallipoli. Comme il l'écrit dans *Mes jeunes années* à propos d'autre chose :

> Tout le monde voulut me faire porter le chapeau. J'ai remarqué que c'est presque toujours le cas. Je suppose que c'est parce qu'on juge que je suis le mieux à même de le faire.

Bien sûr, Churchill ne voyait pas pourquoi il devrait porter le chapeau sans raison. Contrairement à Hitler, il préférait tout mettre par écrit. Son épouse, Clementine, expliqua au général sir Louis Spears :

> Souvent, il n'écoute pas ou même n'entend pas s'il a la tête ailleurs. Mais il examine toujours une note avec attention et dans toutes ses implications. Il n'oublie jamais rien de ce qu'il a vu écrit.

Il fallait cependant faire court, et s'en tenir absolument à l'essentiel. En juillet 1940, il fit diffuser dans tout le secrétariat du War Cabinet une note de service à laquelle il se tint *grosso modo* pendant toute la durée de la guerre :

> Il faut qu'il soit bien entendu que toutes les instructions qui émanent de moi le soient sous forme écrite, ou doivent être aussitôt après confirmées par écrit, et que je refuse d'endosser la responsabilité de questions relatives à la Défense nationale pour lesquelles j'ai été sollicité afin de prendre des décisions tant qu'elles ne sont pas consignées par écrit[14].

Dans le souvenir de lord Normanbrook, alors haut fonctionnaire à Downing Street, cette note eut un effet profond et immédiat :

> Jusque-là, les Premiers Ministres qui souhaitaient obtenir des renseignements de la part d'un collègue ou bien lui donner des conseils l'avaient fait par lettres – le plus souvent écrites en leur nom par leurs secrétaires particuliers. Désormais, les ministres recevaient des messages directs et personnels, généralement condensés sur une seule feuille de papier à lettres et rédigés dans un langage qui indiquait sans aucun doute possible qu'il s'agissait bel et bien des propos du Premier Ministre en personne[15].

Ces notes de service étaient habituellement envoyées au début et à la fin de chaque journée.

Churchill fut l'un des premiers dirigeants politiques contemporains à discerner la valeur des statistiques et de l'analyse quantitative. Il nomma son ami le professeur Lindemann à la tête de son bureau des statistiques, qui comprenait une vingtaine de personnes dont des économistes, au moins un scientifique, des hauts fonctionnaires et la cohorte habituelle de sténodactylos qui tapaient les rapports. Ce service s'avéra vite inestimable aux yeux du Vieux Lion, qui en mettait efficacement les chiffres à profit. « Ne cherchez pas à trouver les arguments en faveur de tel ou tel point de vue. Contentons-nous des faits sans fioritures », écrivait-il.

Se sachant lui-même quelqu'un d'original, Churchill mettait un point d'honneur à permettre à des personnages qui sortaient de l'ordinaire de faire carrière au sein des hiérarchies civiles et militaires. Quelques semaines après avoir pris ses fonctions de Premier Ministre, il écrivit à Anthony Eden, qui venait d'être nommé secrétaire d'État à la Guerre : « Il nous faut des battants, pas des profils conventionnels. » Quelque six mois plus tard, il précisait au maréchal sir John Dill :

> Nous ne pouvons pas nous permettre de borner les nominations dans l'armée à des personnes qui n'ont jamais suscité de commentaires hostiles au cours de leur carrière. [...] C'est le moment d'essayer des hommes de force et de vision et de ne pas se limiter exclusivement à ceux qui sont jugés sans problème d'après les critères conventionnels.

En conséquence, des figures très atypiques comme le semi-dément Orde Wingate, l'homosexuel Alan

Turing et les universitaires excentriques de Bletchley Park* eurent la possibilité d'apporter leur contribution significative à l'effort de guerre. Churchill avait la ferme conviction qu'il fallait utiliser les talents d'où qu'ils viennent, même si cela impliquait d'aller voir au-delà des détenteurs de qualifications traditionnelles. Dans une autre lettre au maréchal sir John Dill, à propos du brillant mais peu conventionnel général de cavalerie blindée Percy Hobart, Churchill écrivit :

> Rappelez-vous que ce ne sont pas uniquement les gentils garçons qui gagnent les guerres : ce sont aussi les fripouilles et les canailles.

L'exemple le plus éclatant de greffe jugée inimaginable à Whitehall fut la nomination en mai 1940 comme ministre de la Production aéronautique de lord Beaverbrook, l'ami de Churchill, qui savait que la menace d'invasion ne pouvait être écartée que par la maîtrise du ciel. « Beaver » (Castor) était un magnat de la presse qui avait la réputation d'avoir bâti sa fortune par des moyens peu scrupuleux et qui sentait donc le soufre. Mais il avait été ministre de l'Information pendant la Grande Guerre et il était propriétaire du groupe du *Daily Express*, ce qui lui donnait un grand pouvoir dans le pays.

---

* Petit manoir de la campagne du nord de Londres converti en centre de décryptage ultrasecret où aboutissaient tous les messages allemands codés par la machine « Enigma ». Sous l'impulsion du mathématicien Turing, ces codes réputés inviolables y furent peu à peu percés.

Churchill était un adepte de la pratique de ce que l'on appelle de nos jours dans le vocabulaire de la gestion d'entreprise le « management baladeur ». Il passait son temps à visiter les usines, les batteries de canons, les unités de projecteurs antiaériens, etc. Peu après le début de son mandat, il se rendit dans les locaux du *Fighter Command* (le poste de commandement des escadrilles de chasseurs) pour se rendre compte en personne des besoins. Le général d'armée aérienne sir Hugh Dowding lui dit qu'il lui manquait un certain nombre de ressources, notamment en hommes et en capacités de défense nocturne, mais avant tout en appareils. Le problème principal était le manque d'avions de chasse. Churchill entreprit de remédier à cela en accordant son plein soutien à Beaverbrook, allant notamment jusqu'à passer outre aux objections du roi pour le nommer membre du Conseil privé.

Heureusement, Beaverbrook eut tôt fait de démontrer son efficacité. Il eut recours à des techniques d'intimidation et de harcèlement pour parvenir à ses fins, et la production aéronautique ne tarda pas à augmenter notablement. Il fit détourner certaines ressources destinées aux bombardiers et simplifia les procédures bureaucratiques pour obtenir un gonflement au moins à court terme de la production de chasseurs. Son célèbre appel aux ménagères pour qu'elles apportent leurs casseroles en aluminium afin de le refondre fit beaucoup pour accélérer la prise de conscience de la population et lui remonter le moral, même si seule une petite quantité du métal récupéré fut vraiment utilisée pour la construction d'avions.

Le 3 juin, lors d'une réunion, le nouveau secrétaire d'État à l'Air, sir Archibald Sinclair, fit savoir que la

Grande-Bretagne déplorait une dangereuse pénurie de pilotes. Churchill lui indiqua qu'au cours d'une visite à Hendon il avait remarqué qu'il y avait beaucoup de pilotes assis derrière un bureau : « Dégraissez-moi tout ça ! lui lança-t-il sur le ton d'un gestionnaire actuel. Et tenez-moi au courant. »

Quand vint la mi-août, Sinclair avait trouvé de nouveaux pilotes à envoyer rejoindre leurs camarades qui se battaient dans les airs, et il y avait été aidé par Churchill qui, sans tenir compte des protestations de la marine royale, avait affecté auprès du général Dowding des pilotes empruntés à l'aéronavale. Par sa façon de diriger, il avait permis au nombre total de pilotes de chasse de s'accroître en dépit des pertes constantes. De leur côté, les Allemands ne changèrent rien à leurs procédures. Au plus haut niveau de la Luftwaffe, ils étaient très léthargiques, et en août Göring se permit même d'aller à la chasse et de jouer avec son train électrique.

Le 15 septembre, Churchill se rendit au quartier général du 11e groupe de l'aviation de chasse : par coïncidence, cela tombait au jour décisif de la bataille d'Angleterre. Depuis ce poste, il suivit le déroulement de la cruciale bataille aérienne et fut témoin de la glorieuse victoire de la RAF. Le succès de cette journée voulait dire que dans les faits l'invasion n'était plus possible. Le 17 septembre, Hitler décida de reporter *sine die* l'opération « Seelöwe* » (bien que l'annulation n'ait été officiellement prononcée que le 12 octobre),

---

* Cette opération « Otarie », en français, prévoyait un triple assaut sur la Grande-Bretagne sur terre, sur mer et par les airs. Pour réussir, il était indispensable d'avoir la maîtrise des airs afin de détruire les navires britanniques venus bloquer l'envahisseur en pleine mer.

en théorie jusqu'au printemps suivant. En juillet 1941, elle fut de nouveau reportée jusqu'au printemps 1942, « date de fin de la campagne de Russie ». En fait, le 13 février 1943, le commandant en chef de la Kriegsmarine, l'amiral Raeder, eut son dernier entretien avec Hitler sur cette opération, et il le persuada d'accepter un « arrêt total ». Or, Churchill avait compris que la mobilisation de toute la nation était plus facile à obtenir face à une menace identifiée, raison pour laquelle, même après avoir appris par le décryptage des messages allemands que le danger réel était passé, il continua à mettre en garde contre une invasion possible, car il se rendait bien compte que c'était le meilleur moyen de perpétuer l'unité et l'état d'esprit de la nation.

Si les Allemands avaient envahi le pays et que la longue histoire d'indépendance et de souveraineté britannique avait pris fin en 1940, c'est à Neasden, au nord de Londres, que la messe aurait été dite. C'était dans ce quartier que se trouvait le poste de commandement souterrain où il était prévu que s'installent Churchill et les autres ministres les plus importants au cas où les Allemands prendraient le centre de Londres, et d'où le Premier Ministre se serait battu jusqu'à la fin. Il déclara à ses ministres :

> Si la longue histoire de notre île doit enfin se terminer, qu'elle ne se termine que lorsque chacun de nous agonisera en gisant au sol dans son propre sang.

Jamais les Allemands n'obtinrent cette maîtrise sur la Manche et la mer du Nord.

Comme il l'avait écrit dans *Savrola* à propos de la mort du courageux président Molara :

> Il arrive souvent qu'au moment où un homme se rend compte qu'il doit mourir, le désir de se comporter décemment et de quitter la scène avec dignité l'emporte sur tous ses autres sentiments[16].

C'est sûrement ce qui se serait produit pour Churchill. Alors que la famille royale, les réserves d'or de la Grande-Bretagne et la marine royale auraient été évacuées pour poursuivre le combat depuis Ottawa, lui avait personnellement résolu d'en terminer dans la capitale du pays. (Bien sûr, quant à savoir si on l'y aurait autorisé, c'est une autre affaire, du fait que les nécessités d'un scénario postinvasion étaient impossibles à prévoir et qu'un Premier Ministre bien vivant au Canada serait bien plus utile à la cause qu'un chef de gouvernement mort à Neasden.) La famille royale possédait toute une série de châteaux – dont Madresfield Court, dans le Worcestershire – où il était prévu qu'elle se réfugie au cours de son voyage vers le nord avant d'embarquer en Écosse, et il est bien difficile de croire que Churchill n'aurait pas cédé aux pressions lui enjoignant de continuer la lutte, surtout si le roi lui en avait donné l'ordre. Tous ces plans étaient naturellement tenus absolument secrets, parce que l'objectif premier du gouvernement à l'été 1940 était de contrecarrer tout sentiment de ce défaitisme qui avait tellement sapé la volonté des alliés continentaux de poursuivre les combats.

La défaite du défaitisme

Alors que se déroulait l'évacuation de Dunkerque en mai 1940, Churchill fit diffuser une note de service à tous les membres du War Cabinet et de la haute administration :

> En ces jours sombres, le Premier Ministre serait reconnaissant à tous ses collègues de bien vouloir maintenir un moral élevé dans leur entourage – sans minimiser la gravité des événements, mais en faisant preuve de confiance envers notre capacité et notre résolution inflexible de poursuivre la guerre jusqu'à ce que nous ayons brisé la volonté de l'ennemi de mettre toute l'Europe sous sa coupe.

Éliminer le défaitisme, ou pis encore la cinquième colonne pronazie que l'on soupçonnait à l'œuvre au cœur de la Grande-Bretagne, constituait pour Churchill une tâche prioritaire alors qu'il s'efforçait de diriger la nation en 1940. Dans son discours d'après Dunkerque, il déclarait :

> Le Parlement nous a donné des pouvoirs permettant de mettre fin aux activités de la cinquième colonne avec la plus extrême rigueur, et ces pouvoirs, nous allons les utiliser sans la moindre hésitation, en respectant le droit de regard et d'amendement de la Chambre, jusqu'à ce que nous nous soyons assurés que ce cancer en notre sein a été extirpé pour de bon.

À cet effet, un local secret du MI5, baptisé « Latchmere House », situé dans le quartier de Richmond appelé Ham

Common, fut consacré en 1940-1941 à l'emprisonnement des quarante suspects ennemis les plus importants, que l'on interrogea avec des méthodes expressément interdites par la convention de Genève. Bien que nous n'ayons pas beaucoup d'informations sur cet endroit pas très net – parce que les archives des services secrets qui s'y rapportent sont encore aujourd'hui conservées sous clé –, nous savons néanmoins que ce fut là que le MI5 réussit à « faire craquer » – avant de les « retourner » – ceux qu'il soupçonnait de travailler pour les Allemands, et ce avec un succès presque complet.

Les mesures prises pour s'attaquer au défaitisme ailleurs dans le pays atteignirent parfois un excès absurde d'efficacité, quand on se mit par exemple à arrêter des gens ordinaires qui s'étaient contentés de se plaindre du prix du pain dans les files d'attente. Le fait de décourager les gens de croire à la possibilité de victoire fut même constitué en délit[17]. En 1940, le critique littéraire Cyril Connolly se fit arrêter par la police militaire dans un hôtel d'Oxford parce qu'il « semblait très intéressé » par la conversation d'officiers britanniques qui se trouvaient à proximité. Son passeport délivré à Vienne et ses fonctions de rédacteur en chef d'un magazine littéraire déclenchèrent une enquête menée par huit policiers, et il ne fut relâché qu'après avoir fourni la preuve qu'il avait fait ses études à la fois à Eton et au Balliol College d'Oxford[18]. Un habitant du Leicestershire se vit infliger quant à lui deux ans de prison pour avoir dit dans un pub qu'il « ne voyait pas bien comment on allait pouvoir gagner la guerre » – entre parenthèses, le Premier Ministre ne le voyait pas non plus, lui qui en fut réduit à avancer en 1940 que les peuples asservis par l'Allemagne allaient se soulever contre elle si l'hiver était rude.

Pendant la débâcle de la France, à la mi-juin 1940, Churchill s'adressa à la population *via* les ondes en déclarant : « Nous sommes sûrs qu'au bout du compte tout finira bien. » Alors qu'Hitler était maître du continent européen de Varsovie à Brest et de Narvik à Naples, que le pacte de non-agression avec la Russie était toujours en vigueur, que l'Italie était entrée en guerre contre la Grande-Bretagne et que les nazis avaient avalé onze nations indépendantes en deux ans, Churchill en était plutôt réduit à la position de l'éternel optimiste M. Micawber dans le *David Copperfield* de Charles Dickens, qui ne désespérait jamais de « voir les choses s'améliorer ». Le 18 juin 1940, au cours de ce qui est désormais connu sous le nom de « discours sur leur plus belle heure », il tenta de définir les éléments qui lui permettaient de dire qu'il y a « des espoirs sérieux et raisonnables de victoire finale ». Mais au-delà de l'information selon laquelle les Premiers Ministres des dominions avaient entériné la décision de poursuivre la lutte et de la formulation de son espoir de voir les Français continuer à résister – ce qui ne fut guère le cas –, il n'avait toujours aucune recette rationnelle à proposer pour parvenir à la victoire, malgré la tonalité exceptionnelle de son langage. Il fit valoir que dans les combats singuliers dans les airs les pilotes britanniques étaient supérieurs à leurs homologues allemands et que les États-Unis allaient bientôt expédier des tonnes de matériel de guerre et de fournitures ; mais c'étaient là, au mieux, des raisons qui expliquaient pourquoi il était possible que la Grande-Bretagne survive, mais non comment on pourrait faire débarquer une armée sur le continent pour aller prendre Berlin, renverser Hitler et gagner la guerre.

Churchill alla jusqu'à mettre en avant l'éventualité que l'Allemagne s'écroule soudainement et inexplicablement, à cause tout simplement de la supériorité du moral des Britanniques, en citant ce qui s'était passé en 1918 :

> Pendant cette guerre, nous nous demandions en permanence : comment allons-nous faire pour gagner ? Et personne n'était capable de répondre avec la moindre précision, jusqu'à ce qu'à la fin, de façon tout à fait soudaine, tout à fait inattendue, notre terrible ennemi s'effondre devant nous. Et nous étions tellement ivres de notre victoire que, dans notre folie, nous l'avons gâchée.

Un « effondrement soudain et inattendu » du moral des Allemands n'était absolument pas vraisemblable comme moyen de gagner la guerre. Ce que Churchill savait, c'était que l'Empire britannique ne pouvait pas vaincre l'Allemagne à lui tout seul : il lui fallait désespérément des alliés.

Trouver des alliés

Avant même de devenir Premier Ministre, Churchill avait caressé l'espoir d'entraîner une Amérique réticente dans la guerre. Après avoir déjeuné avec lui le 5 octobre 1939, l'ambassadeur Joseph Kennedy avait noté dans son journal :

> Je ne lui fais aucunement confiance. Il m'a presque fait croire qu'il était prêt à faire sauter l'ambassade des

États-Unis en disant que c'étaient les Allemands si cela pouvait faire entrer l'Amérique en guerre.

Churchill avait en effet compris avant tout le monde au sein du gouvernement, en particulier après la défaite de la France, que l'aide américaine allait être vitale, raison pour laquelle il s'engagea tôt dans des efforts concertés d'édification d'une coalition, en dépit de l'anglophobie de l'ambassadeur des États-Unis. Sa main tendue aux Américains se fit plus pressante dans un discours du 20 novembre 1941 à Mansion House, avec la promesse que « si les États-Unis se retrouvaient en guerre avec le Japon, la déclaration britannique suivrait dans l'heure ».

Pour sa part, Hitler sous-estimait totalement l'importance des alliances. Il avait un côté pragmatique, comme le démontra le pacte de non-agression germano-soviétique d'août 1939, mais cela n'a jamais été rien de plus qu'un expédient : « Les considérations tactiques ont de l'importance », expliquait-il dans *Mein Kampf*. Dix ans plus tard, discutant du besoin de *Lebensraum* qu'avait l'Allemagne, il précisa :

> Cela ne veut pas dire que je refuserai de faire un bout de chemin avec les Russes, si cela peut nous servir. Mais cela sera seulement afin d'en revenir d'autant plus vite à nos véritables objectifs[19].

L'idée de rester fidèle aux clauses d'un traité dès l'instant où cela n'était plus dans son intérêt était absolument étrangère à sa façon de penser. Son objectif idéologique de conquête d'espace vital à l'est pesait infiniment plus lourd chez lui que les considérations morales ou juridiques chez les pauvres autres mortels.

De même que les nazis sous-estimaient l'importance des alliances, de même ils n'avaient que mépris pour les accords internationaux. À leurs yeux, pour reprendre la formulation scatologique typique de Göring, les traités constituaient « autant de papier hygiénique ». Le plus souvent, Hitler se dispensait de consulter ses alliés sur ses actions à venir. Non seulement il déchira son traité avec l'Union soviétique, ouvrant ainsi la guerre sur deux fronts, mais il ne jugea pas bon non plus d'informer ses autres alliés, les Italiens et les Japonais, qu'il projetait l'opération « Barbarossa ». Il traitait l'Italie avec un dédain particulier, comme l'associé mineur dont les préoccupations et les desiderata n'avaient pas à être pris en compte. « Il se peut que Mussolini soit un Romain, disait-il, mais son peuple est italien. » Il n'est donc pas étonnant que le Duce ait décidé, selon ses termes, de « rendre la monnaie de sa pièce à Hitler » en attaquant la Grèce seulement trois semaines après que le Führer l'eut averti de ne pas le faire lors de leur rencontre au col du Brenner le 4 octobre 1940. Il se peut que cela ait eu des répercussions délétères sur l'opération « Barbarossa ». Puisque cette offensive en Grèce fit long feu, en effet, Hitler fut obligé d'aller occuper la Yougoslavie en avril 1941 afin de venir en aide à l'Italie. Ce fut une nouvelle campagne éclair, terminée en six semaines, mais qui contribua vraisemblablement à retarder l'invasion de l'Union soviétique. Il apparut à quel point ces six semaines de printemps avaient été précieuses quand il s'en fallut d'un rien pour que l'armée allemande atteignît Moscou avant l'arrivée de l'hiver russe.

Hitler s'était également abstenu d'informer ses autres alliés, les Japonais, au printemps 1941, de l'imminence de l'invasion de la Russie. Bien plus, il les trompa délibérément en leur affirmant : « La Russie ne sera pas attaquée tant qu'elle conservera une attitude amicale conformément au traité[20]. » S'il avait consulté ses alliés nippons avant l'invasion allemande, peut-être ceux-ci auraient-ils pu se convaincre d'envahir la Russie simultanément. Au cours de la guerre civile russe, des forces japonaises avaient combattu en Sibérie, et une attaque par l'est faite pour coïncider avec l'assaut d'Hitler à l'ouest aurait pu s'avérer dévastatrice pour le moral des Russes. Le haut commandement japonais décida donc en septembre 1941 de reporter toute action militaire contre l'Union soviétique pour ensuite, trois mois plus tard, s'attaquer à Pearl Harbor sans en avertir les Allemands, ce qui fit entrer les États-Unis dans la guerre. Incapable d'adhérer véritablement à une coalition, Hitler transforma ainsi indirectement en réalité le rêve stratégique qu'entretenait Churchill d'une « grande alliance » regroupant l'Empire britannique, les États-Unis et l'Union soviétique. Les magnifiques qualités d'homme d'État de Roosevelt conduisirent à l'adoption de la politique de « l'Allemagne d'abord », contraire à l'instinct antijaponais des chefs militaires américains – et dès lors, le sort d'Hitler était réglé ou presque.

Bien sûr, pendant toute sa vie publique depuis 1917, Churchill avait partagé le mépris d'Hitler à l'endroit de la dictature communiste de l'Union soviétique (en fait, déjà deux décennies avant la révolution, dans *Savrola*, le principal traître était Karl Kreutze, un socialiste révolutionnaire). Il avait pris la tête de ceux qui appelaient à l'intervention armée contre les bolcheviques après 1918, et certaines des plus grandes philippiques de sa carrière avaient visé les soviets, qualifiés alors de « reptiles mortels », « froids, calculateurs, impitoyables, patients », « bête innommable » « d'une bassesse sans égale ». Pourtant, aucune de ces prises de position passées ne purent détourner Churchill de l'occasion de faire cause commune avec l'Union soviétique après l'invasion surprise de son territoire par Hitler.

Le 22 juin 1941, il annonça la nouvelle de l'opération « Barbarossa » à la population britannique en ces termes :

> Ce matin, à 4 heures, Hitler a attaqué et envahi la Russie. Toutes ses formalités habituelles de perfidie ont été observées avec une technique scupuleuse.

Et d'ajouter, plus loin dans son intervention :

> Tout homme ou tout État qui combat le fief nazi aura notre aide. Tout homme ou tout État qui marche aux côtés d'Hitler est notre ennemi.

Ce qui montrait qu'il était prêt à faire passer ses préjugés idéologiques après la cause supérieure. Devant son secrétaire particulier Jock Colville, il s'était même exclamé la veille au soir de l'offensive allemande : « Si Hitler envahissait l'enfer, je ferais au moins une référence favorable au diable[21]. »

Churchill a su passer des compromis : d'abord en faisant des concessions aux Américains, puis en concluant une alliance avec son vieil ennemi idéologique, Joseph Staline. Cette acceptation du compromis dans l'intérêt d'un objectif supérieur est caractéristique de l'art bien compris de mener les hommes.

Toujours à Colville, Churchill confia un jour à propos de la cour qu'il avait faite aux Américains :

> Jamais soupirant n'a étudié avec autant d'assiduité le moindre caprice de sa dulcinée que je ne l'ai fait avec le président Roosevelt.

En 1941, lors de la réédition de ses *Grands contemporains* de 1937, il en profita pour étoffer un dithyrambe qu'il avait publié en 1934 sur ledit Roosevelt en louant sa présidence :

> Il est certain que Franklin Roosevelt a pris rang parmi les plus grands hommes qui ont occupé cette fonction éminente. Sa généreuse compassion envers les mal lotis, son intense désir d'atteindre un niveau plus élevé de justice sociale lui ont déjà acquis une place de choix parmi les grands philanthropes. Il est entré dans la catégorie des hommes d'action célèbres grâce à son sang-froid conjugué à sa puissance de travail en période de crise[22].

Dans les derniers jours de 1941, à Ottawa, devant le Parlement canadien, il parla de Roosevelt comme de « ce grand homme que le destin a marqué pour cet acmé de la fortune humaine ».

Ce désir désespéré de flatter et de charmer les Américains, en particulier leur dirigeant, ne passa pas inaperçu auprès d'un ministre de Roosevelt, Harold Ickes, qui fit remarquer que Churchill aurait fêté Harry Hopkins, l'ami et représentant personnel du président, même s'il avait été porteur de la peste bubonique[23].

Cependant, le roué Premier Ministre savait aussi distiller les menaces les plus subtiles, comme le montre le message qu'il transmit à Roosevelt par l'intermédiaire de l'ambassade des États-Unis à Londres le 15 juin 1940, plaidant pour une intervention américaine avant que la France ne capitule :

> Bien qu'il aille de soi que jamais ni le gouvernement actuel ni moi-même ne manquerions d'envoyer la flotte de l'autre côté de l'Atlantique si notre résistance était anéantie ici, un certain stade des combats pourrait être atteint où les ministres actuels n'auraient plus la maîtrise des affaires et où il serait possible d'obtenir des clauses de paix peu contraignantes pour les îles Britanniques en devenant un État vassal de l'Empire hitlérien. Un gouvernement proallemand pourrait être mis en place pour faire la paix, et il pourrait présenter à une nation désemparée ou affamée un plaidoyer presque irrésistible en faveur d'une soumission totale à la volonté nazie. Le sort de la flotte britannique serait décisif pour l'avenir des États-Unis, parce que si elle se conjuguait aux flottes du Japon, de la France et de l'Italie, ainsi qu'aux énormes ressources de l'industrie allemande, Hitler aurait entre les mains une puissance navale déterminante. Bien sûr, il pourrait l'employer avec une miséricordieuse modération. Par ailleurs, il pourrait faire le contraire. Cette révolution dans la puissance navale pourrait s'effectuer très rapidement, et en tout cas bien avant que les États-Unis ne soient à même d'y parer. Si nous sombrons, vous pourriez avoir des États-Unis d'Europe sous commandement nazi, bien plus peuplés, bien plus forts et bien mieux armés que les États-Unis du Nouveau Monde[24].

Les hommes politiques ont beau prétendre qu'ils ne s'intéressent pas aux questions hypothétiques, en réalité les plus consciencieux d'entre eux sont contraints de se préoccuper en permanence des différents scénarios d'avenir possibles, et Roosevelt ne faisait pas exception. Dans une note au président, Henry Morgenthau, l'un de ses proches conseillers, fit valoir :

> Après avoir lu cela, si nous ne faisons rien pour donner des contre-torpilleurs supplémentaires aux Anglais, il me semble absolument hors de question d'espérer qu'ils puissent continuer.

Il en résulta l'accord par lequel les États-Unis donnaient cinquante contre-torpilleurs à la Grande-Bretagne en échange d'un bail de quatre-vingt-dix-neuf ans sur différentes bases militaires de l'hémisphère occidental. Par conséquent, les méthodes de Churchill n'étaient pas toujours aussi douces et sirupeuses vis-à-vis des Américains que ses détracteurs ont tendance à les dépeindre.

À mesure que la guerre progressait, il fut obligé d'accepter le fait que la stratégie militaire d'ensemble était de plus en plus dominée par ses partenaires, les Américains et les Russes, qui apportaient bien plus, en matière d'effectifs, de finances et de quantité de matériel de guerre, que la Grande-Bretagne. Pendant longtemps en 1942 et en 1943, il caressait l'idée aventureuse de « débouler en Europe par le sud-est » en suivant les vallées des fleuves des Balkans. Alors que le chef de l'état-major impérial, le maréchal lord Alanbrooke, considérait une telle entreprise au mieux comme un « rêve éveillé », selon ses propres termes, lui y voyait une solution de rechange réaliste – et même préférable – à l'opération « Overlord », la libération de la France par la Manche. Les Américains partageaient le jugement d'Alanbrooke, et Churchill finit par se rallier à ce point de vue en abandonnant son idée. Il y avait un échange constant de concessions entre ses chefs d'état-major et lui. Il dira en janvier 1944 :

> Ils peuvent toujours raconter que je les ai promenés, mais tout au long de la promenade ils ont trouvé des fruits délicieux et des légumes reconstituants.

À mesure que la guerre progressait également, Churchill s'aperçut que son rôle était de plus en plus de servir de conseiller et non de montrer la voie, et encore moins de donner des directives à Washington et à Moscou. C'est une position à laquelle Hitler n'aurait jamais pu s'adapter : tandis que le Premier Ministre britannique se conduisait parfois en amateur, le Führer ne savait se conduire qu'en dictateur. Sir Winston écrirait plus tard, en faisant référence à la conférence de novembre-décembre 1943 avec Roosevelt et Staline :

> Lorsque j'étais à Téhéran, je pris conscience pour la première fois de la taille minuscule de mon pays. D'un côté le gros ours russe les pattes tendues ; de l'autre le grand éléphant américain ; et au milieu le pauvre petit ânon britannique.

Néanmoins, le petit ânon mit au point une technique efficace pour conserver son influence sur la conduite de la guerre, semblable à celle que les chefs d'état-major de Churchill utilisaient contre lui quand ils souhaitaient retarder l'une de ses opérations favorites ou le détourner d'un plan qu'ils jugeaient irréalisable : ils donnaient initialement leur accord de principe avant de noyer le projet dans un océan d'objections rationnelles.

Après la guerre, Dwight Eisenhower, le commandant allié suprême, écrivit :

> J'ai toujours eu beaucoup de mal à résister à ses arguments. Plus d'une fois, il m'obligea à réexaminer mes prémisses, à me convaincre de nouveau que j'avais raison – autrement, il fallait que j'accepte sa solution. Cependant, s'il n'emportait pas la décision, il s'inclinait de bonne grâce et faisait tout ce qu'il pouvait pour la mettre en œuvre avec les moyens qu'il fallait. L'art de mener les hommes par la persuasion, comme l'acceptation pleine et entière d'une décision contraire, sont deux fondements essentiels de la démocratie.

Churchill avait constamment recours à toutes les armes dialectiques et sentimentales possibles pour faire en sorte que les décisions aillent dans son sens. L'amiral Godfrey, directeur du renseignement naval, témoigne :

> Au nombre de ses armes, on trouvait la persuasion, la colère réelle ou simulée, la moquerie, la vitupération, les caprices, le ridicule, les injures et les larmes.

Il fallait quelqu'un d'endurci, comme l'était sans conteste le maréchal lord Alanbrooke, pour s'accommoder de ces méthodes et souvent les désamorcer.

Le triomphe de la volonté

Churchill était conscient du fait que les victoires d'Hitler étaient dues à l'extraordinaire puissance de la volonté du dictateur, et il résolut de montrer que sa propre volonté était tout aussi forte, comme dans son discours radiodiffusé du 14 juillet 1940 :

> Je peux facilement comprendre que des spectateurs bienveillants de l'autre côté de l'Atlantique ou des amis inquiets dans les pays d'Europe dont le territoire n'a pas encore été violé aient pu craindre pour notre survie quand ils ont vu tant d'États et de royaumes réduits en morceaux en quelques semaines, voire en quelques jours, par la force monstrueuse de la machine de guerre nazie. Mais Hitler n'a pas encore été confronté à la résistance d'une grande nation dotée d'une volonté aussi forte que la sienne.

Churchill savait qu'une partie de la tâche du meneur d'hommes consiste à convaincre la population qu'il mène qu'il a la volonté nécessaire pour façonner les événements sans se contenter de se laisser porter par eux. Une manière de le souligner, c'était son habitude de projeter sa mâchoire en avant, presque comme une caricature de bouledogue. Il parvint aussi, on ne sait comment, à transformer sa canne, qui chez n'importe quel autre homme de son âge pouvait apparaître comme un signe d'infirmité, en un puissant symbole de défiance, comme le démontre avec éloquence sa statue par Ivor Roberts-Jones au milieu du Parliament Square de Londres. Il se servait de son langage corporel pour faire passer le même message que son langage oral.

S'il surestimait régulièrement et délibérément les chances de victoire en 1940 et au premier semestre de 1941, jamais il n'a sous-estimé les dangers et les difficultés. Il porta cette politique de vérité à des hauteurs jamais vues auparavant chez un homme de gouvernement, ce qui accrut la confiance qu'on lui accordait. Lorsque le danger était bien réel, comme pendant la bataille d'Angleterre à la fin de l'été 1940, le Premier Ministre semblait presque se réjouir de la longue liste des revers qu'avait subis la Grande-Bretagne depuis qu'il avait pris ses fonctions. Il fallait un meneur d'hommes extraordinaire dans des circonstances extraordinaires pour trouver des vertus concrètes à une telle série de catastrophes, qu'il n'hésita pas à rappeler dans un discours prononcé le 20 août 1940 :

> Un peu plus d'un trimestre s'est écoulé depuis que le nouveau gouvernement a été mis en place dans notre pays. Quel torrent de désastres s'est déversé sur nous depuis lors ! Les fidèles Néerlandais écrasés ; leur respectée souveraine bien-aimée [la reine Wilhelmine] contrainte à l'exil ; la pacifique ville de Rotterdam scène de massacres aussi hideux et brutaux que tout ce qu'on a pu voir au cours de la guerre de Trente Ans ; la Belgique envahie et battue ; notre beau corps expéditionnaire, que le roi Léopold avait appelé à sa rescousse, coupé de ses arrières et presque fait prisonnier, échappé en apparence presque par miracle, mais en ayant perdu tout son matériel ; notre alliée, la France, éliminée ; l'Italie contre nous ; toute la France sous la coupe de l'ennemi, tous ses arsenaux et ses énormes quantités de matériel militaire convertis ou convertibles pour l'usage de l'ennemi ; un gouvernement fantoche instauré à Vichy qui peut à

> tout instant être contraint de devenir notre ennemi ; tout le littoral d'Europe occidentale, du cap Nord à la frontière espagnole, aux mains des Allemands ; tous les ports, tous les terrains d'aviation de cet immense front utilisés contre nous comme tremplins de l'invasion. En outre, les forces aériennes allemandes, qui dépassent numériquement les nôtres pour l'instant, se sont tellement rapprochées de nos îles que ce que nous redoutions énormément s'est réalisé : non seulement les bombardiers hostiles atteignent nos côtes en quelques minutes et depuis plusieurs directions, mais ils peuvent être escortés par leurs avions de chasse.

C'était là une sinistre litanie, mais Churchill parvint dans un sens à transformer le caractère absolument lugubre de la situation en une étrange sorte de vertu. L'allégation selon laquelle l'Allemagne aurait remporté ses victoires par la surprise, le mensonge et la ruse revenait régulièrement dans ses discours ; mais maintenant, semblait-il suggérer, les Britanniques jusque-là sans méfiance allaient réagir à ces méthodes et leur supériorité morale à elle seule allait leur permettre de remporter la victoire. Là encore, cela peut sembler totalement illogique dans le contexte de la guerre moderne, mais Churchill avait compris que c'était de courage moral que les Britanniques avaient besoin, tout autant que de courage physique, d'armes et de matériel de guerre, et tout son art de mener les hommes s'employait à l'alimenter. Peut-être n'était-il pas celui qu'il fallait pour faire entrer la Grande-Bretagne dans la paix en 1945 ou pour la diriger de nouveau dans les années 1950, mais ses techniques pour mener les hommes furent décisives pour persuader les Britanniques de persévérer au cours des treize mois cruciaux qui s'écoulèrent entre la défaite de la France et l'invasion de la Russie par Hitler. Cela reposa en grande partie sur sa volonté, et notons à cet égard une certaine ironie dans le choix qu'avait fait Leni Riefenstahl pour le titre de son film sur Hitler, *Le Triomphe de la volonté,* car au bout du compte, c'est la volonté de Churchill qui a triomphé.

L'usage de la tension créatrice : Churchill et Alanbrooke

« Le contenu de ce cahier ne doit être publié sous aucun prétexte », écrit le maréchal lord Alanbrooke à la première page de son journal de guerre, et on comprend aisément pourquoi[25]. Comme « maître de la stratégie », cet homme que Churchill avait imploré de devenir le chef de l'ensemble des militaires britanniques était dépositaire de tous les secrets les plus importants de la guerre. Même lors de leur publication en 1957 dans le cadre d'une biographie d'Alanbrooke, les pages du journal furent sérieusement censurées, à la fois pour des raisons de sécurité nationale et par crainte de s'aliéner de puissants personnages comme le président des États-Unis d'alors, Dwight Eisenhower, et les Premiers Ministres passés ou en poste qu'étaient Winston Churchill, Anthony Eden et Harold Macmillan.

Les carnets ne furent publiés sans coupures qu'en 2001, et même si ce n'était plus depuis longtemps un secret pour personne qu'Alanbrooke n'avait pas toujours été sur la même longueur d'ondes que Churchill en matière stratégique, c'est seulement alors qu'on s'aperçut que, pendant une grande partie de la guerre, il avait eu bien du mal à travailler auprès du Premier Ministre.

(Ce dernier, en revanche, ne paraît pas avoir nourri de semblables préventions à l'encontre d'Alanbrooke.)

L'influence d'Alanbrooke sur la stratégie globale a été considérable. C'est lui qui, plus même que Churchill ou le War Cabinet, a défini les étapes conduisant à la défaite de l'Allemagne nazie. C'est lui qui a mis au point la séquence cruciale Afrique du Nord-Italie-Normandie, de même que l'itinéraire précis vers Berlin. Considéré auparavant comme un « grognard » endurci et sans humour typique de l'Irlande du Nord, Alanbrooke apparut alors comme quelqu'un de passionné, sujet à des accès de dépression et d'exaltation, ainsi que de fureur contre beaucoup de ceux avec qui il lui fallait travailler, en particulier les généraux Marshall, Eisenhower et Patton, mais aussi une grande partie de la hiérarchie militaire britannique.

Sa démarche méticuleuse entrait souvent en conflit avec celle, plus flamboyante, qui était dans la nature de Churchill. On y retrouvait la dichotomie entre le joueur d'échecs et le joueur de poker. Cependant, ce dernier ne passa jamais outre à l'avis de ses chefs d'état-major, aussi profond que fût parfois son désaccord avec eux. L'ombre du désastre de la Grande Guerre à Gallipoli continuait à planer au-dessus de lui, et il avait assez de bon sens pour ne pas faire plus confiance à l'impulsivité de son génie qu'à la logique des arguments d'Alanbrooke. De son côté, Alanbrooke considérait de son devoir d'empêcher Churchill d'entraîner la Grande-Bretagne dans un autre Gallipoli, ce à quoi il parvint en noyant les projets d'offensive du Vieux Lion dans les Balkans en 1943 et à Sumatra en 1944.

Alors que les procès-verbaux de la commission des chefs d'état-major déposés aux Archives nationales britanniques donnent à l'état brut, sans commentaires, les grandes lignes de ce qui fut discuté et décidé lors de ses séances, les carnets d'Alanbrooke étoffent le récit et documentent les querelles souvent volcaniques entre les protagonistes. Loin d'être les impassibles personnages olympiens de la propagande de guerre, Churchill et les membres du haut commandement britannique désespéraient à certains moments de trouver la bonne marche à suivre, essuyant de violents désaccords sur la conduite de la guerre.

Là où Churchill était romantique, tonitruant et toujours prompt à rehausser le moral, le chef de l'état-major impérial était prudent, pessimiste, inflexible et froid. Tous deux étaient par ailleurs combatifs, volontaires, énergiques et désireux d'imposer leur point de vue. La tension personnelle entre les deux joua au bout du compte en faveur de la Grande-Bretagne, en permettant à la stratégie d'ensemble de conjuguer le génie de Churchill au professionnalisme d'Alanbrooke. Leurs relations de travail étaient souvent pénibles et orageuses, mais elles n'en ont pas moins contribué à gagner la Seconde Guerre mondiale, même si elles se sont dissoutes ensuite.

« Brookie veut gagner sur les deux tableaux », fit remarquer Clementine Churchill en 1957 quand sa biographie parut et qu'il en envoya un exemplaire à Churchill avec une dédicace chaleureuse – mais quelque peu hypocrite étant donné les circonstances. Comme Montgomery le rapporta à l'auteur du livre, l'historien sir Arthur Bryant, Churchill fut « vraiment très en colère » devant ce qui constituait la première fissure dans l'édifice de sa réputation du temps de guerre – il aurait eu une crise d'apoplexie s'il avait lu ce qu'Alanbrooke et Bryant avaient déjà expurgé des carnets.

Il faut toutefois rappeler qu'Alanbrooke était souvent généreux envers Churchill dans son journal, et il faisait régulièrement valoir qu'il l'avait rédigé à des moments de tension nerveuse extrême, fréquemment à une heure avancée, et comme exutoire – ce qui empêchait son irritation envers ses collègues de transparaître quand il était en face d'eux. Par conséquent, ses carnets ont vraisemblablement évité autant de querelles qu'ils en documentent. Sur les grands débats stratégiques de la guerre, tout particulièrement sur le report de l'ouverture du second front à juin 1944 pour que les Alliés soient fin prêts, les événements ont donné raison à Alanbrooke, et c'est une chance qu'il ait été à ce poste, lui qui savait admirablement dire non.

Ce qui préserva Churchill d'erreurs militaires potentiellement désastreuses, c'est qu'il respectait ceux qui lui tenaient tête et ne mâchaient pas leurs mots. Il faut à cet égard porter à son crédit le fait qu'il ait nommé Alanbrooke précisément parce qu'il savait qu'il saurait s'opposer à lui – on est là loin des pratiques en vigueur dans le monde politique actuel. Comme le dit un jour le général américain George Patton : « Quand tout le monde est d'accord, c'est qu'il y a quelqu'un qui ne réfléchit pas. »

Même les meilleurs meneurs d'hommes courent à l'échec quand ils ne laissent pas autrui être en désaccord avec eux : Churchill ne commit pas cette erreur.

Les carnets d'Alanbrooke constituaient une soupape de sécurité psychologique pour un soldat qui remplissait sa mission sous une pression politique et militaire d'une force jamais surpassée dans l'histoire. Chaque fois qu'il cassait un nouveau crayon en deux en lançant : « Monsieur le Premier Ministre, je suis en parfait désaccord avec vous », il faisait mieux son devoir que tout autre général allié en service actif. Un aspect de la grandeur de Churchill, c'est de l'avoir nommé et ensuite d'avoir suivi ses conseils – même en maugréant.

Une partie de la grande confiance qu'il avait en lui provenait du fait que lors d'un de ses premiers affrontements avec les chefs d'état-major, Churchill fit preuve d'une audace qui devait s'avérer justifiée. C'était en effet une décision fort risquée que de vouloir renforcer le Moyen-Orient en juillet 1940, au plus fort de la bataille d'Angleterre, ce qui impliquait d'expédier presque la moitié des chars disponibles par le cap de Bonne-Espérance. Roy Jenkins, le biographe de Churchill, estime que sans cette notable victoire sur les chefs d'état-major, « il aurait peut-être été impossible de conserver l'Égypte en 1941 et au début de 1942, et le désert de Libye n'aurait pas pu voir la première victoire terrestre britannique décisive à la fin de 1942[26] ». Cela conduisit le Premier Ministre – c'est bien naturel – à adopter une attitude plus pugnace vis-à-vis des chefs d'état-major que cela aurait pu être le cas sans cela.

De ce fait, cela permit parfois à Churchill d'emporter la décision devant l'avis plus prudent et plus sage des chefs d'état-major, rappelle l'historien militaire John Keegan :

> Certaines de ses initiatives débouchèrent sur un véritable désastre, par exemple son insistance, face à l'avis contraire des Américains, pour envahir les îles grecques

> du Dodécanèse en 1943. Il commit également l'erreur militaire cardinale de renforcer une opération perdante, comme avec sa décision d'expédier la 18e division à Singapour en 1942. Dès son débarquement, elle fut envoyée en captivité par les Japonais[27].

Adoptant la tactique de temporisation et d'obstruction voilée de ses généraux, Churchill réussit à retarder l'opération « Overlord » jusqu'en 1944, alors même que Staline réclamait un second front à l'ouest depuis 1942 et que Roosevelt souhaitait lancer l'invasion en 1943. Craignant les conséquences désastreuses d'un échec de l'invasion, il insista pour que les Allemands soient suffisamment affaiblis avant toute tentative de traversée de la Manche. Il détourna astucieusement les Américains vers des campagnes de diversion au Moyen-Orient et en Italie, interdisant ainsi le lancement prématuré d'« Overlord ». Rétrospectivement, Churchill eut absolument raison : il est plus que douteux qu'une invasion aurait réussi en 1943, et il est loisible de soutenir que le report d'« Overlord » a été – après son action pour fortifier la détermination des Britanniques en 1940-1941 – la plus grande contribution de Churchill à la victoire des Alliés.

Hitler sur Churchill

> C'est bizarre, la façon dont l'Angleterre s'est retrouvée en guerre. Celui qui a tout manigancé, c'est Churchill, ce pantin de la juiverie qui tire les ficelles.

Ainsi parla Hitler devant ses invités du Berghof au soir du 18 octobre 1941[28]. Il n'était pas surprenant que Churchill revienne dans les propos de table d'Hitler presque aussi souvent qu'Hitler revenait dans les discours de Churchill aux Communes, avec tout autant de fiel, mais évidemment sans les mots d'esprit. Le 7 janvier 1942, il confia à ses sbires :

> Je n'ai jamais rencontré un Anglais qui ne parle pas en mal de Churchill. Jamais un seul qui ne dise pas qu'il avait perdu la tête.

Il prétendait par ailleurs que le Premier Ministre britannique était à la solde des Américains et « une ganache de journaliste ». Et de conclure :

> L'opposition à Churchill est en train de gagner du terrain en Angleterre. Il paye là sa longue absence [aux États-Unis].

Puis il prédit que la Grande-Bretagne abandonnerait peut-être les hostilités avant la fin de la guerre. Il revint sur le sujet cinq jours après, le 12 janvier 1942 :

> Churchill est quelqu'un qui a une conception politique dépassée – celle de l'équilibre des forces en Europe. Cela ne correspond plus à la réalité. Et pourtant, c'est à cause de cette superstition que Churchill a agité les esprits en Angleterre en faveur de la guerre. Quand Singapour tombera, Churchill tombera avec – j'en suis convaincu. Bref, la politique que représente Churchill n'est dans l'intérêt de personne, si ce n'est des Juifs.

Toujours en janvier, Hitler expliquait comment il voyait l'avenir :

> L'Angleterre ne peut être viable que si elle s'amarre au continent. Il faut qu'elle puisse défendre ses intérêts impériaux dans le cadre d'un organisme continental.

La période idéale pour ce faire serait juste après la reprise de Benghazi [en Libye] par la 8e armée – qui intervint la veille de Noël : Hitler pensait que cela rétablissait le prestige militaire de la Grande-Bretagne et que c'était donc de toute évidence « le moment psychologique de mettre fin à la guerre ». Restait le gros problème de Churchill qui « avait la Russie toujours présente à l'esprit » ; il ne voyait pas que « si la Russie devait triompher de l'Allemagne, l'Europe se retrouverait aussitôt sous la coupe d'une grande puissance »[29].

Cette concentration sur son adversaire constituait une véritable obsession, et dès le surlendemain, le 2 février, Hitler revenait sur le sujet :

> Churchill est comme une bête aux abois. Il faut qu'il voie des pièges partout. Même si le Parlement lui donne des pouvoirs accrus, il aura toujours des raisons de se méfier. Il est dans la même situation que Robespierre avant sa chute. Le vertueux citoyen ne recevait que des louanges quand soudain la situation s'inversa. Churchill n'a plus de soutiens.

Quatre jours plus tard, encore, le Führer se hasardait à des prévisions, avec une plaisanterie plutôt lourde :

> Le jour viendra où, au cours d'une séance à huis clos [des Communes], Churchill se fera accuser d'avoir trahi les intérêts de l'empire [...] : déjà, certains de ses opposants lâchent un certain nombre de remarques désobligeantes. [...] Les Anglais n'auront rien retiré de toute cette affaire, à part une amère leçon et un œil au beurre noir. S'ils produisent moins de whisky à l'avenir, cela ne fera de mal à personne – à commencer par eux-mêmes. N'oublions pas, après tout, qu'ils doivent tout ce qui leur arrive à un seul homme : Churchill.

Singapour tomba le 15 février 1942, ce qui suscita un nouvel accès de morgue chez Hitler, surtout quand il apparut clairement que Churchill n'allait pas être congédié à cause de cela. Dînant avec Rommel trois jours après, il lui expliqua :

> Churchill est le type même du journaliste véreux. Il n'y a pas pire prostituée en politique. Il a lui-même écrit que c'est inimaginable ce que l'on peut obtenir avec des mensonges quand on fait la guerre. C'est une créature entièrement amorale et répugnante. Je suis convaincu qu'il a un endroit tout prêt pour se réfugier outre-Atlantique. Il est évident qu'il ne va pas demander l'asile au Canada. Au Canada, il se ferait rosser. Il ira chez ses amis, les Yankees.

Le lendemain soir, devant ses invités, notamment Speer et le feld-maréchal Erhard Milch, Hitler commenta le terrible hiver russe qui s'était abattu sur les armées allemandes à l'est :

> J'ai toujours détesté la neige. Tu sais, Bormann, j'en ai toujours eu horreur. Maintenant je sais pourquoi. C'était un pressentiment.

Churchill estimait qu'Hitler n'avait vraiment pas besoin d'un pressentiment pour connaître la probabilité de grosses chutes de neige en Russie l'hiver. Il lança une saillie sur le sujet dans un discours radiodiffusé le 10 mai 1942 :

> C'est alors qu'Hitler fit sa deuxième grosse bourde. Il a oublié l'hiver. Il y a un hiver, en Russie, vous savez. Pendant un bon nombre de mois, la température a tendance à tomber très bas. Il y a de la neige, il y a des gelées, et ainsi de suite. Hitler a oublié cet hiver russe. Sa scolarité a dû être très négligée. Nous en avons tous entendu parler à l'école – mais il l'a oublié. Je n'ai jamais fait une erreur aussi grossière.

Quatre jours après l'offensive d'Hitler contre la Russie, Churchill l'avait qualifié sur les ondes de « monstre de malfaisance, insatiable dans sa soif de sang et de pillage ».

À la fin de mars 1942, les Britanniques n'avaient toujours pas renversé Churchill, mais le chancelier allemand commença à s'inquiéter de son éventuel remplacement par Stafford Cripps, et il se mit à fulminer de façon étonnante :

> Je préfère le pourceau indiscipliné qui est saoul huit heures sur vingt-quatre au puritain. Quelqu'un qui jette l'argent par les fenêtres, un homme vieillissant qui boit et fume sans modération, est évidemment moins à craindre

> que le bolchevique de salon qui mène une vie d'ascèse. De la part de Churchill, on peut peut-être finalement espérer que dans un moment de lucidité – ce n'est pas impossible –, il se rendra compte que l'empire court inévitablement à sa perte si la guerre dure encore deux ou trois ans.

Quel hommage à Stafford Cripps que de voir qu'Hitler le haïssait et le craignait encore plus que Winston Churchill ! Et quel éloignement des réalités de la part du Führer que de croire que le Vieux Lion puisse un jour être disposé à faire la paix avec l'Allemagne après tout ce qui s'était passé, même pour sauver l'empire !

Le 27 juin 1942, il apparut qu'Hitler avait concocté un plan véritablement extraordinaire pour découvrir les intentions britanniques. Alors qu'il délirait à propos de la longueur des négociations en cours entre Churchill et Roosevelt, en concluant qu'ils s'étaient vraisemblablement fâchés, il s'interrogea : « De loin la question la plus intéressante du moment, c'est de savoir ce que va faire la Grande-Bretagne désormais. » Il estimait qu'il incombait au ministère des Affaires étrangères, la Wilhelmstrasse, de trouver la réponse :

> La meilleure façon d'y parvenir, ce serait en organisant une petite amourette avec la fille de Churchill. Mais notre ministère des Affaires étrangères, et en particulier ses diplomates de bonne famille, considèrent que ces méthodes ne sont pas dignes d'eux, et ils ne sont pas prêts à faire ce sacrifice agréable, alors même que si cela réussissait, cela pourrait sauver la vie d'innombrables soldats et officiers allemands[30] !

Par quels moyens, en plein milieu de la Seconde Guerre mondiale, même les diplomates allemands issus des « meilleures familles » auraient pu infiltrer le service des personnels féminins de l'armée de terre et réussir à séduire la plus jeune des trois filles de Churchill – Sarah et Diana étant mariées, Hitler voulait vraisemblablement parler de Mary, qui avait alors 19 ans ? Ce n'était pas précisé. Il est clair que la tendance du chancelier allemand à vouloir régler les campagnes dans les moindres détails trouvait ses limites dans celles qui consistaient à gagner le cœur des dames. Il partait également du touchant principe, bien digne d'un célibataire, qu'un père communique les décisions prises par le haut commandement de la guerre à sa fille. (Lady Soames m'a assuré qu'elle est certaine que jamais une « opération séduction » de cette nature n'a été montée contre elle.)

Le 1er juillet 1942, Hitler caressait toujours l'espoir que Churchill soit renversé par une révolution de palais, confiant ce soir-là à ses invités :

> Pour Churchill et ses soutiens, la perte de l'Égypte ne peut que susciter inévitablement des craintes de voir l'opposition du pays se renforcer considérablement. Il ne faut pas perdre de vue qu'il y a déjà vingt et un membres du Parlement qui s'opposent ouvertement à Churchill.

L'exactitude de ses prédictions fut démontrée le lendemain même, tandis que Rommel repoussait la 8e armée jusqu'à El-Alamein, lorsqu'une motion de censure déposée aux Communes contre le gouvernement de Churchill fut rejetée par 475 voix contre 25.

> Je n'ai jamais fait de prédictions, sauf pour dire des choses du genre que Singapour allait tenir bon, lança ce dernier à la Chambre. Quel sot et quel scélérat j'aurais été de dire qu'il allait tomber !

Hitler parla une nouvelle fois de Churchill la semaine suivante, le 9 juillet, pour dire non sans justesse :

> C'est une erreur de présenter son adversaire de la façon dont Churchill présente Rommel. Ce simple nom se met tout à coup à acquérir une valeur égale à celle de plusieurs divisions. Imaginez ce qui arriverait si nous passions notre temps à porter Timochenko [le général de l'Armée rouge] aux nues : à force, nos soldats finiraient par le considérer comme un surhomme.

Rétrospectivement, on ne peut qu'être d'accord avec lui pour dire qu'avoir érigé Rommel en mythe, celui du « Renard du désert », a constitué une énorme erreur de propagande de la part des Alliés.

Au cours de la visite de Churchill à Staline en août 1942, Hitler tenta une fois de plus de pénétrer le raisonnement de son adversaire :

> Je crois que Churchill en attendait quelque fait nouveau important et qu'il est allé à Moscou en espérant revenir avec le prestige conféré par la réussite d'un grand exploit. Ils avaient un grand projet en tête, j'en suis convaincu : sinon, pourquoi auraient-ils fait prendre la mer à la flotte de Méditerranée ?

Bien sûr, il est du devoir d'un dirigeant d'essayer de comprendre ce qui se trame dans le camp opposé, mais

Hitler partait pour cela avec tellement de préjugés négatifs et d'idées absurdes sur Churchill – ivrogne presque sénile qui agissait « sous les ordres de ses commanditaires juifs » – qu'il n'avait guère de chance d'y parvenir. En témoigne sa diatribe du 29 août 1942 :

> Churchill, cette vieille catin décatie du journalisme, est un pourceau sans aucun principe. La lecture de ses mémoires en fournit la preuve : il s'y livre entièrement nu devant le public. Que Dieu préserve la nation qui accepte comme chef une « chose » de cette nature[31] !

Churchill sur Hitler

Non seulement les critiques de Churchill sur Hitler étaient, comme on pouvait s'y attendre chez quelqu'un qui maniait si bien le mépris au Parlement, beaucoup moins vulgaires, mais elles démontraient en outre une compréhension du caractère du chancelier qui n'avait pas sa réciproque. Journaliste à l'époque où les nazis apparaissaient comme un rempart contre le communisme allemand, Churchill avait fait plusieurs remarques positives sur Hitler, la plus marquante étant celle de 1935, qu'il eut le courage moral de conserver dans la réédition de 1941 des *Grands contemporains* :

> Tous ceux qui ont rencontré M. Hitler face à face dans les affaires publiques ou en société ont vu un responsable extrêmement compétent, calme, fort bien informé, au commerce agréable et au sourire désarmant, et il en est bien peu qui soient restés insensibles à son subtil magnétisme personnel.

Dans le même recueil, il écrivait aussi :

> C'est lui qui a exorcisé l'esprit de désespoir des cerveaux allemands pour le remplacer par le non moins funeste, mais beaucoup moins morbide, esprit de revanche.

Quatre décennies auparavant, dans *Savrola*, Churchill avait donné un portrait du secrétaire particulier du tyran, Miguel, aussi repoussant que le Iago de l'*Othello* de Shakespeare, issu des « régions de l'Enfer » :

> Il était petit, sombre et très laid, avec une figure ridée par l'âge et la vie sédentaire. Sa pâleur contrastait avec sa chevelure et sa courte moustache de ce noir violacé que la nature elle-même ne peut imiter[32].

C'est dans la première moitié des années 1930 que Churchill prit conscience – longtemps avant aucun des autres hommes politiques qui comptaient en Grande-Bretagne – qu'Hitler pourrait finir par constituer une menace encore supérieure à celle des communistes. En juin 1939, il s'interrogeait :

> Va-t-il ou non faire exploser le monde ? Le monde est quelque chose de très lourd à faire exploser ! Un homme extraordinaire au faîte de son pouvoir peut très bien produire une grosse explosion sans que cela ébranle le monde civilisé. Les fragments et les éclats énormes peuvent très bien lui retomber sur la tête et le détruire, mais le monde continuera de tourner.

Juste avant le déclenchement de la guerre, le 20 août 1939, Churchill faisait de la peinture avec son professeur, Paul Maze, et devant son chevalet, il revenait de temps en temps sur la taille et la puissance relatives des armées allemandes et françaises.

> Ça, pour être puissants, ils sont puissants, c'est moi qui vous le dis, lança-t-il à Maze la mâchoire serrée pour montrer toute la force de sa volonté de fer. Eh bien, malgré tout, on aura sa peau[33].

Essayer de se mettre à la place de l'ennemi afin de deviner ses intentions était un domaine où Churchill avait beaucoup de pratique, grâce en particulier aux jeux de stratégie que l'on organisait à l'Amirauté. Il avait même assisté – invité par le Kaiser Guillaume II – aux manœuvres allemandes avant la Grande Guerre. Le 30 juin 1940, lors d'une réunion aux Chequers tenue avec le général sir Andrew Thorne afin de discuter d'une possible invasion allemande de la Grande-Bretagne, il essaya donc de se mettre dans la position du Führer, disant :

> [J'ai] tendance à penser qu'il avait fallu qu'Hitler modifie ses plans : il ne pouvait avoir prévu l'effondrement de la France et il devait avoir fondé sa stratégie d'invasion sur l'hypothèse que les armées françaises tiendraient bon sur la Somme, ou au moins sur la Seine, et que le corps expéditionnaire britannique ou bien leur prêterait main-forte, ou bien serait déjà anéanti.

Par conséquent, Churchill n'adhérait pas à la théorie selon laquelle le chancelier allemand était un maître de la stratégie qui avait élaboré des plans pour l'invasion de la Grande-Bretagne après avoir éliminé la France en une campagne de six semaines.

Il avait raison : Hitler n'avait pas sérieusement réfléchi à une invasion de la Grande-Bretagne, et ce ne fut qu'en septembre qu'il donna aux services de planification de l'OKW l'ordre de mettre au point les détails de l'opération « Seelöwe », alors qu'il était trop tard pour la lancer. Le général Thorne repartit des Chequers avec une conviction intéressante, qui allait à l'encontre des idées reçues et qu'il confia à Colville :

> Winston était plus précieux pour le pays qu'Hitler pour l'Allemagne, parce que le Premier Ministre était unique et irremplaçable et que le Führer avait fondé une école de dirigeants.

À quoi Colville fit « la réponse évidente » :

> Il se peut qu'Hitler soit un caporal autodidacte et Winston un tacticien confirmé par l'étude, mais au bout du compte l'Allemagne est organisée en machine de guerre et l'Angleterre commence seulement à comprendre ce que signifie la guerre moderne[34].

Churchill se plaisait à personnifier le combat en toute occasion. Il appelait Hitler « ce type » et il s'écria une fois à propos de l'une de ses offres de paix :

> Je ne me propose pas de dire quoi que ce soit en réponse au discours de Herr Hitler, car je ne lui cause plus.

L'un des éléments clés de sa tactique, c'était la diabolisation absolue d'Hitler, à qui – au contraire de Rommel – il n'accordait pas le moindre côté positif. Dans un discours radiodiffusé à la population française le 21 octobre 1940, il accusait en français :

> Il se prépare par toutes sortes de moyens sournois et féroces à tarir pour toujours les sources de la culture et de l'inspiration françaises dans le monde [...]. Jamais je ne croirai que l'âme de la France soit morte.

Churchill aimait utiliser des images puissantes quand il décrivait Hitler ; ainsi aux Communes, le 9 avril 1941, après le renversement par un coup d'État du gouvernement acquis à l'Axe en Yougoslavie :

> Un boa constrictor qui avait déjà recouvert sa proie de son immonde salive pour la voir soudain être arrachée à son étreinte serait de charmante humeur à côté d'Hitler.

Churchill se concentrait sur la personne d'Hitler quand il cherchait à représenter visuellement l'ennemi pour lui-même et pour autrui, et c'était une image qui ne manquait jamais de faire naître en lui une ire sans fond et pleine d'éloquence.

Le 2 mai 1941, aux Chequers, alors que les nouvelles de la guerre étaient affreuses et que son secrétaire particulier notait qu'il n'avait « jamais vu le Premier Ministre d'aussi méchante humeur », Churchill ébaucha devant Averell Harriman, le général Hastings « Pug » Ismay et Colville la vision d'un monde où Hitler dominerait l'ensemble de l'Europe, de l'Asie et de l'Afrique. Disposé à s'en prendre personnellement à son ennemi, il imaginait un Moyen-Orient où Suez était perdu et où « l'ordre nouveau d'Hitler et de ses robots » faisait la loi : « Avec Hitler en possession du pétrole irakien et du blé ukrainien, toute la vaillance de la population britannique ne pourra abréger la torture. » Chaque fois que les mots « nazis », « Reich » ou « Allemands » eussent été appropriés au cours de cette lugubre tirade, Churchill se focalisait sur la personne d'Adolf Hitler. (Bien sûr, il se peut très bien qu'il ait encore noirci cet avenir cauchemardesque afin de bien faire comprendre à Harriman, l'émissaire de Roosevelt, la nécessité d'une aide immédiate et généreuse.)

Le lendemain, dans un message radiodiffusé à la population polonaise, il dénonça de nouveau Hitler :

> Chaque semaine, ses pelotons d'exécution sont occupés dans une dizaine de pays. Le lundi, il exécute des Néerlandais ; le mardi, des Norvégiens ; le mercredi, ce sont des Français ou des Belges qui sont au mur des fusillés ; le jeudi ce sont les Tchèques qui doivent souffrir ; et maintenant c'est au tour des Serbes et des Grecs de remplir sa répugnante liste d'exécutions. Mais tous les jours, sans cesse, il y a les Polonais.

La veille au soir de l'invasion de la Russie, Churchill – qui était au courant de la date grâce aux messages déchiffrés par le renseignement et qui avait averti les Russes sans qu'ils en tiennent compte – se fit taquiner par Colville lors d'une promenade dans le parc des Chequers après le dîner. Celui-ci se gaussait du fait que le soutien qu'il se proposait d'accorder à l'URSS constituait une complète volte-face pour un anticommuniste intransigeant comme lui. Churchill lui répondit qu'« il n'avait qu'un seul et unique objectif : l'élimination d'Hitler, et que cela lui simplifiait grandement l'existence ». C'était de toute évidence le cas : tandis qu'Hitler se battait pour une Nouvelle Europe débarrassée des Juifs, avec son *Lebensraum* à l'est et la domination allemande sur les peuples slaves à perpétuité, Churchill pouvait se concentrer – du moins jusqu'aux semaines qui précédèrent la fin de la guerre – sur l'unique tâche de l'éliminer.

Bien sûr, cela comportait le danger de grossières simplifications, voire pire, comme quand il annonça à la Chambre des communes le 2 août 1944 :

> Les armées russes sont désormais aux portes de Varsovie. Elles apportent avec elles la libération de la Pologne. Elles offrent aux Polonais la liberté, la souveraineté et l'indépendance.

L'Armée rouge était bien aux portes de Varsovie, mais elle attendait cyniquement que le soulèvement des habitants de la ville soit écrasé par les forces allemandes avant d'intervenir – et quand elle le fit, elle n'offrit à la Pologne ni la liberté ni la souveraineté, et encore moins l'indépendance. La monomanie de Churchill vis-à-vis de l'élimination d'Hitler le conduisit bel et bien à faire des compromis, même sur la question qui avait officiellement amené l'entrée en guerre de la Grande-Bretagne.

Si Churchill méprisait Hitler sur le plan personnel et qu'il le faisait savoir, il ne le sous-estimait pas pour autant sur le plan politique. Le 5 janvier 1944, alors qu'il séjournait à l'hôtel Mamounia de Marrakech, il organisa un vote au cours du dîner pour savoir si Hitler serait toujours au pouvoir en Allemagne le 3 septembre, cinquième anniversaire du déclenchement de la guerre. Sept des convives, dont le médecin de Churchill, lord Moran, et le dirigeant tchèque Edvard Beneš, votèrent non. Quatre votèrent oui, dont lord Beaverbrook, Colville et le Premier Ministre lui-même.

Quand parvint la nouvelle de la mort d'Hitler, Churchill fit précisément le commentaire que l'on attend d'un homme qui admirait le courage personnel par-dessus toutes les autres vertus. Le 1er mai 1945, en plein milieu du dîner, Colville apporta le texte de l'annonce diffusée par la radio allemande informant qu'« Hitler avait été tué ce même jour à son poste, à la chancellerie du Reich, à Berlin en combattant jusqu'à son dernier souffle contre le bolchevisme ». La réaction de Churchill fut de dire : « Eh bien, je crois qu'il a eu parfaitement raison de mourir ainsi », sur quoi Beaverbrook répliqua que ce n'était que de la propagande nazie et qu'il était évident qu'il n'était pas mort comme cela[35]. Même si Beaverbrook avait raison, cela montrait la grande générosité d'esprit du Vieux Lion que d'accorder le bénéfice du doute à son ennemi de cette manière et à ce moment de la guerre. (Il s'avéra que les nazis avaient reporté l'annonce pour qu'elle coïncide avec le 1er mai, date importante dans le calendrier allemand*.)

Sept ans plus tard, en mai 1952, de nouveau aux Chequers comme Premier Ministre, Churchill fut interrogé

---

* Hitler s'approprie le 1er mai 1933 pour en faire un jour à sa gloire. Dès l'année suivante, il transforme la journée en « Fête nationale du peuple allemand » (*Nationaler Feiertag des Deutschen Volkes*), où les défilés syndicaux sont remplacés par des rassemblements paramilitaires orchestrés par les nazis.

par Montgomery tandis qu'ils déambulaient au milieu des gens qui pique-niquaient sur la colline du monument aux Boers* qui surmontait la résidence. Comment le Premier Ministre définissait-il un grand homme ? lui demanda le maréchal (qui espérait vraisemblablement entendre qu'il en faisait partie). « Hitler a-t-il été un grand homme ? – Non, lui répondit Churchill, il a fait trop d'erreurs. » Ils poursuivirent la discussion pour savoir qui pouvait être rangé dans la catégorie des grands hommes, Churchill reconnaissant pleinement que Jésus-Christ remplissait les conditions, notamment car « le Sermon sur la montagne représentait le summum de l'éthique ». À ses yeux, donc, c'étaient les erreurs d'Hitler plutôt que sa malfaisance innée qui interdisaient qu'on lui décerne ce qualificatif. Après tout, il l'avait inclus dans ses *Grands contemporains* en 1937, mais c'était avant qu'Hitler ne se mette à commettre ces erreurs pour lesquelles Churchill en était venu à le mépriser. Lui aussi avait commis des erreurs, mais comme tout grand meneur d'hommes – et au contraire d'Hitler –, il en avait tiré les leçons.

Le recours aux services secrets

Churchill avait en tout cas retenu la leçon de l'échec de la campagne de Norvège. L'une de ses premières actions de Premier Ministre fut de faire en sorte d'être personnellement tenu au courant des toutes dernières

* Monument aux morts proche de la résidence des Chequers, érigé sur une colline en 1904 à la gloire des victimes des deux camps de la guerre des Boers (1898-1901).

informations d'importance obtenues par les services du renseignement. Il ne se contentait pas de lire des résumés et des conclusions, mais voulait aussi examiner en personne les textes bruts des messages déchiffrés les plus importants. Presque chaque jour de la guerre, « C », le chef des services secrets, faisait parvenir à Downing Street une valise de couleur fauve qui contenait une sélection des éléments les plus pertinents. Ces données, baptisées « Ultra », étaient obtenues grâce aux Polonais, qui avaient réussi à capturer une machine à chiffrer « Enigma », et au personnel de Bletchley Park, qui était parvenu à casser les codes allemands.

Son amour des opérations spéciales est une bonne illustration de l'aptitude qu'avait Churchill à conserver l'esprit ouvert et à essayer des techniques non conventionnelles. Rien n'était trop farfelu à ses yeux dans la guerre contre le nazisme. Il a toujours eu un penchant particulier pour ce qu'il appelait les opérations « rigolotes » : toute sa vie, il a été fasciné par les mystifications, les codes, l'espionnage et le secret. L'attrait de la guerre par des moyens non orthodoxes s'harmonisait bien avec ses conceptions stratégiques générales sur la guerre que devait mener la Grande-Bretagne, selon lesquelles un engagement direct de grande ampleur sur le continent reviendrait à plus cher en vies humaines et en ressources que le cheminement sur les voies détournées.

Là résidait la logique de l'aventure de Gallipoli pendant la Première Guerre mondiale, et il devait en aller de même pour la campagne d'Italie et pour celle qu'il proposait dans les Balkans, contre ce qu'il appelait « le ventre mou de l'Europe », au cours de la Seconde. Entre les deux guerres, Churchill était un chaud partisan de la théorie selon laquelle les sommes consacrées à l'espionnage et à l'obtention de renseignements étaient rarement gâchées. En 1909, il avait été partie prenante de la création du service MI5, et à la veille de la Grande Guerre cinq ans plus tard, il rédigea l'acte fondateur de la direction du déchiffrage de l'Amirauté – nom de code « Room 40 ».

Depuis l'époque où, lieutenant aux Indes dans les années 1890, il envoyait des rapports au ministère des Affaires étrangères, jusqu'à ses mois de service actif derrière les lignes ennemies pendant la guerre des Boers, en passant par ses fonctions de correspondant de guerre à Cuba, Churchill a toujours entretenu des liens étroits avec le renseignement britannique. Il avait fait un habile usage des services secrets au cours de la guerre civile de Russie, de la guerre sous-marine en 1914-1915, et même de la grève générale de 1926. Après la Seconde Guerre mondiale, il continua à participer avec enthousiasme au grand jeu des services de renseignement, qu'il fut à même d'apprécier pendant la guerre froide.

Cette association étroite lui permit de forger un réseau privé d'espions qui lui fut très utile tout au long de sa traversée du désert*. Pendant la guerre, par l'intermédiaire d'un agent nommé Alan Hillgarth, il fit en sorte de soudoyer plusieurs des principaux généraux de Franco pour entretenir la neutralité de l'Espagne. Lord Halifax faisait la fine bouche devant cette façon de « leur glisser des enveloppes sur les terrains de golf », comme il disait, mais Churchill considérait qu'il ne faisait qu'agir selon la grande tradition de la diplomatie britannique du XVIIIe siècle fondée sur les pots-de-vin.

* Stafford, *Churchill and the Secret Service*.

Il veilla à ce que pas plus de trente et une personnes sachent que les Alliés avaient cassé le code des Allemands, et il inventa un « Boniface » fictif pour faire croire à l'ennemi que tous les renseignements provenaient d'un seul agent, nécessairement très haut placé. Ce sujet était si sensible que parmi ceux qui n'en furent pas informés figurait Hugh Dalton, le directeur du *Special Operations Executive**, à qui Churchill avait donné pour instruction de « mettre l'Europe à feu et à sang ».

« En temps de guerre, la vérité est si précieuse qu'il faut toujours la protéger par des mensonges qui lui servent de gardes du corps », avait un jour lancé Staline, avant que Churchill ne reprenne bientôt la formule. L'organisme mis sur pied pour mentir professionnellement au nom de la Grande-Bretagne fut baptisé *Political Warfare Executive* (PWE). Dans une maison du Cambridgeshire, l'auteur a découvert il y a quelque temps une cache non répertoriée de documents de ce PWE, avec des textes et des photographies qui jettent une nouvelle lumière fascinante sur la manière dont les Alliés projetaient de semer le chaos en Europe à l'époque des débarquements du jour J en juin 1944. Ces riches archives jusque-là inexploitées révèlent le curieux mélange de naïveté et de dureté qui caractérisa le PWE tout au long de son existence, de 1938 à 1945.

Ces papiers sont ceux de David Garnett, détenus par son fils Richard à Hilton Hall, dans la ville

---

* Département ultrasecret chargé des « opérations spéciales », c'est-à-dire des coups de main de commandos britanniques clandestins et de l'aide armée aux réseaux de résistance.

d'Huntingdon[36]. En 1945, cet ancien directeur de la formation au PWE se vit demander par le ministre des Affaires étrangères, Ernest Bevin, de rédiger une histoire secrète de la contribution que cet organisme avait apportée à l'effort de guerre, pour être utilisée dans la guerre froide si nécessaire. Le résultat fut si dépourvu de précautions oratoires – voire diffamatoire – à propos de tant de personnages importants du gouvernement et des forces armées qu'il ne fut diffusé qu'auprès de quatre personnes du ministère de la Guerre, de l'Amirauté, du ministère de l'Air et du ministère des Affaires étrangères avant d'être promptement enterré dans les archives de la section historique des services du Premier Ministre.

Sa couverture porte l'inscription :

> Ce document est la propriété du gouvernement de Sa Majesté. SECRET. À conserver en lieu sûr. Prière de prendre des précautions spéciales pour préserver le secret de ce document.

Il ne fut enfin publié qu'en 2002, un demi-siècle après sa rédaction[37]. En sus du livre de Garnett, il y a ses archives privées, qui comprennent sa correspondance avec des dizaines de hauts responsables du PWE. Ces documents couvrent un certain nombre d'aspects des activités de l'organisme qui ne figurent pas dans l'histoire secrète. Écrivant sans détour à leur ancien collègue sur leurs expériences du temps de guerre, ces responsables lui confièrent beaucoup de secrets qu'ils auraient, sinon, emportés dans la tombe. Comme dans les services secrets frères – le MI5, le MI6, Bletchley Park et le SOE –, l'omerta qui entourait l'action du PWE pendant la guerre était si forte que beaucoup de ses agents avaient le sentiment que leur devoir de ne pas parler de ses activités n'avait pas disparu avec la fin des hostilités en 1945. Le PWE avait été constitué au moment de la crise de Munich en 1938 pour mener une guerre secrète de propagande contre l'Allemagne semblable à celle de la Première Guerre mondiale. Sa mission était de diffuser des rumeurs propres à saper le moral des Allemands, par tous les moyens à disposition – et en particulier la propagande radiodiffusée dite « noire », que l'on faisait passer comme émanant d'Allemagne, mais qui en réalité était émise depuis le quartier général du PWE à Woburn Abbey (Hampshire), pour abreuver d'« intox » les foyers de l'ennemi nazi. Parallèlement à son homologue américain, l'*Office of War Information* (OWI), le PWE a largué pas moins de 265 millions de tracts antinazis sur l'Allemagne, et diffusé des dizaines de milliers d'heures de propagande de toute sorte, en partie franchement pornographique pour faire monter l'audience parmi les soldats allemands ordinaires. Il répandit également des rumeurs fallacieuses, notamment celle du lâchage dans la Manche de deux cents requins anthropophages importés d'Australie par les Britanniques en 1940 afin qu'ils dévorent les Allemands dont les embarcations seraient coulées pendant l'invasion.

Dans un rapport secret sur les objectifs du PWE, un haut gradé, le lieutenant-colonel R. L. Sedgwick, parlant des rumeurs diffusées pour « tromper et intimider l'ennemi », indiquait :

> Le quatrième bras des troupes armées, le *Political Warfare*, s'attaque aux esprits. Les forces principales qu'il emploie sont les éléments insatisfaits des pays ennemis ou des pays occupés par l'ennemi : tromper l'ennemi, saper son effort de guerre, gagner la guerre des idées – par les pots-de-vin versés aux journaux, les intrigues féminines, la flatterie personnelle, l'encouragement des dissensions internes, le fait de dresser les pauvres contre les riches, les jeunes contre les vieux, les soldats contre les généraux.

Un organisme qui faisait appel à un éventail de talents aussi variés, mais indéniables – où l'on retrouvait Noël Coward*, Raymond Mortimer**, Freya Stark***, Denis Sefton Delmer****, John Wheeler-Bennett*****, Robert Byron******, sir Robert « Jock » Bruce Lockhart*******,

---

* Noël Coward (1899-1973) était un célèbre fantaisiste et homme de spectacle, grand ami et admirateur de Churchill, qui le lui rendait bien.

** Mortimer (1895-1980) fut un homme de lettres et critique littéraire célèbre en son temps.

*** Freya Stark (1893-1993), écrivaine orientaliste, participa à l'effort de propagande en Arabie.

**** Sefton Delmer (1904-1979), journaliste britannique né et élevé en Allemagne, fut un spécialiste des fausses nouvelles et de l'« intox » diffusées à l'intention des Allemands pendant la guerre.

***** Historien de l'Allemagne très connu à l'époque, Wheeler-Bennett passa les premières années de la guerre aux États-Unis, où il servait la propagande britannique contre l'isolationnisme.

****** Robert Byron (1906-1941), homme de lettres, n'avait cessé de dénoncer le péril hitlérien.

******* Bruce Lockhart (1887-1970) passa toute sa vie dans les complots politiques au plus haut niveau, d'abord contre les bolcheviques, puis contre les nazis.

E. H. Carr* et Richard Crossman** –, ne pouvait en aucun cas être un lieu de travail monotone, surtout que certaines des opérations mises sur pied étaient souvent insolites. Que penser, par exemple, du largage d'un grand nombre de pigeons morts sur l'Allemagne avec des messages attachés à leurs pattes, dans l'espoir de faire croire à la Gestapo qu'il y avait un énorme mouvement de résistance allemand en relation étroite avec le renseignement britannique ? Des dizaines de milliers de faux carnets de rationnement furent aussi diffusés pour créer la confusion, de même que des timbres à l'effigie d'Himmler, dans l'espoir que la population se révolte à l'idée de le voir devenir le prochain Führer.

Nous savons par l'autobiographie du chef de l'unité du PWE chargée de la propagande « noire », l'ingénieux ex-journaliste Denis Sefton Delmer, qu'une partie des dossiers du PWE furent détruits après la guerre. La levée de l'embargo sur la *Secret History* de Garnett et les archives d'Hilton Hall nous permettent, plus de trois quarts de siècle après la fin de la guerre, de faire la lumière mieux que jamais sur le fonctionnement de cet organisme fascinant et fort actif, mais jusqu'ici resté dans une ombre opaque.

Un *Livret de petits sabotages* fut publié sous ses auspices, qui indiquait aux résistants potentiels du continent

* Intellectuel très influent en son temps, E. H. Carr (1892-1982) était jusqu'en 1939 un chaud partisan de l'apaisement. Pendant la guerre, il soutint sans faille l'allié soviétique qu'il avait vilipendé après la révolution de 1917.

** R. H. S. Crossman (1907-1974), grande figure de la gauche travailliste après 1945, fut chargé de l'« intox », tout particulièrement à destination de l'Allemagne pendant la guerre.

comment aider les Alliés le jour J (baptisé « Zéro Heure » selon un code aisé à percer). Certaines de ses suggestions étaient absurdes, comme celles du chapitre « Dispositifs chimiques : laxatifs puissants, odeurs pestilentielles, goûts inoffensifs mais amers donnés à l'eau, etc. ». Y figuraient en outre d'autres actes de résistance sans grande conséquence :

> Poster toutes les lettres pendant une seule journée et n'en poster aucune le lendemain ; remplir tous les formulaires officiels de travers ; se joindre aux files d'attente des gares de chemin de fer pour demander comment se rendre à une destination inexistante ou presque inconnue ; téléphoner au commissariat de police pour se plaindre de cris venant de l'autre bout de la rue.

Il est difficile de croire que cela aurait pu sérieusement gêner les forces allemandes le jour J.

D'autres idées créeraient beaucoup plus d'ennuis aux Allemands : ériger de fausses déviations pour travaux de voirie ou de faux panneaux routiers, crever en masse les pneus des autos et des camions, sectionner les câbles téléphoniques à la campagne. Enfin, des conseils étaient donnés sur la fabrication de bombes incendiaires et sur la meilleure façon de décapiter des motocyclistes avec du fil de fer tendu entre deux arbres, qu'il fallait toujours « placer là où la route penchait pour que le motard éjecté de sa machine tombe dans le fossé, où le motocycliste qui suivait ne le verrait pas ».

En décembre 1943 fut émise à de très nombreux exemplaires une carte postale avec un montage qui représentait Hitler en train de se masturber, ou à tout le moins de tenir sa verge en érection, avec un grand sourire aux lèvres. La légende de l'image était une citation de son discours de Munich de novembre 1942, traduite par : « Ce que nous avons, nous le tenons bien. » S'y ajouta une fausse lettre d'information, qui se présentait comme émanant de l'OKW, pour dénoncer ce faux – mais elle reproduisait intégralement la carte postale, pour la plus grande délectation des Allemands antinazis.

Le directeur général du PWE émit un autre projet :

> Noyer certaines zones d'Allemagne sous dix fois la quantité de papier-monnaie émise en Reichsmarks – en particulier les régions minières, le pays des Sudètes, l'Autriche, etc., tout en privant Berlin. Cela arrêtera le travail dans les usines et dans les mines, videra les rayons des magasins et créera le chaos. Certaines parties de l'Allemagne vont consommer les biens des autres.

On craignait cependant que les Allemands ne fassent de même en Grande-Bretagne et le directeur général proposa donc qu'on rappelle au préalable « tous nos billets de banque en circulation pour les remplacer par une monnaie métallique ». Le coût et les complications qu'exigeait la mise en œuvre d'un tel projet firent qu'il ne vit jamais le jour.

L'entretien du 8 janvier 1945 entre Garnett et l'agent du PWE M. Berman dissipe définitivement le mystère de l'étendue réelle de la contribution de Noël Coward à l'effort de guerre : « M. Noël Coward était à la tête de la section française [du PWE] à Paris. Il était officier de liaison pour la propagande en France, avec pour adjoints lord Moore et lord Strathallan », nous apprend-il. Un document « TRÈS SECRET », non signé, non daté et non copié au carbone, intitulé *Proposition d'action conjointe entre le PWE et le SOE en soutien d'une invasion alliée de l'Europe occupée*, prévoyait l'assassinat sélectif de collaborateurs dans les heures qui précédaient immédiatement le jour J :

> Dans la plupart des pays, il est vraisemblable que se trouve un « noyau dur » de traîtres si compromis par leur forfaiture que leur seule possibilité d'échapper au poteau sera de se battre jusqu'au bout. Ce noyau dur sera potentiellement dangereux aux alentours de Zéro Heure pour un certain nombre d'activités qui sont planifiées par et pour les patriotes, et par conséquent il vaut la peine d'envisager des mesures spéciales à son encontre. Une liquidation d'avance, même seulement en quelques cas, serait de toute évidence de la plus haute importance.

Ces collaborateurs, qui pourraient être « enlevés ou mis sous les verrous » avant qu'on ne les « fasse chanter jusqu'à ce qu'ils dénoncent leurs complices », fourniraient alors, on pouvait l'espérer, entre autres renseignements :

> Des listes de traîtres locaux avec leurs activités ; des listes de civils allemands importants (ou d'autres nationalités) avec leurs fonctions ; des noms de personnes ou d'entreprises au service de l'ennemi ; des listes de dépôts et d'entrepôts ; des noms d'agents ou auxiliaires de la Gestapo ; des plans de l'ennemi en cas de retraite (c'est-à-dire ses objectifs de terre brûlée) ; les mouvements politiques qui soutenaient les Allemands en secret.

Parmi ceux qui étaient affectés à cette opération « Mouchard du roi », on peut citer un personnage inattendu : le futur tailleur royal Hardy Amies.

En août 1941, le général Ritchie Calder fit diffuser un document « TRÈS SECRET » intitulé *Notes sur le sabotage ferroviaire*, qui entrait avec gourmandise dans le détail des meilleures façons et des meilleurs endroits pour détruire les trains de l'ennemi :

> Pour obtenir le maximum de résultats, il faut faire dérailler le train sur une portion en déblai (et non en remblai, car on peut alors faire basculer les parties endommagées en contrebas), dans un tunnel (où il n'y a pas la place pour les grues de secours), sur un pont (pour que le train tombe en dessous en abîmant le parapet), ou au point de convergence des rails d'une gare de triage (pour bloquer toutes les opérations).

La méthode préconisée pour obtenir ces résultats était d'enlever entre cinq et dix traverses sur une voie en courbe. Il y avait d'autres conseils sur la façon d'endommager les aiguillages, les signaux, le matériel roulant et les boîtes d'essieu : « Enlever l'huile avec une pompe à vélo et la remplacer par de l'essence, du pétrole, de l'eau, du sable, des cendres ou des saletés. »

Pour fêter le premier anniversaire de la Journée de la bataille d'Angleterre, le PWE envisagea de déclarer le 15 septembre 1941 « Journée de la tortue », au cours de laquelle les Européens « marqueraient un coup pour la liberté en faisant tout ralentir ». On les interpellerait :

> Pourquoi verser de la sueur pour les Allemands ? Prenez votre temps. Là où il faut normalement une

> minute pour aller des vestiaires à votre poste de travail, mettez donc exprès une minute et demie. Si vous allez acheter un timbre à la poste, faites traîner les choses. Entamez la conversation avec l'employée. Faites tout traîner plus longtemps que d'habitude.

Là encore, on peut se demander si cela aurait pu contribuer significativement à mettre le IIIe Reich à genoux.

La veille du jour J, le philosophe d'Oxford A. J. Ayer, alors affecté au Bureau de recherche interarmées de Baker Street, donna son aval à un feuillet intitulé *Comment mener une vie dans la clandestinité*, sorte de manuel de survie à l'usage des personnes poursuivies par la Gestapo :

> Réfugiez-vous dans la cave d'un ami, ou au milieu des bois avec un groupe d'autres fuyards. Prenez un déguisement, inventez-vous une histoire, choisissez un nom courant – mais pas trop –, mémorisez une fausse date de naissance et un faux nom de parents, quittez les maisons avant le couvre-feu, ne conservez jamais le moindre morceau de papier, apprenez à utiliser votre mémoire et évitez de communiquer avec votre famille.

Parmi les documents d'Hilton Hall figure une copie de la lettre marquée « SECRET ABSOLU » que le ministre de l'Information, Brendan Bracken, envoya en janvier 1944 au général Brooks du PWE en y attaquant l'*Office of War Information* américain, qualifiant son directorat d'« incompétent, faux jeton et fantaisiste ». Il poursuivait, dans un paragraphe dévastateur qui n'aurait pas manqué d'entamer les relations anglo-américaines s'il avait été rendu public :

> Ils n'ont pas de politique cohérente. La teneur de leur production enfiévrée est dictée par des considérations de politique intérieure américaine. Le vote polonais, le vote balte, le vote juif et surtout le vote allemand orientent ce que la politesse m'oblige à appeler leur raisonnement. Leurs actions absurdes suivies de leur charabia d'explications leur ont valu le dédain de la plupart des journaux américains. Pourquoi devrions-nous perdre un temps précieux avec cet organisme méprisé et en pleine déliquescence ? Ils vont sûrement vouloir vous entraîner dans l'infect bourbier qu'ils ont créé en Amérique et qu'ils aimeraient reproduire ici.

Il n'est pas surprenant qu'après ce coup de sang Brooks ait pris ses distances par rapport à l'OWI et qu'il l'ait exclu de son opération d'importance à venir, l'opération « Perruque ». L'idée du PWE était de faire perdre du temps et de l'énergie aux Allemands en leur fournissant la « preuve » du grand nombre d'espions alliés présents au sein même de l'Allemagne nazie. On largua des parachutes entre autre matériel, on diffusa de faux messages en morse juste avant et après les informations de la BBC, dont l'un dans un code très simple pour permettre aux Allemands de le déchiffrer, qui disait : « Rendez-vous lundi à 21 h 30 au quatrième rang de l'orchestre du cinéma Ufa. » Comme il y avait un cinéma Ufa dans presque toutes les villes allemandes, on espérait que cela mobiliserait un grand nombre d'effectifs de la Gestapo.

Sur les trois cent trente pigeons vivants lâchés au-dessus de l'Allemagne, cinq revinrent en Grande-Bretagne avec des messages écrits par des Allemands qui les avaient recueillis. L'un d'entre eux, revenu en avril 1945, était porteur de la déclaration suivante :

> Il n'y a plus de forces militaires allemandes dans notre village, Hellensen. Pour ce que j'en sais, Lüdenscheid ne sera pas défendu parce qu'il y a beaucoup d'hôpitaux dans la ville. Tous les salauds du parti [nazi] ont décampé, habillés en civil. Je suis moi-même colombophile et je vous adresse mes salutations. Bonne chance pour les combats.

Sans surprise, le message n'était pas signé.

Personne plus que Churchill n'appréciait et ne soutenait ces façons peu orthodoxes de faire la guerre : il avait l'imagination incroyablement fertile quand il s'agissait de ces inventions. L'un de ses projets favoris envisageait la mise au point d'un « dispositif à utiliser dans les eaux nordiques pour transformer les icebergs, ornés de copeaux de bois congelés, en bases aériennes indestructibles[38] ». On lui avait donné le nom de code « Habacuc », d'après le prophète de la Bible qui avait promis « une œuvre que vous ne croiriez pas ». Churchill fit des essais dans sa baignoire et on construisit également la maquette d'un « Habacuc » sur le lac Patricia, au Canada. Cela eut tôt fait de montrer à quel point c'était irréalisable, car il aurait fallu employer 8 000 hommes pendant huit mois sous des températures arctiques pour construire un iceberg porte-avions de la taille requise.

Une autre idée dont Churchill se fit le champion fut la construction de ports flottants, baptisés « Mulberry

Harbours », en vue de l'opération « Overlord », le débarquement projeté en Normandie. Là encore, la baignoire du Premier Ministre servit pour les essais. Plus tard, le général Ismay décrivit la scène où Churchill, « vêtu d'une robe de chambre multicolore », entouré de ses conseillers, regardait un amiral qui agitait l'eau avec sa main pour simuler l'effet des vagues, tandis qu'un général tendait une vessie gonflable en travers de la baignoire pour montrer comment elle brisait les vagues. « Il était bien difficile de croire que c'était là le haut commandement britannique occupé à étudier l'opération amphibie la plus extraordinaire et la plus spectaculaire de la guerre », commente Ismay. Cela reste surprenant, mais les ports artificiels ont bel et bien rempli leurs fonctions et ils s'avèrent avoir grandement contribué au succès d'« Overlord » en permettant aux Alliés de sélectionner des zones de débarquement éloignées des principales fortifications et batteries des Allemands.

Savoir congédier

En plus de ne pas immédiatement rejeter les idées qui paraissent à première vue totalement irréalisables, une autre règle fondamentale des manuels de gestion atteste que le bon meneur d'hommes choisit les meilleurs pour une fonction donnée. Mais cela ne s'arrête pas là, car il est tout aussi important de savoir congédier ses collaborateurs quand il le faut. S'ils ne se montraient pas à la hauteur de ce qu'il attendait, Churchill pouvait être sans pitié, même vis-à-vis de ses amis les plus proches. Bob Boothby, par exemple, avait été l'un de ses alliés les plus fidèles aux Communes au cours de la lutte contre l'apaisement, et quand Winston devint Premier Ministre, il l'en récompensa initialement en lui donnant le portefeuille de sous-secrétaire d'État au ministère du Ravitaillement. Cependant, quand peu après Boothby se trouva impliqué dans une sombre histoire de concussion connue sous le nom d'« affaire de l'or tchèque », son ami le laissa tomber sans vergogne. Suggérant en privé que Boothby « devrait s'engager dans une équipe de déminage », Churchill déclara devant le Parlement :

> Il y a en temps de guerre des voies pour servir la patrie qui n'existent pas en temps de paix, et certaines de ces voies sont des voies vers l'honneur.

Boothby s'engagea dûment dans une escadrille de bombardiers, et il ne pardonna jamais à son ami son manque de soutien.

Un autre ami proche, Alfred Duff Cooper, le seul ministre à avoir démissionné en raison des accords de Munich, fut nommé ministre de l'Information. Quand il apparut clairement qu'il n'était pas vraiment fait pour ce poste, Cooper s'aliéna la presse, qui bientôt lança des attaques de plus en plus agressives à son encontre. Les critiques des journalistes se focalisèrent sur ceux qu'ils avaient baptisés « les mouchards de Cooper » : les informateurs du gouvernement qui, selon eux, avaient pour instruction de mesurer le moral de la population afin d'en rendre compte au ministère. Le *Sunday Pictorial* organisa un « Sondage Duff Cooper » où, à côté d'une photographie très peu flatteuse de lui, il proposait un coupon à détacher avec la légende : « Il gagne 5 000 livres par an comme ministre de l'Information. Pensez-vous qu'il doive rester au gouvernement ? » Churchill n'avait pas besoin d'un sondage de ce genre pour comprendre qu'il fallait remplacer son ami, et Cooper fut envoyé en mission en Extrême-Orient. Même s'il devait le nommer à des postes importants par la suite, dans les faits il avait sacrifié un ami qu'il commençait à considérer comme politiquement encombrant. C'était injuste vis-à-vis de Duff Cooper, homme politique courageux rempli de talent et d'intelligence, mais la préoccupation première de Churchill ne pouvait être que l'intérêt de son gouvernement – il fallait donc que Cooper s'en aille.

Cette intransigeance lui venait beaucoup plus naturellement à l'encontre de ceux qui n'étaient pas ses amis personnels, comme on le vit à propos du traitement brutal réservé à Léopold III, roi des Belges. Churchill avait besoin d'un bouc émissaire pour la défaite de 1940 à l'ouest, et la figure idéale était le souverain belge qui avait capitulé devant les Allemands le 28 mai, jour où débuta l'évacuation de Dunkerque. Churchill tint Léopold personnellement responsable de cette reddition aux Communes le 4 juin :

> Soudain, sans concertation préalable, avec le plus court préavis possible, sans l'avis de ses ministres et sur une décision purement personnelle, il envoya un plénipotentiaire au commandement allemand, fit déposer les armes à son armée et exposa tout notre flanc avec nos voies de retraite.

En réalité, toutefois, Churchill avait été averti à l'avance par son ami l'amiral sir Roger Keyes, qui faisait la liaison avec le roi des Belges, et si l'on en croit celui-ci, il n'avait pas protesté. Par la suite, Keyes le répéta à plusieurs reprises :

> Au moment de sa reddition, l'armée belge n'avait plus aucune efficacité et elle était au bord de l'effondrement complet. Le roi Léopold avait plusieurs fois prévenu que ses troupes étaient au bout du rouleau et qu'il craignait une catastrophe imminente. Il n'avait plus la possibilité de consulter ses ministres, car ses ministres avaient fui le pays le 25, après leurs vains efforts pour le persuader d'abandonner son armée et de les accompagner. Le flanc oriental du corps expéditionnaire britannique était déjà très largement exposé avant la reddition et le commandant en chef britannique [lord Gort], se rendant compte le 25 que les Belges étaient au bord de l'effondrement, et que la seule façon de sauver le corps expéditionnaire britannique était de l'évacuer en abandonnant le roi des Belges à son sort, avait dès lors pris ses propres dispositions pour protéger son itinéraire vers la mer, sans toutefois informer le roi Léopold de ses intentions.

Malgré tout, sous la pression de la raison d'État, il fallait que le roi Léopold demeurât le bouc émissaire pour des raisons politiques impératives, et le souverain belge passa donc le reste de son existence sous l'ombre de la dénonciation infondée de Churchill aux Communes. Il fut pratiquement le seul, parmi les membres des familles royales européennes non allemandes, à ne pas être invité aux noces de la princesse Élisabeth en 1947.

Autre exemple de la dureté de Churchill à l'époque : son ordre d'évacuer les blessés en dernier des plages de Dunkerque[39]. Du point de vue militaire, c'était bien sûr parfaitement logique, puisque les troupes valides seraient nécessaires pour défendre la Grande-Bretagne et que l'on pensait que seulement 45 000 hommes pourraient être rapatriés, mais il n'en reste pas moins que c'était un ordre d'une extrême cruauté. Il demanda par ailleurs au War Cabinet l'autorisation de recourir au gaz moutarde en Irlande du Sud au cas où les Allemands y débarqueraient, en se disant que si les troupes d'assaut allaient être munies de masques à gaz, il en irait vraisemblablement autrement pour les milliers de chevaux qu'ils amèneraient avec eux. Il était également prévu d'utiliser les gaz contre les Allemands sur les plages du sud de l'Angleterre en cas d'invasion, avec des conséquences incalculables pour la population civile des villes de la côte sud et pour ceux qui habitaient à l'intérieur des terres si le vent avait tourné dans leur direction. Gouverner, c'est choisir, et parfois les décisions que Churchill fut contraint de prendre étaient terribles. Mais jamais il n'a hésité.

Hitler, bien sûr, était infiniment plus impitoyable que Churchill. Un exemple qui fait froid dans le dos est fourni par l'exécution des courageux officiers de l'armée qui avaient comploté contre lui en 1944. Ils furent pendus à des crocs dans la prison de Plötzensee, à Berlin, jusqu'à ce que mort s'ensuive par lente asphyxie. « Je veux qu'ils soient pendus comme des carcasses de bœuf », avait ordonné le Füher. Pour certains, l'agonie dura jusqu'à vingt minutes.

Cependant, si cet épisode montre Hitler sous son jour le plus vindicatif, des documents consultables aux Bundesarchiv de Berlin – qui, notons-le, hébergeaient jadis le siège de la division SS *Leibstandarte* qui fournissait les gardes du corps SS du Führer – révèlent qu'il pouvait être curieusement indulgent vis-à-vis de ceux qui lui étaient fidèles tout en étant coupables de délits. Il aimait en effet la compagnie de ceux qui avaient « un défaut dans la cuirasse », pour reprendre les termes d'Albert Speer. Et le *Gauleiter* Karl Hanke d'expliquer :

> C'est tant mieux si son entourage a des défauts et sait que son supérieur les connaît. C'est pourquoi le Führer change rarement d'assistants. Car il trouve que c'est plus facile de travailler avec eux. Ils ont presque tous une faille : cela contribue à les faire filer droit.

Conduite immorale, ascendance juive lointaine ou adhésion récente au parti – toutes comptaient comme défauts dans la cuirasse.

Pour les tâches qu'Hitler avait à l'esprit, en particulier la « Solution finale » mise au point lors de la conférence de Wannsee le 20 janvier 1942, il était important que ses principaux acolytes n'aient pas la moindre droiture morale. Albert Speer a décrit le génie qu'avait Hitler pour percer les failles personnelles de ses lieutenants :

> Il connaissait les vices et les désirs secrets de ses hommes, il connaissait ce qu'ils croyaient être leurs vertus, il connaissait les ambitions et les motivations qui se cachaient derrière leurs amours et leurs haines, il connaissait les endroits où il pouvait les flatter, où ils étaient crédules, où ils étaient forts et où ils étaient faibles ; il connaissait tout cela d'instinct, avec un sixième sens, une intuition qui ne l'ont jamais induit en erreur.

Son mépris pour les autres lui était par conséquent d'un grand secours. Pour les crimes qu'il allait commettre, Hitler savait qu'il avait besoin de complices moralement compromis, sans grande instruction, d'une fidélité à toute épreuve, et quand il trouvait quelqu'un à qui il savait pouvoir faire confiance – comme Bruno Gesche, le chef de sa garde personnelle –, il le conservait, alors qu'il aurait dû s'en débarrasser depuis longtemps.

En effet, les dossiers du parti nazi et des SS sur Gesche révèlent qu'il souffrait d'alcoolisme chronique. En 1938, il dut promettre à Himmler de s'abstenir de boire pendant trois ans. Pourtant, en 1942, il se saoula de nouveau, au point de menacer un de ses camarades officiers SS en pointant son pistolet sur lui. Himmler lui imposa encore trois ans de relégation en l'envoyant sur le front de l'Est. Les documents des archives fédérales montrent qu'Hitler refusait de laisser tomber son ancien garde du corps. Après avoir été blessé, cet alcoolique qui présentait un risque pour la sécurité fut néanmoins réintégré dans l'entourage du Führer. Gesche ne tarda pas à retomber dans ses vieilles habitudes et, le 20 décembre 1944, Himmler lui écrivit :

> 1. Tu as encore menacé un camarade avec un pistolet et tiré des coups de feu sans raison alors que tu étais en état d'ivresse. [...]
>
> 4. Je vais te donner une chance de servir dans la brigade Dirlewanger et peut-être de laver la honte que tu as attirée sur toi et sur l'ensemble des SS en faisant tes preuves face à l'ennemi.
>
> 5. J'attends de toi que tu t'abstiennes de toute consommation d'alcool pour le restant de tes jours, sans aucune exception. Si ta volonté a tellement été détruite par l'alcool que tu n'es pas capable de prendre cette décision, je te prierai de déposer une demande pour être rayé des effectifs des SS.

Gesche ne fut finalement renvoyé des gardes du corps SS du Führer que quelques mois avant la fin de la guerre – et donc après de longues années où il avait montré qu'il était un ivrogne invétéré. L'indulgence dont Hitler faisait preuve à son égard provenait du fait qu'il était ce que les nazis appelaient « un vieux combattant des années de lutte » : il avait adhéré au parti nazi dès 1922. Seul un des vieux camarades d'Hitler datant de cette époque pouvait rester impuni malgré tous ces faits à charge.

Le chef de la Luftwaffe, Hermann Göring, fournit un autre exemple, beaucoup plus significatif, de la fidélité imprudente du Führer vis-à-vis de ses acolytes. Chasseur passionné, Göring passait autant de temps dans sa résidence de campagne, Carinhall, qu'au ministère de l'Air. Comme commandant de l'armée de l'air allemande, il était un désastre ou presque. À plusieurs reprises, il promit plus qu'il ne pouvait donner. À Dunkerque, la vaste majorité des troupes alliées encerclées réussit à s'échapper par la Manche alors qu'il avait garanti que la Luftwaffe pouvait les achever à elle seule. Il promit également que jamais un seul bombardier britannique n'atteindrait l'Allemagne ; si l'un d'eux y parvenait, indiquait-il, alors il faudrait l'appeler « Herr Meir » (surnom donné à l'Allemand moyen). À mesure que de plus en plus de villes allemandes se transformaient en décombres, un nombre croissant d'Allemands parlaient bel et bien de Göring (en privé, toutefois) en l'appelant « Herr Meir ».

À Stalingrad, il avait donné l'assurance qu'il pouvait ravitailler la 6e armée encerclée par un pont aérien, ce qui encouragea Hitler à diffuser un ordre d'arrêt quand une sortie en force aurait encore été possible. Dans les faits, seul un faible pourcentage des approvisionnements promis fut réellement livré. N'importe quel autre meneur d'hommes ayant le sens des responsabilités aurait relevé de son commandement un spécialiste de l'échec en série comme Göring, mais pas Hitler. Car comme Gesche, en effet, Göring était membre du parti nazi depuis 1922, et il avait été grièvement blessé à l'aine lors du putsch de la brasserie. Cela, ajouté à sa fidélité personnelle à Hitler, avait plus d'importance dans l'esprit du Führer que le chapelet de bourdes de Göring à la tête de la Luftwaffe. Ce ne fut qu'aux derniers jours de la guerre qu'il se retourna contre lui – et uniquement parce qu'il croyait à tort que Göring se préparait à prendre le pouvoir à sa place. Il le fit alors arrêter et évincer du parti et de toutes ses fonctions. Chez lui, la fidélité personnelle et idéologique tenait plus de place que les aptitudes et les succès professionnels.

Hitler était fidèle à son entourage tant qu'il pouvait compter sur sa fidélité vis-à-vis de lui. Ce qu'il était incapable de comprendre, c'est que la fidélité ne suffisait pas à elle seule. Or, un meneur d'hommes comme Churchill savait faire passer presque tout – au besoin ses sentiments idéologiques, voire personnels – après le seul objectif qu'il s'était fixé, à lui-même et à son pays : la victoire.

La nomination par Hitler de Joachim von Ribbentrop à un poste aussi important dans le Reich que celui de ministre des Affaires étrangères était un autre exemple de son désir d'y voir un de ses hommes de main ayant « un défaut dans la cuirasse » plutôt que le meilleur diplomate de profession alors disponible. Au contraire de Göring et de Gesche, Ribbentrop entra tard en politique et il n'adhéra au parti nazi qu'en 1932, avec le numéro de carte fort peu reluisant de 1 119 927. Il avait acquis la particule « von » en payant une tante éloignée pour qu'elle l'adopte alors que ses parents étaient encore en vie. (Plus tard il est revenu sur ses engagements financiers.)

Malgré le temps qu'il avait passé aux États-Unis avant la Grande Guerre, Ribbentrop sous-estimait sérieusement la puissance de ce pays au moment où l'Allemagne lui déclara la guerre en décembre 1941. Cette erreur de calcul lui passa la corde autour du cou aussi sûrement que le soldat américain qui se porta volontaire pour cette tâche à Nuremberg quatre ans plus tard. Quand les Alliés interrogèrent la tante adoptive de Ribbentrop en mai 1945 sur l'endroit où il pouvait être et quels amis pourraient l'héberger, elle leur répondit qu'il n'en avait aucun, ce qui était la vérité. Son ignorance, son incompétence et son absence complète de sens moral auraient dû le disqualifier pour le poste de ministre des Affaires étrangères même sous le IIIe Reich, mais pour Hitler cela comptait moins que sa fidélité. La pendaison de Ribbentrop dans un gymnase converti de Nuremberg se passa très mal : il mit dix minutes à mourir.

Outre qu'il conservait les gens qu'il ne fallait pas à cause de leur fidélité, une autre raison qui faisait d'Hitler un piètre meneur d'hommes était qu'il limogeait certains de ses meilleurs commandants pour leur infidélité supposée. Le pionnier de la guerre éclair, Heinz Guderian, se vit renvoyer au cours de la campagne de 1941 en Russie – pour mieux être réintégré en 1943. Erich von Manstein, l'architecte du brillant coup de faucille contre la France, fut mis à la retraite en 1944. L'un des plus haut gradés d'Hitler, le feld-maréchal Gerd von Rundstedt, fut congédié et repris pas moins de quatre fois. Tôt ou tard, presque tous les principaux généraux furent remplacés par Hitler, aussi capables et expérimentés fussent-ils, parce que le Führer ne faisait pas confiance aux militaires allemands. Sur la durée de la guerre, pas moins de trente-cinq maréchaux ou généraux furent ainsi remerciés, plus souvent pour manque de fidélité que pour incompétence perçue ou réelle.

Churchill, lui aussi, aimait la compagnie de ceux qui avaient « un défaut dans la cuirasse ». Son plus grand ami, mort tragiquement à 58 ans en 1930, F. E. Smith, lord Birkenhead, était un gros buveur ; Max Beaverbrook était de l'avis général un filou ; Brendan Bracken avait lui aussi un passé peu clair et on le soupçonnait de s'abstenir délibérément d'étouffer la rumeur sans fondement qui faisait de lui le fils illégitime de Churchill. Averell Harriman, enfin, eut une liaison avec la femme du fils de Winston, Randolph, mais il n'en fut pas pour autant mis à l'écart et continua d'être reçu dans la famille Churchill. Il y a toutefois un monde entre le cas d'Hitler – où les défauts étaient considérés comme une sorte de moyen de chantage – et celui de Churchill, où ils étaient pardonnés parce qu'il savait que les gens qui sont le plus proches de la perfection morale sont souvent ennuyeux à mourir. On pouvait rester dans l'entourage de sir Winston en étant coupable de presque n'importe quoi, sauf de lâcheté et de fadeur.

Le degré de tolérance d'Hitler vis-à-vis de la stupidité était étonnamment haut, bien supérieur à celui de Churchill. Bien que ni l'un ni l'autre n'ait fait d'études supérieures, le Britannique s'entendait généralement bien avec les universitaires, alors que le chancelier allemand les méprisait. Des cinquante *Reichsleiter* et *Gauleiter* qui constituaient l'élite des dirigeants nazis, dix seulement étaient diplômés de l'enseignement supérieur. Si certains avaient quelque temps fréquenté l'université, la majorité d'entre eux n'avaient jamais dépassé l'enseignement secondaire.

Bien que la plupart de ses généraux aient ardemment soutenu la politique expansionniste des nazis, Hitler n'accordait guère de confiance à leur fidélité idéologique et personnelle et il s'attachait donc à l'acheter ouvertement. Naturellement, il n'est pas rare dans l'histoire militaire de voir des généraux obtenir des récompenses exceptionnelles – mais une fois la guerre terminée. L'ancêtre de Churchill, le duc de Marlborough, avait reçu le domaine de Blenheim et Wellington celui de Stratfield Saye, en reconnaissance de la nation dans les deux cas. Les gratifications de 5 000 livres par an (égales à l'indemnité d'un ministre de haut rang) versées aux descendants de l'amiral Nelson ne prirent fin que sous le gouvernement Attlee.

En revanche, Hitler se montrait ostensiblement généreux envers ses chefs militaires alors même que la guerre se poursuivait. Un grand nombre de généraux et de maréchaux reçurent des chèques de 250 000 Reichsmarks – soit aujourd'hui environ un demi-million d'euros – signés par le Führer en personne. D'autres se virent offrir de vastes terres et des châteaux. Le domaine de Glebokie, à l'ouest de la Pologne, était par exemple un don du Führer au général Heinz Guderian. Alors qu'une action de cette nature semble démontrer sa générosité, elle illustre en fait la rouerie d'Hitler, qui achetait ainsi sans vergogne la fidélité.

Glebokie appartenait à un aristocrate polonais qui avait servi dans l'armée allemande pendant la Grande Guerre au sein de l'état-major du général Hindenburg.

Malgré cela, les nazis le mirent en prison et sa famille fut envoyée dans un camp de travail. Il ne semble pas que le général Guderian ait eu cure du propriétaire légitime du domaine qu'Hitler lui avait donné. Après la guerre, il passa son temps à exprimer son dégoût des nazis, mais il oublia commodément qu'il n'avait eu aucun scrupule à se faire le complice de la brutale politique d'occupation d'Hitler. Quand les officiers qui montaient le complot contre Hitler vinrent demander à Guderian de se joindre à eux, il refusa.

Au lieu de cela, après l'échec dudit complot, Guderian choisit de siéger dans le tristement célèbre « tribunal d'honneur » qui les condamna à mort pour avoir enfreint leur serment au Führer. Le domaine en Pologne n'a pu qu'avoir de l'influence sur sa décision de rester fidèle. Malgré toutes les fortes paroles des officiers allemands après la guerre pour soutenir qu'ils avaient combattu pour l'honneur de leur patrie, la vérité se résumait en fait très souvent à des questions d'argent. De nos jours, on parlerait de « menottes dorées » pour les cadeaux que faisait Hitler à ses généraux. Il s'agissait de pots-de-vin destinés à lui garantir la fidélité de leurs bénéficiaires – alors que la véritable fidélité ne s'achète ni ne se vend.

Avec l'armée britannique, on passe d'un extrême à l'autre. Après la guerre, lord Alanbrooke se retrouva si appauvri qu'il fut contraint de mettre sa maison en vente pour emménager dans le pavillon du jardinier contigu. Grand amateur d'ornithologie, il fut même obligé de vendre sa collection de livres sur l'observation des oiseaux. Pourtant, il ne fut pas anéanti par ses revers de fortune du fait qu'il n'attendait pas de son pays qu'il lui offre un domaine grandiose. Il menait son existence en accord avec un sens du devoir qui n'avait aucun lien avec les contreparties financières.

Churchill n'avait aucune raison de douter de l'attachement de ses généraux à la cause pour laquelle ils se battaient, mais cela ne veut pas dire qu'il faisait toujours confiance à leur compétence professionnelle. Au cours des trois premières années de la guerre, il chercha fréquemment à intervenir auprès des commandants qui étaient sur le terrain. En août 1940, par exemple, il rédigea personnellement une directive pour le commandant en chef au Moyen-Orient qui entrait dans le moindre détail tactique et contenait même des instructions sur le déploiement des troupes en descendant jusqu'au niveau du bataillon. Au cours de la guerre en Libye, il harcela les chefs militaires à plusieurs reprises jusqu'à ce qu'ils lancent des offensives hâtives et mal préparées, souvent avec des résultats désastreux – du moins avant que des généraux au caractère bien trempé comme Harold Alexander et Bernard Montgomery lui apprennent à leur faire confiance.

Alexander reçut la direction des opérations au Moyen-Orient à l'été de 1942, en même temps que Montgomery prenait la tête de la 8e armée, qui faisait face à l'Afrika Korps d'Erwin Rommel. Jusque-là, les Britanniques n'avaient connu que des défaites humiliantes infligées par le « Renard du désert » et Churchill était impatient de voir une opération réussir. Tout comme avec ses généraux précédents en Libye, notamment Auchinleck et Wavell, il essaya de se mêler des plans de Montgomery et d'Alexander en leur demandant de « capturer ou détruire » l'Afrika Korps de Rommel « à la toute première occasion ». Or, Alexander répondit calmement, mais fermement, au Premier

Ministre de rester en retrait. Comme le démontra la victoire d'El-Alamein, Montgomery ne devait pas non plus le décevoir.

Cette bataille d'El-Alamein ne constitua pas seulement un tournant de la guerre : ce fut également un tournant de la manière dont Churchill menait la guerre. Il apprit enfin à faire confiance aux commandants sur le terrain en les laissant faire leur travail sans constamment intervenir. Il avait lui-même été soldat après avoir fréquenté le Collège militaire royal de Sandhurst, et il avait souvent subi le feu de l'ennemi – la dernière fois pendant la Première Guerre mondiale. Rien ne lui aurait plu davantage que d'exercer un commandement lui-même, n'importe où et n'importe quand. Il avait déjà écrit deux ouvrages avant ses 25 ans : *The Malakand Field Force* (*La Guerre du Malakand*) et *The River War* (*La Guerre du fleuve*), où il avait entrepris de faire bénéficier de ses conseils le haut commandement britannique des Indes et du Soudan.

Churchill n'était pas le grand chef militaire qu'avait été son ancêtre Marlborough. Ses qualités exceptionnelles de meneur d'hommes étaient parfois éclipsées par une absence surprenante de jugement. Très souvent, c'était sa conception romantique de la guerre comme une aventure qui inspirait son raisonnement militaire plutôt qu'une évaluation réaliste des possibilités opérationnelles dans la pratique. L'une de ses propositions favorites, par exemple, prescrivait une invasion de l'Europe occupée par les nazis en Norvège, idée qu'il reprit plusieurs fois pendant toute la guerre. À chaque fois, les chefs d'état-major étaient forcés de préparer des plans d'opérations détaillés pour étudier cette proposition, rien que pour mettre en évidence qu'une telle entreprise était vouée à l'échec.

Il est très intéressant de voir comment le style de commandement respectif de Churchill et d'Hitler a évolué au cours de la guerre : alors que Churchill s'impliquait de moins en moins dans la conduite militaire de celle-ci au jour le jour, Hitler gérait toujours davantage chaque opération. En cause les victoires de l'armée allemande des deux premières années de la guerre, qui l'avaient amené à se prendre pour un génie militaire infaillible. Pendant ce temps, les défaites britanniques rappelaient à Churchill que lui n'en était pas un.

Dès l'instant où l'armée allemande se retrouva bloquée devant les portes de Moscou, Hitler se plongea chaque jour davantage dans les détails opérationnels et même dans les questions tactiques qui auraient été bien mieux laissées aux commandants sur place. C'était là le contre-pied exact des principes de la délégation de responsabilités qui avaient si bien assuré le succès des premières campagnes de guerre éclair.

La confiance démesurée en soi de Hitler était telle que, une fois, alors qu'il sifflait un air classique et qu'une secrétaire lui faisait remarquer qu'il avait fait une erreur dans la mélodie, il répliqua : « Ce n'est pas moi qui me trompe. C'est le compositeur qui a fait une erreur dans ce passage[40]. » Or, à mesure que la guerre avançait, il oubliait que c'était l'esprit d'initiative des chefs pris individuellement qui lui avait amené ses premières victoires.

Tandis que la guerre s'enlisait à l'est, il jouait de plus en plus le rôle d'un général de division et non celui d'un commandant en chef. Passer son temps à intervenir sur le détail des opérations auprès de ses chefs qui étaient dans la bataille à des milliers de kilomètres lui permettait d'oublier les dures réalités de la situation d'ensemble. « L'autre jour, j'ai annulé une offensive qui devait nous procurer un gain territorial de 4 kilomètres parce que l'opération ne me semblait pas valoir le prix qu'elle aurait coûté », se vanta-t-il lors d'une réunion d'état-major. Si Hitler avait eu à ses côtés un cerbère comme lord Alanbrooke, jamais il n'aurait été autorisé à se mêler de décisions aussi minimes, mais de par sa nature même, l'État nazi rendait cela impossible. La situation empira tellement qu'en 1945 le général Günther Blumentritt se plaignit en recevant un plan d'Hitler :

> Il nous a été transmis dans le moindre détail. Il prescrivait spécifiquement les divisions à utiliser. Le secteur où l'attaque devait avoir lieu était précisément identifié – jusqu'aux routes et aux villages par où les forces devaient passer qui étaient tous indiqués. Tous ces plans avaient été élaborés à Berlin à partir de cartes à grande échelle, et l'avis des généraux n'avait pas été sollicité, ni d'ailleurs encouragé[41].

Le contraste avec les principes de la délégation de responsabilités qui avaient été si fructueux pour Hitler à l'ouest en 1940 n'aurait pas pu être plus marqué.

Alors que Churchill avait simplifié le processus de décision, Hitler avait instauré un système de « diviser pour mieux régner » qui faisait en sorte que personne en dehors de lui ne pouvait prétendre avoir une vue d'ensemble de la situation stratégique de l'Allemagne. Or, la fragmentation de la hiérarchie et le brouillage des responsabilités qui en résultaient rendaient la tâche du haut commandement militaire presque impossible, comme le jour J devait en témoigner. Les fortifications d'Hitler en Normandie – le « mur de l'Atlantique » – étaient conçues pour interdire un assaut allié par la Manche. Cela n'a pas réussi, bien sûr, mais l'échec des Allemands n'est pas dû d'abord à une insuffisance d'armements, mais plutôt à une insuffisance du commandement. Quatre ans après la victoire de la guerre éclair en France, le système allemand de direction des opérations était en état de délabrement.

La technique pour mener les hommes qui avait aidé Hitler à rehausser son image de chef charismatique et indiscutable en temps de paix se retourna contre lui en temps de guerre, lorsqu'il commença à s'éloigner des processus de décision rationnels – aussi cyniques et sinistres fussent-ils – de ses premières années au pouvoir. Ce fut particulièrement le cas après que le vent eut tourné en novembre 1942, mois qui vit à la fois le recul de Rommel à la suite d'El-Alamein et l'encerclement de l'armée allemande qui faisait le siège de Stalingrad. Hitler se mit à intégrer les informations qui arrivaient, surtout les nouvelles décourageantes, dans ses schémas tout prêts d'espoirs et de supputations. Tout ce qui montrait que sa stratégie ne fonctionnait pas était minimisé, et il n'arrivait pas à admettre que la guerre allait être perdue – même quand il reçut une note d'Albert Speer qui disait en toutes lettres : « La guerre est perdue[42]. » Le 20 juillet 1944, l'opposition allemande à Hitler finit par se résoudre à s'en prendre à sa personne.

La résistance à Hitler

Un nouveau mythe sur la Seconde Guerre mondiale est sur le point d'entrer dans le discours progressiste. En effet, les Britanniques, en plus d'être tenus responsables des camps de concentration (ouverts pendant la guerre des Boers), de l'oppression de la république de Weimar (l'économiste John Maynard Keynes le suggérait en creux dans son ouvrage *Les Conséquences économiques de la paix*) et bien sûr des bombardements dits « génocidaires » de Dresde et de Hambourg, seraient désormais coupables également, selon certaines théories, de ne pas avoir donné de soutien actif à la résistance allemande, ce qui lui rendit impossible de renverser Hitler.

La publication en 1994 de *Staatsstreich : Der lange Weg zum 20. Juli* (*La Résistance allemande à Hitler*, Perrin, 2009), par le distingué historien allemand Joachim Fest, poussa l'argument encore plus loin que les ouvrages antérieurs de Patricia Meehan, *The Unnecessary War : Whitehall and the German Resistance to Hitler* (1992), et de Klemens von Klemperer, *German Resistance against Hitler : The Search for Allies Abroad, 1938-1945* (1993). Herr Fest reprochait sans équivoque aux gouvernements britanniques « leur manque de souplesse, leur hostilité, leur aveuglement et un comportement politique obtus qui dans la pratique représentait une alliance avec Hitler ». Il avançait que « les propagandistes nazis et les porte-parole alliés avaient conjugué leurs forces au sein d'une coalition de fait » afin de dénigrer la résistance allemande. Plusieurs auteurs de comptes rendus du livre dans la presse critiquèrent Churchill et le ministre des Affaires étrangères britannique, Anthony Eden, de n'avoir pas fait davantage pour soutenir les conspirateurs, et un éditorial du *Times* alla jusqu'à affirmer :

> Il serait peut-être souhaitable pour nous aussi de porter un nouveau regard sur ce que nous avons fait pendant la guerre.

Ce qui s'expliquait seulement parce que « les dirigeants britanniques s'étaient trompés de guerre ».

Or, loin d'être coupables d'aveuglement ou de stupidité, Churchill et Eden avaient des raisons sérieuses, et politiquement inattaquables, de poursuivre leur attitude de « silence complet » vis-à-vis de la résistance allemande. Comme le reconnaissent Fest, Meehan et Klemperer, il n'existait aucune structure de résistants avec laquelle le gouvernement britannique pouvait raisonnablement négocier à l'exclusion de toute autre. Il y avait très peu de points communs entre les adversaires communistes, chrétiens et militaires du régime hitlérien. Même à l'intérieur des cercles qui pouvaient représenter une menace physique directe à l'encontre de la vie d'Hitler, il y avait de larges divergences sur la suite des événements. Les idées du comte Helmuth von Moltke sur la démocratie, par exemple, n'allaient pas plus loin que des élections pour les collectivités locales, à l'exclusion d'un parlement national. Claus von Stauffenberg et Karl Goerdeler voulaient que l'Allemagne conserve ses frontières de 1939, qui bien sûr incluaient aussi bien la Rhénanie remilitarisée que les Sudètes de la Tchécoslovaquie. D'autres, comme le politicien Ulrich von Hassell, souhaitaient en revenir aux frontières impériales de 1914, alors qu'elles incluaient certaines parties du pays même, la Pologne, que la Grande-Bretagne et la France étaient initialement entrées en guerre pour défendre. La possession de l'Alsace-Lorraine constituait un autre sujet de querelle.

En outre, après juin 1941, les décisions à prendre pour des pourparlers de paix n'appartenaient plus à la seule Grande-Bretagne. Dès lors que l'Union soviétique participait à la guerre – et les États-Unis après décembre 1941 –, il était impensable que la Grande-Bretagne entame des négociations avec des Allemands, quels qu'ils soient, derrière le dos de ses alliés, surtout après l'insistance du président Roosevelt en janvier 1943 pour que l'Allemagne accepte la capitulation sans conditions comme préalable à la paix. Dans son autobiographie *Dealing with Dictators*, un haut fonctionnaire de la direction Allemagne du ministère des Affaires étrangères, sir Frank Roberts, explique :

> Si Staline avait eu l'impression que nous étions en contact avec les généraux allemands, dont l'objectif principal était de protéger l'Allemagne contre la Russie, il aurait très bien pu être tenté de voir s'il ne pouvait pas trouver un nouvel arrangement avec Hitler.

La position du gouvernement britannique fut succinctement résumée par sir D'Arcy Osborne, l'émissaire de la Grande-Bretagne auprès du Vatican, qui, informé par le pape Pie XII que les groupes allemands de résistance « confirmaient leur intention, ou leur désir, de provoquer un changement de gouvernement », lui répondit : « Pourquoi donc n'en font-ils rien ? » Se pose aussi la question de ce que les Alliés auraient pu véritablement apporter comme soutien. Les militaires allemands n'avaient certes pas besoin de soutien matériel, qu'il s'agît de bombes ou d'armes individuelles, et le soutien moral n'avait guère d'utilité pratique. Toute promesse sur l'attitude des Alliés à l'égard d'une Allemagne posthitlérienne aurait nécessairement dépendu de sa composition politique, qui aurait même pu inclure des nazis de haut rang. Être perçu comme soutenu ou influencé en quoi que ce soit par les Alliés aurait été désastreux pour tout groupe allemand d'opposition qui tentait de former un gouvernement avec le soutien d'Allemands ordinaires et patriotes.

Les décideurs britanniques avaient trop bien vu à l'œuvre la caste des officiers prussiens entre 1914 et 1918 pour accorder le moindre crédit à leur engagement vis-à-vis de tout ce qui pouvait ressembler à la démocratie. Pour eux, le militarisme prussien était presque aussi repoussant que le nazisme pur et dur : les Allemands national-conservateurs étaient presque impossibles à distinguer des national-socialistes. On peut comprendre pourquoi Eden a pu dire que les conspirateurs de juillet 1944 « avaient leurs raisons à eux pour agir comme ils le firent et n'étaient certes pas poussés en priorité par le désir de faire avancer notre cause », aussi dur que cela puisse paraître avec le recul.

Sur un point, les généraux allemands constituaient un bloc homogène, plutôt qu'un groupe d'individus en concurrence : leur complicité totale pour mener l'une des campagnes les plus délétères de l'histoire. En Pologne en 1939, l'armée allemande n'était qu'une complice passive des crimes des SS, mais à partir de 1941, elle en devint complice active. Les défaites en Russie et le complot de juillet 1944 ont été bien plus qu'une coïncidence. Il peut être pardonné au gouvernement britannique d'avoir soupçonné que si la Russie avait été vaincue ou si les Alliés avaient été repoussés en Normandie le mois précédent, il n'y aurait pas eu de bombe placée sous le bureau de celui qui avait été suivi sans discuter par la population allemande pendant les premiers et peu coûteux triomphes, puis ensuite pendant les victoires très sanglantes qui se succédèrent de 1938 à 1942.

Bien que les conspirateurs aient sans aucun doute représenté, pour reprendre les termes de Churchill, « les plus braves des meilleurs », il reste à prouver que ceux qui soutenaient la résistance à Hitler parlaient au nom de beaucoup d'autres Allemands en dehors d'eux-mêmes, y compris le 20 juillet 1944. Si Hitler était mort des suites du complot, ce n'est pas un gouvernement plus ou moins néochrétien-démocrate qui lui aurait succédé, mais vraisemblablement Heinrich Himmler, qui avait la haute main sur les SS. Comme Bormann n'était qu'un simple bureaucrate et que l'influence de Goebbels dépendait en grande partie d'Hitler, désormais disparu, Himmler se serait appuyé sur son redoutable socle de pouvoir pour devenir probablement le nouveau Führer. Par ailleurs, ce n'aurait guère été différent si le vice-Führer, Hermann Göring, avait pris la succession du trône nazi. Selon l'historien Peter Hoffmann, celui-ci « aurait cherché à rassembler toutes les forces de l'État en en appelant aux idéaux *völkisch* et national-socialistes et en faisant le serment de perpétuer l'héritage du Führer et de redoubler d'efforts pour forcer l'ennemi à ne plus pouvoir avancer ». Si Göring ou Himmler avait pris la suite et évité les nombreuses bourdes stratégiques commises par Hitler au cours des derniers mois de la guerre, l'Allemagne nazie aurait même pu durer plus longtemps. En outre, le soldat allemand moyen aurait sans aucun continué à se battre avec acharnement pour protéger sa patrie (et l'honneur de sa mère) des exactions de l'Armée rouge.

Un Hitler assassiné aurait de surcroît fourni la nouvelle légende idéale du coup de poignard dans le dos après la défaite de l'Allemagne. On aurait à coup sûr proclamé que juste au moment où Hitler était sur le point de lancer ses armes secrètes qui allaient gagner la guerre en détruisant les armées alliées, qu'il avait passé un an à attirer exprès vers l'Allemagne, il fut éliminé par une clique d'aristocrates, de progressistes, de chrétiens et d'internationalistes dont la traîtrise était évidente du fait qu'ils avaient œuvré de concert avec les services secrets britanniques. C'eût été là pain bénit pour les revanchards, qu'on aurait entendus en Allemagne presque jusqu'à aujourd'hui.

Dans son ouvrage de 1947, *Les Derniers Jours d'Hitler*, le grand historien Hugh Trevor-Roper parle de la résistance allemande comme d'« une créature aussi fabuleuse que le centaure et le griffon ». Mais, tout à fait en dehors de la question de savoir si elle était vraiment aussi étendue et influente que le prétendent ses avocats d'après-guerre – il se peut bien qu'on l'ait quelque peu gonflée après la guerre, un peu comme le maquis français –, reste que les Britanniques avaient de bonnes raisons de soupçonner leurs contacts au sein de cette résistance d'être des agents doubles. En novembre 1939, deux membres du MI6 furent enlevés à Venlo, près de la frontière entre les Pays-Bas et l'Allemagne, par des agents de la Gestapo se faisant passer pour des militants de la Résistance. Fest ne dit rien de cet incident, mais Meehan reconnaît qu'il a eu « des conséquences sérieuses et durables » en rendant le ministre des Affaires étrangères – c'est compréhensible – soupçonneux des avances ultérieures.

Vue sous cet angle, l'attitude détachée de sir Alexander Cadogan, le plus haut fonctionnaire du ministère des Affaires étrangères britannique – « Comme d'habitude, l'armée allemande compte sur nous pour la sauver du régime nazi » –, devient facilement explicable. Après avoir entendu le résistant Karl Goerdeler demander non seulement que Danzig reste allemand, mais également des concessions coloniales et un prêt sans intérêts de 500 millions de livres avant de tenter de déposer Hitler en décembre 1939, Cadogan tint des propos tout aussi méprisants : « C'est à nous de faire ce qu'il faut, et l'Allemagne nous réglera à crédit. » Le ministre des Affaires étrangères était d'accord. Sur la question de ceux que Neville Chamberlain avait baptisés « les jacobites d'Hitler » (par analogie avec les prétendants Stuarts catholiques impuissants dans la Grande-Bretagne du XVIIIe siècle), lord Halifax se lamentait : « Les Allemands veulent toujours que nous fassions leurs révolutions pour eux. » À en juger par le livre de Herr Fest, cela n'a guère changé.

« Un assassinat, avait dit Benjamin Disraeli quinze jours après la mort d'Abraham Lincoln en 1865, n'a jamais changé la face du monde. » Avait-il raison ? Considérant l'effet délétère que le mode de gouvernement d'Hitler a eu sur la population allemande entre 1933 et 1945, aurait-il été justifié de l'assassiner ? Des documents rendus publics par les Archives nationales britanniques en l'an 2000 indiquent que les différents plans des services secrets pour tuer Hitler, l'opération « Foxley », étaient très bien avancés, mais ont été empêchés d'être mis en œuvre par une décision politique venue d'en haut.

La question de savoir si l'assassinat d'Hitler aurait spectaculairement modifié le cours de la guerre se situe au cœur du vieux débat pour savoir si l'histoire est fondamentalement issue de ce que T. S. Eliot appelait « de vastes et impersonnelles forces » – si puissantes que les individus, aussi influents qu'ils paraissent, ne sont en fait que de simples bouchons qui flottent sur les vagues de l'histoire – ou bien si les grands hommes, comme le pensait Thomas Carlyle, déterminent par leur volonté les affaires humaines. Si Napoléon avait été tué lors du siège de Saint-Jean-d'Acre, ou si Hitler avait succombé au cocktail mortel d'anthrax et de lance-roquettes envisagé par l'opération « Foxley », le monde serait-il différent ?

Les gouvernements américains d'après-guerre, ou tout au moins leurs cercles de renseignement, semblent s'en être tenus à la théorie du « grand homme », en donnant leur aval à des attentats contre la vie de Fidel Castro – l'un est resté célèbre grâce à l'utilisation de cigares explosifs – et à des missions de bombardement contre le colonel Kadhafi en 1986 et Saddam Hussein en 1991. Bien que l'Amérique ait vu un nombre peu commun de présidents (quatre) et d'autres personnages publics comme Martin Luther King, Huey Long, Robert Kennedy et Malcolm X mourir assassinés, elle reste la plus va-t-en-guerre des nations, prête à entériner un attentat visant précisément un dirigeant ennemi, d'une façon que Wellington dénonça comme contraire aux bonnes manières quand on lui suggéra de tirer un coup de canon directement sur Napoléon pendant les premières phases de la bataille de Waterloo. Au contraire des Américains, la Grande-Bretagne a presque toujours eu des réserves : on a d'ailleurs dit que la carrière de l'homme politique britannique Julian Amery n'a jamais vraiment progressé après qu'il eut préconisé que le MI6 assassine certains des agitateurs des colonies britanniques[43].

L'assassinat comme méthode politique a tendance à donner des résultats différents selon qu'il est accompli dans des démocraties représentatives avec des hiérarchies de pouvoir institutionnelles ou bien dans des pays féodaux, tribaux ou dictatoriaux. Alors que l'assassinat d'un président – McKinley ou John Kennedy – ou d'un Premier Ministre – Spencer Perceval – ne conduit qu'à la simple substitution en douceur d'un lieutenant, qui fait généralement tout pour poursuivre les mêmes politiques par défi, il en va différemment quand l'individu disparu personnifie la nation. Si l'on peut abréger une guerre ou déclencher un changement significatif de gouvernement par un assassinat ciblé contre un homme, comme contre Saddam Hussein, il est difficile de reculer devant ce genre d'action.

Les assassinats de Marat, du tsar Alexandre II, de l'archiduc François-Ferdinand, de l'amiral Darlan, de Reinhard Heydrich, d'Hendrik Verwoerd, de Benigno Aquino, du père Jerzy Popiełuszko et du général Zia ul-Haq ont tous eu des conséquences politiques de grande portée – bien que souvent opposées au but des assassins – parce qu'ils se sont produits dans des pays dont le régime n'était pas alors démocratique. Ceux de l'impératrice Élisabeth d'Autriche, du roi Humbert Ier d'Italie, de Jean Jaurès, du mahatma Gandhi, du président sud-coréen Diem, d'Olof Palme, d'Indira Gandhi et de Rajiv Gandhi, qui ont eu lieu dans des pays dotés d'institutions représentatives, n'ont pas, pour reprendre la généralisation frivole de Disraeli, « changé la face du monde ».

On ne court guère de risque en supposant que la mort soudaine d'Hitler à la suite d'une action menée par le *Special Operations Executive* aurait bouleversé le cours de la guerre – mais pour le meilleur ou pour le pire ? Il fallait que la guerre fût gagnée par les Alliés, mais il fallait aussi qu'elle fût perdue – et absolument perdue – par Hitler en personne. Il était indispensable que son suicide dans l'abri souterrain après l'effondrement total de ses rêves constitue le dernier chapitre du récit, le préalable crucial à la naissance de l'Allemagne placide, démocratique et pacifique que nous connaissons aujourd'hui.

Avant juin 1944, l'Allemagne avait causé au reste du monde des destructions bien pires qu'elle n'en a subi. Conclure un armistice sur la raison de toute évidence fallacieuse du déclenchement de la guerre, puis de sa poursuite par la volonté d'un seul homme, et non pas grâce au soutien sans réserve et à l'enthousiasme de la population allemande, n'aurait pas engendré la période de paix la plus longue et la plus durable que l'Europe a connue depuis un demi-millénaire.

Une nation qui avait mené pas moins de cinq guerres d'invasion au cours des soixante-quinze ans qui ont suivi 1864 exigeait de voir l'instinct guerrier extirpé de son âme. Seules les horreurs et les humiliations de 1944 et de 1945 pouvaient y parvenir. Si cette ultime calamité leur avait été épargnée, l'opération « Foxley » leur permettant d'une façon ou d'une autre d'échapper à « l'année zéro », les Allemands ne seraient pas les démocrates pacifiques qu'ils sont sans aucun doute de nos jours. Il fallait que fût jouée jusqu'au bout la sinistre scène finale du *Crépuscule des dieux*, avec Goebbels lisant la traduction du *Frédéric le Grand* de Thomas Carlyle à Hitler dans l'abri souterrain de Berlin tandis que l'Armée rouge se rapprochait. Ribbentrop, Kaltenbrunner, Streicher, Rosenberg pouvaient bien être pendus à Nuremberg, mais il fallait qu'Hitler meure de la seule main qui rendrait sa défaite véritablement absolue : la sienne.

Le jour J : la némésis d'Hitler

Bien avant les événements du jour J, Hitler recevait des rapports contradictoires sur le moment et l'endroit de l'invasion de ses trois agences de renseignement concurrentes. Conformément au principe de diviser pour mieux régner, aussi bien l'armée allemande que le ministère des Affaires étrangères avaient leurs propres services de renseignement, tandis que les SS d'Himmler étaient à la tête du *Sicherheitsdienst* (SD). Chacun de ces organismes travaillait complètement indépendamment des deux autres, et rédigeait souvent des analyses et des rapports qui les contredisaient. Les Britanniques et les Américains, au contraire, possédaient une commission mixte du renseignement qui mettait en commun et évaluait toutes les données qui arrivaient, ce qui permettait à Churchill de bénéficier d'hypothèses généralement recoupées.

Mais il y avait encore plus grave pour l'Allemagne : le commandant chargé de la défense de la France, le feld-maréchal von Rundstedt, n'avait pas autorité sur le nombre d'unités qui évoluaient dans la zone sous sa responsabilité. Les batteries de DCA et les troupes aéroportées dépendaient de la Luftwaffe de Göring ; les unités de Waffen SS ne recevaient d'ordres que d'Himmler ; le groupe d'armées I était sous le commandement de Rommel, mais Rundstedt, bien que théoriquement son supérieur, n'était pas autorisé à lui donner des ordres directs. Deux divisions blindées entières, tenues en réserve, dépendaient directement du haut commandement des forces allemandes (l'OKW), qui à son tour n'agissait que selon les ordres d'Hitler. Cela entrava grandement la possibilité qu'avait Rundstedt de disposer ses unités combattantes de manière efficace lorsque les débarquements alliés débutèrent à l'aube du 6 juin 1944. S'il donna aussitôt l'ordre aux blindés en réserve de se déplacer au plus vite vers la côte de la Manche pour rejeter les Alliés à la mer avant qu'ils ne parviennent à établir une solide tête de pont sur le continent, il se vit reprocher par le haut commandement de l'armée de terre (l'OKH) de n'avoir pas obtenu l'accord du Führer au préalable. Ordre fut donc donné aux blindés de faire halte. Hitler, non disposé à donner son aval, ne réagit qu'à midi aux nouvelles lourdes de conséquences. Il n'est pas vrai qu'il continuait à dormir : il était tout simplement lent à prendre une décision. Quand ce fut fait, les Alliés avaient déjà pris possession de plages et leur supériorité aérienne interdisait désormais pratiquement tout mouvement diurne d'ampleur des blindés.

La promesse de Churchill de se battre sur les plages était donc tenue ; toutefois la bataille n'avait pas lieu à Brighton ou à Douvres, mais sur les plages d'invasion normandes au nom de code de « Juno », « Omaha », « Sword », « Gold » et « Utah ». Ce n'était plus qu'une question de temps avant que toute l'Europe ne soit libérée du joug nazi. Or, plus la situation militaire empirait pour l'Allemagne, plus Hitler se mêlait des détails, rendant ainsi les choses encore plus accablantes qu'elles ne l'étaient déjà. C'était là la négation même des principes de mission tactique qui avaient permis les anciens succès associés à la guerre éclair.

Après que la bataille de l'Odon eut fait disparaître toute chance pour les Allemands de séparer les forces alliées à Bayeux, Rundstedt alerta l'OKW sur le fait que la bataille de Normandie était dès lors bel et bien perdue. « Que pouvons-nous faire ? » lui demanda, désespéré, le feld-maréchal Keitel – à quoi Rundstedt répondit sans aménité : « Faire la paix, bande d'imbéciles ! » Il fut relevé de son commandement et remplacé par le feld-maréchal Günther von Kluge. Quelques jours après, Rommel envoya une lettre à Hitler lui disant :

> Nos troupes se battent héroïquement sur toute la ligne de front, mais la bataille est inégale et touche à sa fin. Selon moi, vous devriez en tirer les conclusions nécessaires.

Kluge soutenait Rommel : « Malheureusement, le feld-maréchal a raison. »

Pourtant, Hitler ne voulait rien entendre, surtout après l'attentat du 20 juillet 1944 qui avait révélé une conspiration contre lui aux nombreuses ramifications au sein du haut commandement. Sa réaction fut une purge impitoyable des milieux militaires : 160 officiers furent exécutés, dont pas moins de 2 feld-maréchaux et 17 généraux. Rommel lui-même n'eut d'autre choix que de s'empoisonner.

Le complot n'affaiblit pas Hitler uniquement sur le plan purement politique. Comme le rapporta par la suite le général Walter Warlimont, membre de l'état-major opérationnel de l'OKH, qui fut blessé lors de l'explosion :

> De toute évidence, Hitler était maintenant lui-même malade. Ses blessures réelles du 20 juillet avaient été sans gravité, mais il semblait que le choc avait fait ressortir au grand jour toute sa nature maléfique, aussi bien physique que psychologique. Il arrivait dans la salle des cartes voûté et en traînant des pieds. Ses yeux vitreux ne donnaient un signe de reconnaissance qu'à ceux qui étaient le plus proches de lui. Quelqu'un lui tendait son fauteuil, sur lequel il s'affalait, presque plié en deux, la tête rentrée dans les épaules. Quand il indiquait un point sur la carte, sa main tremblait. À la moindre occasion, il réclamait que l'on pourchasse « les coupables ».

Restait cependant une caractéristique initiale du Führer : l'effet bien connu de son regard. Un conseiller militaire qui le vit seulement quelques jours avant son suicide se rappelait avoir vu en lui « un vieillard malade et sénile ». Et d'ajouter : « Seuls ses yeux émettaient une lumière vacillante indescriptible… et le regard qu'il me jeta était étrangement pénétrant. »

Warlimont fait remarquer comment l'attentat contre sa personne avait conduit Hitler – sans surprise – à se méfier encore davantage de ses généraux après juillet 1944, ce qui les dissuadait en retour de le contredire sur quoi que ce soit :

> Ses proches conseillers donnaient à l'observateur direct l'impression troublante qu'ils étaient désormais guidés, non par de froides considérations militaires, mais par une

relation de maître à disciple encore plus inconditionnelle qu'avant, si c'était possible.

En conséquence, Hitler entreprit de mettre entièrement au rebut la doctrine de la mission tactique qui lui avait donné de si beaux résultats en Pologne, en Norvège, aux Pays-Bas et en France (du moins jusqu'à ce qu'il intervienne pour donner l'ordre désastreux d'arrêter les blindés devant Dunkerque). Warlimont fait ainsi le bilan de cette période qui suivit juillet 1944 :

> Hitler réussit à imposer sa calamiteuse méthode de commandement en érigeant en ordre le principe selon lequel l'unique responsabilité de tous les chefs militaires, même les plus élevés dans la hiérarchie, était d'exécuter ses ordres sans les discuter et à la lettre. Face à l'ennemi, un sous-officier ou un simple soldat n'avait pas le droit de remettre en question le bien-fondé ou les chances de réussite d'une attaque ordonnée par son commandant de compagnie : de la même façon, le chef suprême des forces armées allemandes n'était pas disposé à partager la responsabilité de ses décisions avec les commandants en chef des groupes d'armées ou des armées. Ils n'étaient pas autorisés à demander d'être relevés de leur commandement s'ils étaient en désaccord avec ses instructions[44].

Pour aggraver encore la situation, le fait même d'avoir survécu au complot ne fit que renforcer la foi d'Hitler en son destin, comme l'indique Warlimont :

> Il avait la présomption de croire que c'était la « Providence » qui l'avait épargné le 20 juillet et il s'attendait maintenant à ce que d'autres « miracles » donnent

un nouveau tournant à la guerre, alors qu'auparavant il avait couvert de mépris tous les dirigeants ennemis qui avaient employé ce genre de langage.

Pendant ce temps, Churchill saisit l'occasion de la survie d'Hitler pour lui décocher l'une de ses piques les plus dévastatrices. Il l'avait jadis traité de « voyou des rues sanguinaire » et il avait attribué les victoires alliées en Afrique en partie à « l'intuition militaire du caporal Hitler » – « Nous voyons là la main du maître. La même obstination démentielle », ajoutait-il. Il avait également refusé de comparer Hitler à Napoléon, « car cela revient à insulter le grand empereur et le grand soldat que de l'associer en quoi que ce soit à un sordide boucher chef de bande ». En septembre 1944, Churchill se surpassa lui-même dans le registre du mépris devant les Communes :

> Lorsque M. Hitler a échappé à sa bombe [...], il a qualifié sa survie de providentielle. Je crois que d'un point de vue purement militaire, nous pouvons tous être d'accord avec lui, car il est bien certain que ce serait extrêmement malencontreux que les Alliés soient privés, au cours des dernières phases des combats, de cette forme de génie guerrier par laquelle le caporal Schicklgruber* a si notoirement contribué à notre victoire.

Comme c'était si souvent le cas dans les meilleures moqueries de Churchill, celle-ci avait l'avantage

* Alois Hitler (1837-1903), le père d'Adolf, était l'enfant illégitime d'une servante dont, pendant ses trente-neuf premières années, il a porté le nom : Schicklgruber.

supplémentaire – bien que non indispensable – d'être conforme à la vérité des faits. Trois miracles étaient survenus pour la Grande-Bretagne au cours de la guerre, tous trois la conséquence d'erreurs cardinales d'Hitler : l'ordre d'arrêt des blindés devant Dunkerque le 25 mai 1940, l'invasion de la Russie le 22 juin 1941 et la déclaration de guerre de l'Allemagne contre les États-Unis le 11 décembre 1941. Aucune de ces décisions n'avait à voir avec Churchill, mais collectivement elles avaient sauvé sa cause. Elles émanaient toutes d'un cerveau maître absolu chez lui. Les qualités du chef – en l'occurrence ses qualités d'une nullité catastrophique – avaient été cruciales. Ceux qui sont véritablement de grands meneurs d'hommes comprennent à quel point il est vital d'écouter les gens qui ne sont pas d'accord avec eux. Alors que Churchill se prêtait au débat, Hitler se contentait de l'étouffer.

Au bout du compte, si les États totalitaires sont bons pour déclarer les guerres, les démocraties sont meilleures pour les gagner.

CONCLUSION

« Il se peut que l'histoire voie dans Churchill l'architecte de la désastreuse campagne de Gallipoli ou l'auteur de discours xénophobes, mais ce soir nous le voyons, dans sa vieillesse de philanthrope, comme Churchill l'Européen. »

Radio Times, novembre 2001.

« Le lycée Winston-Churchill d'Harare, au Zimbabwe, va être rebaptisé lycée Josiah-Tongogara, à la mémoire du commandant de l'armée de guérilla de M. Mugabe dans les années 1970. [...] L'école primaire de Warren Park va devenir l'école primaire Chenjerai-Hitler-Hunzvi en hommage au principal démagogue du régime. »

Daily Telegraph, février 2002.

« Une bande-vidéo sur la guerre consacre quatorze secondes à Churchill. »

Titre de journal, 2001.

Que dira-t-on d'Adolf Hitler et de Winston Churchill bien après que nous serons tous morts ? Tant qu'il continuera à y avoir des vivants ayant perdu des membres de leur famille dans la guerre contre Hitler, tant que nous continuerons à habiter un monde dont les contours politiques ont été très largement dessinés par le règlement de la période qui a suivi Hitler, il sera impossible d'être absolument objectif vis-à-vis d'eux. Que penseront donc les gens ordinaires d'Hitler et de Churchill en 2145 ou 2245, lorsqu'ils seront aussi éloignés chronologiquement de nos descendants que nous le sommes de personnages historiques comme Napoléon ou Wellington ?

La plupart d'entre nous imaginent benoîtement qu'Hitler sera toujours considéré comme un autre Vlad l'Empaleur, Attila roi des Huns ou Ivan le Terrible – un tyran assoiffé de sang et rempli de haine, et rien que cela. C'est ce qu'écrit sir John Keegan :

> Il appartient à la compagnie de Genghis Khan, de Tamerlan, de Staline et de Mao Tsé-toung, tous des mégalomanes inhumains. Ces hommes sont, comme les Gens du Livre n'ont aucune difficulté à le croire, des créatures de Satan. Que Dieu veille sur le repos de leur âme[1].

S'il est vrai que dans une cinquantaine d'années on puisse imaginer des biographies et des documentaires télévisés révisionnistes qui viennent de temps à autre tenter de réhabiliter le Führer, le jugement de la postérité semble gravé dans le marbre. Mais certains commentateurs, comme l'historien américain John Lukacs, n'en sont pas certains. Celui-ci a identifié un certain nombre de domaines où le révisionnisme pro-Hitler a déjà gagné du terrain (certes à une échelle très modeste), et il craint qu'ils ne se multiplient au fil des ans. Après tout, Napoléon a laissé 6 millions de morts à travers l'Europe au bout de deux décennies de guerres et de conquêtes, et pourtant il ne manque pas d'intellectuels et d'écrivains pour l'admirer de nos jours.

Lukacs estime qu'il faut reconnaître en Hitler « le plus grand révolutionnaire du XXe siècle », supérieur même à Lénine par son aptitude à capter puis à orienter politiquement le mécontentement des masses, et que ses idées de triomphalisme nationaliste pourraient de nouveau constituer une menace à l'avenir. À l'occasion d'une montée en puissance de la barbarie, la réputation d'Hitler pourrait être rehaussée aux yeux des gens ordinaires, qui en arriveraient à le considérer comme une sorte de Dioclétien, le dernier architecte inflexible d'un ordre impérial souhaitable[2]. Heureusement, cette perspective n'est guère envisageable dans un avenir proche, et si la civilisation occidentale se dissout un jour à ce point-là, le regard porté sur la réputation d'Hitler sera le cadet des soucis de nos arrière-petits-enfants. Churchill lui-même exprima un peu la même idée devant les Communes le 25 juin 1941 : « Si nous gagnons, cela n'intéressera personne. Si nous perdons, il ne restera personne pour être intéressé. »

Dans l'introduction de ce livre, j'ai tenté de faire la distinction entre le meneur d'hommes charismatique du type Hitler et celui qui les inspire, comme Winston Churchill. Devant un prestidigitateur faisant ses tours de passe-passe au cours d'une fête enfantine, la moitié des spectateurs fixent ses mains pour essayer de comprendre comment il s'y prend, tandis que les autres regardent le spectacle pour ce qu'il est, ravis de se faire mystifier. Les sceptiques de nature auront tendance à suivre un chef qui les inspire, mais à rester soupçonneux à juste titre vis-à-vis de celui qui joue de son charisme. En politique, par conséquent, le scepticisme est une saine réaction qu'il faut alimenter et encourager.

La vérité, c'est qu'Hitler a toujours exercé bien plus de pouvoir que Churchill sur l'imaginaire et le psychisme des populations. Il a su exploiter deux des plus puissantes – bien que malfaisantes – émotions humaines : l'envie et la rancune, qui lui ont permis d'aller prodigieusement loin. Dans le sillage de la défaite de l'Allemagne et de l'Autriche lors de la Grande Guerre, et de l'idée qu'elles avaient été brimées par le traité de Versailles qui s'ensuivit, il était pathétiquement facile de faire naître un apitoiement latent de la population allemande sur son propre sort. D'ailleurs, au début, Hitler n'était qu'un des très nombreux politiciens d'extrême droite qui s'y employaient.

En revanche, l'envie et la rancune étaient absentes des schémas mentaux de Churchill. L'auteur John Julius Norwich se souvient d'une séance de cinéma où il était allé avec ses parents Duff et lady Diana Cooper, et à laquelle assistait également Winston Churchill :

> Je me rappelle un film sur des paysans irlandais, au cours duquel il s'exclamait de temps en temps : « Pauvre cheval ! » Et à la fin il lança : « L'envie – le plus stérile de tous les vices. »

L'envie qu'éprouvaient les Allemands vis-à-vis des puissances victorieuses de 1918, de leurs colonies et de leur richesse, certes, mais surtout de leur victoire elle-même faisait d'eux une proie facile pour Adolf Hitler.

Les expériences de Milgram et d'Asch

Tony Blair déclara en 1994 : « L'art de mener les hommes, c'est de savoir dire non – pas oui. C'est très facile de dire oui[3]. »

Deux célèbres expériences entreprises aux États-Unis il y a quelques années, les projets Milgram et Asch, illustrent bien à quel point il est facile pour les gens de dire oui, et elles ont des implications troublantes pour le regard que l'on peut porter sur la malléabilité de la nature humaine. Dans l'expérience conduite en 1963 par le Dr Stanley Milgram, on avait fait appel à des volontaires pour faire subir des épreuves à un homme ligoté sur une chaise avec des électrodes fixées à ses poignets. On avait dit aux volontaires que l'expérience avait pour objectif de mesurer la tolérance humaine face à la douleur. L'homme avait été chargé de mémoriser un texte, et s'il le récitait correctement, le volontaire n'avait rien de spécial à faire. S'il trébuchait ou se trompait, le volontaire avait reçu pour consigne d'actionner un interrupteur sur un rhéostat qui envoyait un choc électrique à l'homme qui était sur la chaise. Ces chocs augmentaient progressivement d'intensité à mesure que les erreurs se multipliaient.

En réalité, bien sûr, il n'y avait pas la moindre décharge électrique et l'homme faisait semblant quand il hurlait de douleur. Or, les volontaires ne le savaient pas, et pas moins de 65 % d'entre eux suivirent aveuglément la consigne, allant jusqu'à administrer des chocs atteignant 450 volts, ce qui serait mortel. Les cris de douleur de l'homme ne les empêchèrent pas de poursuivre l'expérience. Comme le fait valoir Brian Masters dans son autobiographie, *Getting Personal,* l'expérience de Milgram « démontre indiscutablement que des âmes timorées, bienveillantes et honnêtes peuvent se transformer en monstres si l'occasion leur en est donnée[4] ».

Les implications de l'expérience d'Asch sont tout aussi inquiétantes. On montrait trois lignes sur un écran à trois personnes en leur demandant quelle était la plus longue. Là encore, sans que l'un des volontaires le sache, les deux autres étaient en réalité des concepteurs de l'expérience. La plus longue des lignes était toujours parfaitement évidente ; la bonne réponse ne faisait aucun doute, même pour quelqu'un qui aurait eu la vue la plus basse et l'intelligence la plus médiocre. Après deux ou trois cas où ils choisirent tous les bonnes lignes, les deux concepteurs se mirent à choisir la même fausse ligne, qui était distinctement et de façon évidente plus courte que la plus longue. Au début, le volontaire protestait et faisait valoir la vérité, mais étonnamment vite il se ralliait à l'opinion des deux autres. Les expériences de Milgram et d'Asch montrent à quel point il est facile d'amener des gens aussi bien à agir avec cruauté qu'à ne pas croire – ce qui est tout aussi inquiétant – à ce que leur disent leurs propres yeux[5].

Conduire des gens à commettre des crimes horribles, comme le fit Hitler au cours de la Seconde Guerre mondiale, pour ensuite rejeter toute preuve qui s'y attachait, ne constituait pas une tâche aussi ardue qu'on pourrait *a priori* le penser. Les travaux universitaires menés par l'historien de Princeton Christopher Browning sur le tristement célèbre 101ᵉ bataillon de réserve de la police allemande, qui fut responsable de milliers de morts dans le cadre de la « Solution finale » en Pologne, montrent comment de respectables citoyens de Hambourg issus de la classe ouvrière et de la bourgeoisie se muèrent en tueurs complices du génocide. Il semble que ce soient la pression de l'entourage et une propension naturelle à l'obéissance et à la camaraderie qui aient transformé des gens parfaitement ordinaires en meurtriers de masse[6].

Ces leçons sont tout aussi applicables au monde d'aujourd'hui qu'à 1941-1945, comme nous le rappellent les événements qui se sont déroulés dans les années 1990 au Rwanda et en ex-Yougoslavie, notamment. Comment un peuple aussi civilisé que les Allemands a-t-il pu perpétrer le crime le plus immonde de l'histoire de l'humanité ? La conclusion centrale de Browning – selon laquelle l'antisémitisme et la ferveur nazie ne sont pas les seules causes qui ont poussé le 101ᵉ bataillon de réserve de la police allemande à commettre des atrocités dans la Pologne du temps de guerre – a été attaquée par l'historien Daniel Goldhagen dans son livre controversé de 1996, *Les Bourreaux volontaires de Hitler*.

Goldhagen avance que les recrues du 101ᵉ bataillon, qui n'avaient en aucun cas été sélectionnées pour leur ardeur nazie, mais qui à vrai dire s'étaient engagées en grande partie pour éviter le service actif à l'étranger, assassinèrent des femmes, des vieillards et des enfants juifs « pour le plaisir », parce qu'elles trouvaient « amusantes » leurs « chasses au Juif », au cours desquelles leur « antisémitisme démoniaque » se traduisait par « une grande soif de tuer des Juifs ». L'antisémitisme, soutient l'auteur, était tellement enraciné dans la culture, la société et l'histoire allemandes qu'Hitler et la Shoah n'en étaient que le résultat inévitable. Il suffisait que le Führer en prenne la direction indispensable pour que le génocide se produise[7].

Le début des années 1940 fournit le parfait « mobile » – pour reprendre le vocabulaire des romans policiers – ainsi que l'occasion propice et la méthode. Pourtant, les Juifs allemands étaient bien mieux intégrés en Allemagne que dans la plupart des autres contrées d'Europe dans les années 1920 et 1930 et, comme le fait observer Keegan, « en 1918, le Reich du Kaiser avait la haute main sur tous les *shtetls* d'Europe, mais ne faisait aucun mal à leurs habitants ». S'agissait-il donc d'une situation de laquelle on aurait pu dire, comme Milton Himmelfarb dans une formule mémorable : « Pas d'Hitler, pas de Shoah » ? Par conséquent, la caractéristique principale de la tragédie était-elle le fait qu'Hitler était à la tête de l'Allemagne ?

Le 101e bataillon constituait un échantillon représentatif de la société allemande, et personne n'y était contraint de tuer des Juifs ou de participer à des atrocités. Browning estime qu'il n'y avait rien de particulièrement allemand dans la Shoah, sauf peut-être le respect plus développé des meurtriers pour l'autorité et leur obéissance absolue aux ordres, et qu'à part un nombre relativement faible de nazis fanatiques, peu d'Allemands approuvaient généralement ce qui se passait « là-bas à l'est ». Cependant, ils ne manifestaient pas non plus une désapprobation active : la vaste majorité des Allemands étaient tout simplement indifférents et ne voulaient pas savoir les détails. Or, quand ils furent appelés à participer spécifiquement au génocide, entre 80 et 90 % des membres du 101e bataillon l'acceptèrent sans trop rechigner. Après quelques scrupules initiaux, ils « se transformèrent en bourreaux de plus en plus efficaces et endurcis ». Seuls 12 des 500 membres du bataillon refusèrent absolument de tuer 1 800 Juifs par balle dans les bois qui bordaient le village polonais de Józefów le 13 juillet 1942. Au cours des dix-sept heures que dura le massacre – interrompu pour des pauses tabac et le repas de midi –, quelque 45 autres membres s'absentèrent pour différentes raisons. Les 85 % restants continuèrent tout simplement à tirer à bout portant sur des femmes et des enfants juifs, alors même qu'ils savaient pertinemment qu'ils n'auraient reçu aucune sanction s'ils avaient refusé. L'un d'entre eux raconta :

> Au début, nous tirions à bras levé. Quand on visait trop haut, le crâne explosait entièrement. En conséquence, il y avait des fragments de cerveau et d'os qui volaient partout. C'est pourquoi nous reçûmes la consigne de placer la pointe de la baïonnette sur le cou.

À l'aide de procès-verbaux d'interrogatoires des années 1960, il est possible de plonger en profondeur dans les mécanismes mentaux de ces tueurs. Ces procès-verbaux font froid dans le dos quand on les lit, mais ils sont d'un intérêt considérable, car les auteurs y analysent les motivations de ces hommes qui pour un faisceau extrêmement complexe de raisons psychologiques se sont laissé transformer en meurtriers génocidaires. La plupart de ces raisons – la brutalisation, la « segmentation », la « routine » du temps de guerre, le conformisme, etc. – ne sont pas confinées aux frontières de l'Allemagne nazie. Nous nous vantons en pensant que la Shoah n'aurait jamais pu avoir lieu en Grande-Bretagne, mais en fait il y avait largement assez de gens en 1939-1945 qui auraient fait fonctionner les chambres à gaz si on en avait construit en Argyll, à Cardiff ou dans la banlieue de Londres.

Prendre ses responsabilités

Les dirigeants prennent leurs responsabilités. Quand les événements lui étaient contraires, Churchill n'hésitait pas à se reconnaître personnellement fautif. Dans ses discours lors des sessions à huis clos du Parlement, il admettait volontiers avoir fait des erreurs. Au contraire, quand la guerre commença à tourner à son désavantage, Hitler se mit à accuser constamment les autres : d'abord ses généraux, et ensuite l'ensemble de la population allemande, qu'il finit par juger indigne de son génie. Cette dichotomie ressort bien du fait que Churchill était toujours prêt à se rendre dans les quartiers bombardés du pays pour y remonter le moral des sinistrés – ce qu'Hitler n'a quasiment jamais fait en Allemagne. D'ailleurs, le Führer fit installer des rideaux dans sa voiture, une prise de distance par rapport aux souffrances de son peuple, qui fut indubitablement une erreur de sa part, car il aurait vraisemblablement été accueilli avec adulation encore en 1944. Sa crainte de se voir associé à des images d'échec et de défaite le conduisit à manquer les occasions de se faire photographier, que Churchill saisissait avec enthousiasme. Lorsque, le 8 septembre 1940, le Premier Ministre se mit à pleurer en voyant une rue qui avait été rasée dans l'East End de Londres, on entendit la remarque d'une habitante : « Tu vois bien, ça l'émeut vraiment », et la foule l'acclama spontanément[8]. Le fait qu'il était authentiquement bouleversé et qu'il manifestait plus d'empathie pour la population que ne le faisait Hitler – pour qui les habitants étaient de simples unités jetables dans son grandiose plan – était évidemment un atout. Malheureusement pour lui, Hitler n'avait pas de conseillers qui pouvaient le faire changer d'avis. Les dirigeants qui réussissent s'entourent de contradicteurs constructifs : Churchill avait Alanbrooke, Staline avait Antonov, Roosevelt avait le général George Marshall. Hitler n'avait personne pour lui dire « non » en lui donnant des conseils objectifs.

Pendant la guerre, le chancelier voyagea très peu – juste pour se rendre dans son « Repaire du loup », son quartier général de Prusse-Orientale, et quatre fois en France : une fois pour aller voir Rundstedt, une fois à Paris pour aller se pavaner à Compiègne, une fois pour rendre visite au maréchal Pétain et à Pierre Laval à Montoire, et une fois pour aller rencontrer le général Franco à Hendaye. Il n'avait guère été non plus un globe-trotter avant la guerre : il n'était jamais allé en Grande-Bretagne, ni en Amérique, en Afrique ou en Extrême-Orient. Certaines de ses bourdes stratégiques – en particulier sa déclaration de guerre aux États-Unis en décembre 1941 – auraient pu être évitées s'il avait été aventureux dans sa jeunesse et eu la possibilité de découvrir par lui-même ce à quoi ressemblait le reste du monde en dehors de l'Allemagne. Churchill, lui, était de loin le Premier Ministre qui avait le plus voyagé de toute l'histoire : au cours des quatre premières années de la guerre, il ne parcourut pas moins de 175 000 kilomètres, passant trente-trois jours en mer et quatorze dans les airs. Cela lui donnait une perspective stratégique globale totalement absente des schémas mentaux d'Hitler.

Savoir quand s'en aller

Une partie de l'art de gouverner, c'est de savoir quand s'arrêter – mais à l'instar de tous les Premiers Ministres du XXe siècle, à l'exception de lord Salisbury et d'Harold Wilson, Winston Churchill resta trop longtemps en fonction. Comme tant de ses prédécesseurs, il était trop facilement convaincu par des arguments sur sa propre « indispensabilité », alors même que, progressivement, de moins en moins de gens les avançaient. Lorsque, à l'été 1954, un vieil ami journaliste lui confia : « Il y a pas mal de vos amis conservateurs qui disent que ce serait une bonne chose pour le parti si vous démissionniez assez vite », Churchill le fixa avant de porter un regard circulaire sur la buvette de la Chambre des communes où ils étaient installés et répondit :

> Vous savez, quand je regarde cette salle et que je me remémore ma longue association avec cette Chambre, je me dis que c'est un pub pas mal du tout. Et quand je regarde les visages dans la Chambre, je me demande pourquoi il faudrait que je quitte ce pub avant que quelqu'un me dise « C'est l'heure, on ferme ! » sur un ton nettement plus fort que celui de mes amis à qui vous avez parlé[9].

Churchill aurait dû faire comme Cincinnatus et Garibaldi et quitter la politique active en 1945. Il aurait pu se retirer à Chartwell pour y construire des murs, écrire des livres, peindre des tableaux et jouir d'une canonisation laïque à l'échelle mondiale. Car cette année-là, la plus grande histoire d'aventures du siècle était de toute évidence terminée, et son « été indien »

– son mandat de Premier Ministre de 1951-1955, avec son apaisement des syndicats, sa sclérose en politique intérieure, ses déconvenues en politique étrangère et l'ambiance générale de nostalgie et d'autosatisfaction – ne correspondait en rien à ce dont une Grande-Bretagne épuisée et appauvrie avait besoin. Comme Ronald Reagan à Reykjavik à la fin de sa carrière, mais avec beaucoup moins de succès, Churchill aspirait à l'organisation d'un sommet avec les Russes qui lui ferait acquérir le surnom, inusité dans son cas, de « faiseur de paix ». Contrairement à Reagan, cependant, il ne parlait pas au nom d'une superpuissance, et cela n'eut pas lieu.

Lorsque son conseiller Reginald Maudling, mandaté par la direction du Parti conservateur, et Churchill se rencontrèrent en 1947 pour rédiger le discours du chef de file du parti devant le congrès annuel, il apparut petit à petit à Maudling que le Vieux Lion n'avait pas lu la Charte industrielle, ce document fondamental qui énonçait la politique du parti pour tout ce qui concernait l'économie. Il lui tendit donc un paragraphe qui résumait ses dispositions, sur le centralisme, les niveaux d'emploi élevés, la force du syndicalisme, l'absence de dénationalisations, la parité des salaires pour les femmes, l'augmentation des dépenses de formation, les comités d'entreprise et les partenariats entre l'industrie, le gouvernement et les syndicats, et Churchill lui dit qu'il y avait là beaucoup de choses avec lesquelles il n'était pas d'accord. « Eh bien, monsieur, c'est ce que le congrès du parti a adopté », lui précisa la malheureuse « plume », prévoyant des difficultés et commençant à perdre toute assurance. « Ah bon ? Alors, laissez donc tout cela dans le discours », répondit Churchill.

Son mandat de 1951-1955 ne fut pas sa plus belle période. Quand il revint à Downing Street, il apporta avec lui des piles d'étiquettes marquées « Action ce jour », qu'il avait jointes aux documents importants pendant la guerre. On les mit dans un tiroir et elles y restèrent sans jamais être utilisées. Le manque d'attention pour les détails, l'absence d'intérêt pour les questions intérieures et économiques, ainsi que tout simplement la paresse intellectuelle quant à la politique à suivre : ce furent là les problèmes qui pesèrent sur l'« été indien » du Premier Ministre. Particulièrement révélateur de la sclérose qui caractérisa ce mandat, les membres du gouvernement ne s'aperçurent jamais qu'il s'était passé quelque chose d'anormal, même quand Churchill fut victime d'une attaque cérébrale à l'été 1953. Lors des rares occasions où le Premier Ministre intervenait dans les affaires de ses lieutenants, c'était pour aggraver les choses.

L'apaisement des syndicats, de plus en plus revendicatifs, ne servit qu'à « nourrir le crocodile » et à introduire dans l'économie une inflation portée par les salaires. Le chancelier de l'Échiquier, R. A. Butler, reçut un appel téléphonique de Churchill juste avant Noël 1954 pour lui dire qu'il venait de désamorcer la menace de grève dans les chemins de fer. « Sur quelle base ? lui demanda Butler, inquiet. – La leur, pardi ! » rétorqua le Premier Ministre, tout content. Si l'on peut retenir cela comme le leitmotiv d'un mandat qui n'ajouta pas au lustre de la réputation de Churchill, l'image qui reste sans conteste est celle de l'énorme appareil auditif qu'il avait fallu placer au centre de la table du Conseil afin que le Premier Ministre octogénaire et plusieurs de ses collègues parmi les plus âgés pussent entendre ce qui se disait. Après tout, Churchill avait déjà l'âge de la retraite quand il accéda au poste de Premier Ministre en 1940.

Quand il finit par la prendre en avril 1955, il ne laissa pas assez de temps à son successeur, Anthony Eden, pour s'installer pleinement dans ses fonctions avant d'avoir à faire face à la crise de Suez. En 1946, il avait confié au jeune physicien R. V. Jones :

> Beaucoup de gens disent que j'aurais dû me retirer après la guerre pour devenir une sorte de sage comme ancien homme d'État, mais comment est-ce que j'aurais pu ? Je me suis battu toute ma vie et je ne peux pas arrêter de me battre maintenant[10] !

Ce qui avait changé, c'était la qualité de ses ennemis : après l'exaltation de se battre contre Hitler jusqu'en 1945, il lui fallait se contenter d'adversaires bien moins fascinants, comme des ouvriers sous-qualifiés, une économie surencadrée et des syndicats de plus en plus revendicatifs. Sa place dans l'histoire étant assurée dès le 8 mai 1945, Churchill aurait pu faire mentir la triste tendance qu'ont eue les Premiers Ministres au XXe siècle de s'accrocher au pouvoir bien trop longtemps pour leur bien ou celui de leur parti. Mais, comme il l'avait écrit dans *Savrola* :

> Véhément, élevé et audacieux, tel était son caractère. L'existence qu'il menait était la seule qu'il pourrait jamais vivre ; il devait aller jusqu'au bout[11].

Churchill historien

La première chose que fit Churchill quand il prit enfin sa retraite, ce fut de publier son grand ouvrage sur l'histoire anglo-américaine auquel il travaillait par à-coups depuis des années. Les meneurs d'hommes qui veulent laisser une marque durable dans l'histoire doivent se montrer grands écrivains tout autant que grands orateurs, et le prix Nobel de littérature attribué à Churchill fut bien mérité. Le 30 octobre 1932, Winston Churchill écrivit à Newman Flower, le directeur exécutif de Cassell & Co. :

> Disons qu'en principe je serais prêt à entreprendre la rédaction d'une *Histoire des peuples de langue anglaise*, leurs origines, leurs querelles, leurs malheurs et leur réconciliation, pour la somme de 20 000 livres.

Le projet prendrait quatre ou cinq ans, estimait-il. Cependant, à cause des immenses événements qui emportèrent non seulement Churchill, mais aussi les peuples de langue anglaise eux-mêmes, cette œuvre en quatre tomes ne fut publiée qu'un quart de siècle plus tard.

C'est au cours des premiers mois de la période baptisée sa « traversée du désert », où il était dans l'opposition interne au Parti conservateur, que lui vint l'idée d'écrire un ouvrage dont l'objet serait « de mettre l'accent sur l'héritage commun des peuples de Grande-Bretagne et des États-Unis d'Amérique afin de renforcer leur amitié ». Une considérable vision d'avenir, car une décennie plus tard ces deux pays, ainsi que leurs dominions et dépendances, devaient se retrouver à l'avant-garde du combat pour sauver la civilisation.

S'il y avait de solides raisons politiques d'écrire ce livre, la raison principale et immédiate de s'y atteler était financière. Prodigieux dépensier sans richesse héritée, tout au long de sa vie Churchill compta sur sa plume et ses indemnités parlementaires pour financer son grandiose train de vie – et comme il venait de démissionner du cabinet fantôme conservateur sur la question de l'autonomie des Indes, il savait qu'il ne pouvait espérer aucun portefeuille ministériel dans un proche avenir. Dans les faits, il fallut une guerre de grande ampleur en Europe pour qu'il puisse réintégrer le gouvernement de Sa Majesté.

Donc, dès le départ, son *Histoire* était conçue pour générer de grosses ventes. Ce serait, comme il l'écrivit à l'un de ses assistants, l'historien d'Oxford Keith Feiling, « un récit vivant appuyé sur les épisodes spectaculaires et déterminants, et ne visant en aucun cas à fournir un tableau complet ». Il ne fallait pas que cela constitue encore une de ces histoires austères et plus ou moins académiques des Britanniques et de leurs cousins du monde entier, mais au contraire un ouvrage de littérature très fluide qui débute avec l'invasion de l'Angleterre par Jules César en l'an 55 et se termine en 1902 avec la victoire de la Grande-Bretagne lors de la guerre des Boers.

Bien que Churchill ait engagé un certain nombre d'historiens de premier plan pour l'aider à rédiger des premiers jets, pour lui expliquer des périodes de l'histoire qu'il connaissait mal, et plus généralement pour lui faciliter le travail de recherche et de rédaction, cela reste bien son œuvre à lui, comme ses annotations sur les différentes épreuves le démontrent abondamment. En 1937, dans une lettre où il informait sa femme Clementine de la précarité de leur situation financière, il lui expliquait aussi que son *Histoire* réclamait « une immense somme de lectures et de réflexion solitaire si l'on [voulait] rendre justice à un sujet d'une telle ampleur ». Les dernières 15 000 livres de son à-valoir n'étaient payables qu'à la remise du manuscrit, qu'il espérait pouvoir terminer en décembre 1939.

Bien sûr, la montée du nazisme devait entraver son travail d'écriture avec une force croissante de 1937 à 1939 ; mais il est étonnant de voir comment Churchill réussissait à compartimenter sa vie et à grignoter du temps sur sa campagne contre l'apaisement d'Hitler pour le continuer. Pendant que les nuages de guerre semblaient se concentrer au-dessus de la Tchécoslovaquie en août 1938, il écrivait à lord Halifax qu'il était « horriblement empêtré parmi les anciens Bretons, les Romains, les Angles, les Saxons et les Jutes », alors qu'il pensait « leur avoir échappé à jamais en quittant l'école ». Par ailleurs, en réalité son travail sur l'*Histoire* lui a peut-être utilement changé les idées, car, lors de la crise de Munich, il écrivit à un ami : « En ces jours d'anxiété, cela m'a apporté un certain réconfort de mettre mille ans entre mes pensées et le XXe siècle. »

Comme il espérait que la publication lui fournirait à peu près un tiers de ses revenus de 1939, l'écriture de l'ouvrage constitua cette année-là sa principale activité quotidienne en dehors de la politique. Une équipe d'historiens – certains rémunérés, d'autres pas – continuèrent à l'assister sous diverses formes, depuis la rédaction de traités jusqu'à la relecture des épreuves avec vérification de l'exactitude des faits, en passant par des conférences privées données à Chartwell. Les derniers temps qui précédèrent la publication de l'*Histoire*, ils comptaient parmi eux certains des membres les plus éminents de la profession. Le principal assistant de Churchill était F. W. (devenu sir William) Deakin, mais à différentes périodes et pour des tâches différentes, Churchill reçut également l'aide de spécialistes comme Maurice Ashley, A. L. Rowse, Asa (par la suite lord) Briggs, J. H. (devenu sir Jack) Plumb, G. M. Young, Alan (par la suite lord) Bullock, et d'autres universitaires fort respectés. D'après Ashley, ces historiens veillaient en règle générale à tenir suffisamment la bride à l'« exubérant » Churchill pour que ses propos soient étayés par les faits historiques. En avril 1939, ce dernier lui écrivit :

> Ce qui ressort de l'ensemble, c'est le thème du développement de la liberté et de la force de la loi, des droits de l'individu, de la subordination de l'État aux conceptions fondamentales et morales d'une communauté humaine en pleine évolution. Ce sont les peuples de langue anglaise qui ont été les auteurs, puis les garants, de ces idées, pour êtres chargés aujourd'hui d'en devenir les champions armés. Ainsi, je condamne la tyrannie, quelle que soit la forme qu'elle revêt et d'où qu'elle vienne. Tout cela, bien sûr, s'applique à la situation actuelle.

Toutefois, quel que soit le nombre d'heures qu'il ait pu consacrer chaque jour à « appliquer » ses principes « à la situation actuelle » au cours des derniers mois de paix, Churchill réussissait toujours tant bien que mal à trouver le temps de travailler à son *Histoire*, au point qu'il était occupé à revoir le chapitre final du quatrième tome le soir même où Hitler envahit la Pologne en septembre 1939.

Il est évident qu'il fallut repousser la date de remise de son manuscrit terminé, mais même le déclenchement de la guerre ne mit pas entièrement fin à son travail sur l'*Histoire*. La « drôle de guerre » vit Churchill, désormais premier lord de l'Amirauté, tenter d'achever la série. F. W. Deakin avait rejoint le 63e régiment antichar des réservistes de l'Oxfordshire, mais il corrigeait également des épreuves dans son temps libre (qui diminuait rapidement), pendant qu'Alan Bullock rédigeait un texte de dix mille mots sur le Canada. Churchill écrivait à Deakin depuis l'Amirauté le 6 octobre 1939 :

> J'espère que vous réussirez à vous y atteler pendant la semaine, parce que la question est importante et que la tension est très élevée ici.

Quand arriva 1940, le projet de Churchill était presque achevé, mais celui d'Hitler aussi, et une fois devenu Premier Ministre en mai, il fut contraint de mettre l'*Histoire* en sommeil pour la durée de la guerre, même s'il vendit les droits d'adaptation cinématographique au grand producteur de films américain d'origine hongroise Alexander Korda pour 50 000 livres.

Ce n'est qu'au cours de la dernière semaine de 1945 – Churchill avait alors sauvé la civilisation, mais perdu les élections législatives – qu'il fut à même de reprendre la rédaction de son *Histoire*. À cette date, bien sûr, les peuples anglophones avaient ajouté les plus grands chapitres de leur histoire au récit, mais il fut décidé de ne pas prolonger l'ouvrage avec un tome supplémentaire pour les couvrir. Churchill emporta les épreuves du livre sur le *Queen Elizabeth*, à bord duquel il se rendait en Amérique pour son grand discours sur le « Rideau de fer » ; mais il était à peine rentré qu'un autre projet de grande envergure intervint pour encore une fois retarder la publication de son *Histoire*.

Churchill considérait qu'il était de son devoir d'écrire ses mémoires de guerre en six volumes, et il profita de ses années d'opposition pour ce faire, avec l'aide de William Deakin. Le travail, publié lui aussi par Cassell & Co., débuta en 1946 et le volume final, *Triomphe et Tragédie*, ne parut qu'en 1954 – Churchill était alors redevenu Premier Ministre, le Parti conservateur ayant remporté les législatives d'octobre 1951. Une fois encore, l'histoire avait rattrapé l'*Histoire*.

Par une curieuse ironie du sort, il semble que ce soit l'accident cérébral de Churchill à l'été 1953, dont il ressortit gravement affaibli, qui conduisit à ressusciter l'*Histoire*. Son médecin, lord Moran, lui avait suggéré de « s'adonner à quelque chose qui lui apaiserait l'esprit » – sur quoi Brendan Bracken, le grand ami de Winston et ancien ministre conservateur, lança : « Eh bien, pourquoi ne pas achever l'*Histoire des peuples de langue anglaise* ? » Par chance, Bracken était propriétaire du mensuel *History Today*, fondé en 1951, qui était codirigé par son ami et ancien secrétaire particulier adjoint au ministère de l'Information, Alan Hodge. Hodge était un petit prodige ; il n'avait que 25 ans quand – après ses études à la Collegiate School de Liverpool et à l'Oriel College d'Oxford – il se mit à écrire de la poésie d'avant-garde et collabora avec Robert Graves à la rédaction de *The Long Weekend : A Social History of Great Britain, 1918-1939*, en 1940.

Partageant les fonctions de rédacteur en chef de *History Today* avec l'auteur et poète Peter Quennell – partenariat extrêmement productif qui dura jusqu'à la mort d'Hodge en 1979 –, Hodge exerça, comme le rapporte sa nécrologie parue dans le *Times*, « un mandat à la tête du magazine à la fois historiquement rigoureux, imaginatif et judicieux ». Avec Quennell, il publia également, en 1960, *The Past We Share : An Illustrated History of the British and American Peoples*. Ses collègues et amis déploraient souvent que sa modestie naturelle se contente de collaborations plutôt que de publications individuelles, qui lui auraient permis de se faire un nom plus connu. L'un des plus évidents exemples de cela, c'est la manière dont il prit la tête de la commission d'historiens qui assistèrent Churchill pour les recherches finales de son *Histoire des peuples de langue anglaise*.

Pour ce faire, Hodge rassembla rapidement un groupe d'universitaires et d'historiens, dont certains étaient les mêmes que ceux qui lui avaient prêté leur concours avant la guerre. « Je vais pondre un œuf par an : un volume tous les douze mois, cela ne devrait pas exiger trop de travail », annonça-t-il à Moran.

À 79 ans, Churchill se remit à l'*Histoire* pour la rendre propre à la publication tandis qu'il se relevait de son embolie. Mais en relisant ses anciennes épreuves, il s'aperçut qu'il voulait substantiellement remanier l'ouvrage. Les grands événements que le monde avait traversés dans l'intervalle, depuis 1939, avaient élargi sa perspective historique, et il voulait que son ouvrage reflète mieux les leçons de l'histoire que ne le faisaient les premiers jets, et s'en ouvrit à Hodge :

Jusqu'ici, les chapitres initiaux du récit ont été intitulés selon les règnes des rois. C'est ce qu'on nous a appris à l'école. Bien sûr, cela n'est pas conforme à l'ampleur et au caractère de l'ouvrage. Il faudrait que nous réfléchissions à la possibilité de n'utiliser les noms de souverains que pour les titres des chapitres où ils symbolisent un grand épisode ou un tournant de l'histoire.

La Grande Charte de 1215, la guerre de Cent Ans, « la naissance du Parlement » et la guerre des Deux-Roses qui amena les Tudors au pouvoir allaient désormais prendre le pas sur les simples listes de monarques, car, expliquait Churchill :

> Nous rapportons la marche des événements selon un déroulement vivant et continu. Nous nous préoccupons d'abord des bouleversements sociaux et politiques à mesure qu'ils se produisent, en particulier de ceux qui ont laissé leur empreinte sur notre époque.

Il plaisantait auprès de son ami lord Beaverbrook à propos de cette relecture de son grand œuvre à la lumière de la Seconde Guerre mondiale :

> À tout prendre, je crois que je préfère encore avoir vécu tous nos tracas plutôt que ceux des autres époques, même si j'insiste pour exprimer mon regret que la race humaine ait un jour appris à voler.

De même que Churchill avait été occupé à travailler sur les épreuves du livre le soir où Hitler avait envahi la Pologne en 1939, il les relisait pour la dernière fois deux jours après avoir mis fin à ses fonctions de Premier

Ministre en 1955. Cette fois, il ne laisserait pas un événement mondial s'interposer. Il avait remporté le prix Nobel de littérature en 1953 et il avait une réputation à tenir – par ailleurs, comme il l'assurait à ses amis, l'ouvrage devait également être sa dernière entreprise littéraire. Lors d'une conversation à Chartwell avec l'historien A. L. Rowse, depuis son lit, en juillet 1955, il reconnaîtra qu'il avait été occupé à « relire l'*Histoire* qu'il avait écrite avant la guerre, mais qu'il n'en avait pas été satisfait », ajoutant que « cependant, il y aurait des gens pour la lire rien que pour sa "notoriété" ».

Et pour y en avoir, il y en avait : le premier tirage par Cassell & Co. de son *Histoire des peuples de langue anglaise* n'atteignit pas moins de 130 000 exemplaires, avec un retirage de 30 000 dans le mois. Ensuite, les retirages continuèrent de se succéder en cascade, en particulier quand les volumes – parus entre 1956 et 1958 – commencèrent à recevoir les éloges d'historiens tels que C. V. Wedgwood, J. H. Plumb, le Pr Michael Howard et le Pr D. C. Somervell, tous des universitaires dont l'esprit critique n'était pas aveuglé par la célébrité ou la grandeur de Churchill. Même A. J. P. Taylor, bien connu pour son iconoclasme, dit du premier tome, *La Naissance de la Grande-Bretagne* : « C'est l'une des œuvres historiques les plus judicieuses et les plus exaltantes jamais écrites. »

Les volumes de Churchill méritaient pleinement cet accueil enthousiaste de la critique, et ils continuent d'en bénéficier sans interruption depuis. Il faut les lire pour ce qu'ils sont : comme une grande œuvre de littérature, tout autant – voire plus – que comme un ouvrage d'histoire scrupuleusement exact. Des pédants ont certes réussi à y trouver çà et là quelques phrases où l'exubérance naturelle de Churchill, son sens de la langue ou le sel d'une anecdote ont bien pu lui faire franchir la frontière entre mythe et réalité, mais cela ne diminue en rien leur intérêt.

La place de Churchill dans l'histoire

Dans son panégyrique de novembre 1940 sur Neville Chamberlain, Churchill déclarait :

> L'histoire, avec sa lampe vacillante, avance en trébuchant sur le sentier du passé, en essayant de reconstituer ses scènes, de faire revivre ses échos et de rallumer avec de faibles lueurs les passions de jadis.

Il aurait vraisemblablement été très content de toute cette petite industrie historique qui s'est construite autour de lui et de sa réputation. Lui qui n'avait jamais été éloigné des controverses au cours de son existence aurait sans aucun doute pris un énorme plaisir à se défendre contre ceux que l'on qualifie abusivement de « révisionnistes ».

Dans un sens, bien sûr, toute écriture de l'histoire n'est qu'une révision de la version précédente, et pendant quelques années après sa mort en 1965, ceux qui écrivaient sur Churchill ne cherchaient qu'à rétablir l'équilibre après la masse d'hagiographies qui chantaient ses louanges dans les années 1950 et au début des années 1960. Cependant, depuis lors, et en particulier depuis les dernières années du XXe siècle, un nouveau ton, extrêmement critique, a fait son apparition. On lui porte des coups, on ergote sur lui avec agressivité, et on exprime parfois un franc mépris pour sa personne et ses actes.

Tout cela a eu étonnamment peu d'effet sur la perception qu'a le public du Premier Ministre du temps de guerre. Il semble que les populations anglophones ont une opinion bien ancrée de la gloire de Churchill, qu'aucun débat historique ne pourra plus jamais modifier. À l'occasion du cinquantième anniversaire du 8 mai 1945, le *Sunday Telegraph* écrivait :

> Churchill a quelques détracteurs, mais aucun d'entre eux n'a eu beaucoup d'impact sur la perception que le public a de lui.

Actuellement, il est bien certain que sa popularité ne montre aucun signe de déclin – au-delà de la publicité inconsidérément donnée aux récentes actions de vandalisme extrêmement minoritaires à l'encontre de certaines de ses statues, dont celle de Westminster*. Le nombre de visiteurs de sa résidence de Chartwell n'a cessé de croître depuis qu'elle a été ouverte au public l'année qui a suivi sa mort. Un navire de guerre des États-Unis a été baptisé de son nom en l'an 2000 – c'est le premier Anglais à recevoir un tel honneur depuis le XVIIIe siècle (même si, bien sûr, il était citoyen d'honneur des États-Unis). Plus prosaïquement, une paire de chaussons qu'il portait dans sa chambre a atteint 10 000 dollars aux enchères. En novembre 2002, il remporta facilement le sondage de la BBC visant à désigner « le plus grand Britannique de tous les temps », avec 447 423 voix, et il avait été battu de justesse par William Shakespeare en

* Je résume là les derniers articles sur la question.

1999 pour la désignation de « l'homme du millénaire » – défaite qu'il aurait bien mieux acceptée que celle aux législatives de 1945.

La virulence du tollé de 1995 à propos de l'achat de ses archives auprès de son petit-fils pour la somme considérable de 12,5 millions de livres, argent issu de la Loterie nationale britannique, constitua un hommage à la perpétuation de sa place centrale dans le panthéon national. Il en va de même de la manière dont les deux camps ont essayé de se réclamer de son héritage politique dans le débat sur l'appartenance de la Grande-Bretagne à l'Union européenne. Lorsque le Führer en puissance de l'Autriche, Herr Jörg Haider, dénonça Churchill comme criminel de guerre à l'égal d'Hitler, il se fit bien plus remarquer qu'avec ses autres déclarations plus d'actualité sur l'élargissement de l'Union européenne. Quand des émeutiers barbouillèrent des slogans communistes et anarchistes sur la statue de Churchill à Parliament Square le 1er mai 2000, cela suscita l'indignation générale.

Les révisionnistes perdent leur temps, peut-être pas dans le monde universitaire, mais à tout le moins auprès de la population ordinaire. À l'instar d'autres icônes nationales comme Lincoln, Washington et Napoléon – ou ses propres adversaires Gandhi et de Gaulle –, Churchill est si bien établi qu'aucun livre écrit pour le déboulonner ne pourra jamais atteindre son objectif. On continue à en écrire, bien sûr, mais ils ont le même impact sur la perception du public qu'une punaise enfoncée dans le cuir d'un énorme pachyderme. Ce qu'il avait appelé « l'implacable enquête de l'histoire » dans *Mes grands contemporains* a rendu son jugement sur Churchill et estimé qu'il n'y avait pas matière à poursuites. Ce n'est que dans certains cercles historiques et journalistiques, ainsi que chez certains universitaires provocateurs, que ce verdict est considéré comme discutable.

Le premier groupe de ceux qui veulent démolir Churchill réunit les idéologues. Depuis l'auteur Clive Ponting à gauche jusqu'à David Irving à l'extrême droite, ces gens-là ont tenté d'utiliser différents aspects de la carrière du Vieux Lion pour faire avancer certaines de leurs propres idées politiques. En le dépeignant comme quelqu'un qui avait une personnalité malhonnête, voire malfaisante, souvent en extrayant des citations absolument hors de leur contexte et en lui attribuant des motivations si machiavéliques qu'elles auraient peut-être pu choquer Churchill lui-même, ces idéologues font rapidement perdre sympathie et patience aux lecteurs objectifs. Si l'ancien Premier Ministre est détesté avec une telle violence par les deux extrêmes de l'éventail politique, il ne peut pas avoir été si mauvais que cela.

En 2001, ses admirateurs ont poussé un énorme soupir de soulagement. Pendant quatorze ans, depuis la parution du premier volume de David Irving sur Churchill, ils avaient attendu de voir quelles immondes machinations l'historien d'extrême droite avait bien pu réussir à déterrer dans les centaines de dossiers d'archives qu'il avait dépouillées – or, il ressortait clairement de cet hymne à la haine de 1 063 pages ironiquement intitulé *Churchill's War : Triumph in Adversity* qu'il n'avait pas réussi à porter un seul coup significatif à la réputation de celui qui avait dirigé la Grande-Bretagne au cours de la guerre.

Toutes les vieilles accusations étaient bien sûr reprises : Churchill était un alcoolique mal dégrossi et menteur qui avait dissimulé aux Américains l'intention qu'avait le Japon d'attaquer Pearl Harbor ; il était derrière l'assassinat du général Sikorski, le dirigeant polonais allié de la Grande-Bretagne ; il avait voulu raser Rome ; et ainsi de suite, *ad libitum*. Il y avait même de nouvelles calomnies, tout aussi infondées : à en croire le livre d'Irving, Churchill était également un exhibitionniste qui aimait se déboutonner devant des hommes d'État étrangers, il était responsable d'avoir alerté les nazis sur le fait que les Britanniques avaient cassé leurs codes, et il avait voulu faire assassiner l'autre allié de la Grande-Bretagne, le général de Gaulle, par le MI6.

Il y avait une douzaine d'accusations nouvelles du même genre, pour la plupart risibles si elles n'étaient pas présentées avec une telle hargne. Elles étaient accompagnées de 160 pages de notes qui visaient à paraître les étayer. Or, quand, par exemple, Irving prétendit que la reine Élisabeth de l'époque (la défunte reine mère) avait soutenu l'offre de paix d'Hitler en 1940 et que la preuve se trouvait dans le carton numéro 23 des papiers de lord Monckton déposés à la bibliothèque Bodléienne d'Oxford, je me rappelai, à la suite de mes propres travaux sur Monckton, que ce carton-là n'avait jamais été ouvert par des historiens. Pour en avoir le cœur net, je me fis confirmer par les responsables de la bibliothèque que non seulement David Irving n'avait jamais ouvert ce carton, mais qu'il ne l'avait même jamais eu entre les mains.

Beaucoup des assertions d'Irving sont complètement contradictoires. Si Churchill « faisait invariablement passer les intérêts des États-Unis avant ceux de son propre pays et de son empire », pourquoi n'a-t-il pas averti les Américains de ce qui était sur le point de se produire à Pearl Harbor ? Ou bien, si les opinions tristement célèbres de M. Irving sur Auschwitz – on n'y exterminait pas systématiquement les Juifs – sont fondées, pourquoi faut-il reprocher à Churchill de ne pas avoir donné l'ordre à la RAF de bombarder le camp ? M. Irving veut constamment gagner sur les deux terrains dans son livre, mais il se retrouve tout aussi constamment à perdre sur les deux.

Malgré le sous-titre du livre, Irving ne trouve rien qui viendrait compenser les défauts de celui qui a eu la témérité de vaincre Adolf Hitler. Les plaisanteries les plus fines de Churchill sont ravalées au rang de « facéties ». L'impérieuse nécessité d'aller voir le président Roosevelt au début de 1942 pour définir une stratégie commune contre l'Allemagne et le Japon après Pearl Harbor se transforme en « désir de parader avec les grands de ce monde » de la part du Premier Ministre, accusé d'avoir gagné la guerre « malgré lui ». Pourtant, à chaque fois que les éléments de preuve à l'appui de ce qu'avance Irving sont minutieusement examinés par quelqu'un qui a fréquenté les mêmes archives et consulté les mêmes documents originaux, il s'avère qu'ils ne justifient en rien les ridicules allégations d'Irving.

Les citations sélectives sont légion. Irving prétend par exemple que Churchill souhaitait « éliminer » de Gaulle, mais en réalité le Vieux Lion préconisait auprès de ses collègues ministres de réfléchir à l'intérêt d'« éliminer de Gaulle comme force politique et de confronter le Parlement et la France sur la question ». Par ailleurs, toute la théorie d'Irving sur Pearl Harbor repose sur une mauvaise interprétation évidente des carnets de sir Alexander Cadogan.

S'il a réellement consacré vingt-sept ans à ses recherches et à la rédaction de *Churchill's War*, comme l'indique le « prière d'insérer » de l'éditeur, alors il a gâché la moitié d'une existence. Car avec sa longue série d'insinuations stupides, malveillantes et non prouvées, il n'a finalement abouti qu'à un travail plutôt pathétique. Au lieu de tenter de rétablir sa réputation d'historien, qui fut anéantie par sa défaite à l'issue du procès en diffamation qui l'opposait à Deborah Lipstadt et à Penguin Books en 2001*, Irving a produit un livre qui ne convaincra que les adeptes de la théorie du complot les plus marqués à l'extrême droite.

Lorsqu'il écrit que Churchill était « partiellement de sang juif, bien que convenablement dilué », il montre simplement sa volonté de nuire ; lorsqu'il avance que Churchill « était ambivalent sur les raisons pour lesquelles il menait véritablement cette guerre ruineuse », il laisse délibérément de côté les dizaines de discours, parmi les plus beaux jamais prononcés en langue anglaise, où celui-ci expliquait précisément à la Grande-Bretagne et au monde, entre 1939 et 1945, dans un langage d'une rigueur absolue, pourquoi il fallait extirper le nazisme pour permettre à la civilisation humaine de survivre et de prospérer.

Quand Irving insinue que les Britanniques forcèrent le duc de Windsor à quitter le Portugal en août 1940 « le

* Rappelons qu'à la suite de la parution en 1993 de l'ouvrage *Denying the Holocaust : The Growing Assault on Truth and Memory*, de l'historienne américaine Deborah Lipstadt, qui dénonçait les falsifications de l'histoire par Irving et l'accusait de négationnisme non fondé, ce dernier lui intenta un procès devenu célèbre, qu'il perdit en même temps que ce qu'il lui restait de réputation.

pistolet sur la tempe », il n'écrit que des sornettes. Qu'il se déclare « choqué » que Churchill ait fermé l'œil sur la liaison de sa bru Pamela avec Harriman montre qu'il est incapable de comprendre les mœurs de la classe sociale et de l'époque. Le désir prêté à Churchill de « voir Rome en flammes » est en contradiction totale avec un de ses messages à Roosevelt : « Il serait bon que nous donnions à nos pilotes la consigne de veiller dans toute la mesure du possible à éviter de toucher aucun des édifices du pape dans la ville de Rome. »

Un deuxième courant révisionniste repose sur une critique qui semble s'amplifier dans les milieux libertaires et isolationnistes américains. Dans l'ouvrage de Patrick Buchanan, *A Republic, Not an Empire,* paru en 1999, Churchill se voit mis au ban de la société des honnêtes gens. Et dans une conférence d'une demi-heure donnée lors d'un colloque historique à la New York State University, l'historien Ralph Raico réussit à énumérer pas moins de trente-deux accusations contre lui. J'ai constaté que les survivants du *Blitz* de Londres ont leurs idées à eux quant aux propos de M. Raico, selon lesquels Hitler n'aurait jamais eu la moindre intention de bombarder leur ville et Churchill aurait donc eu tort de prôner la mise sur pied d'une puissante aviation dans les années 1930. D'après Raico, Churchill était un crypto-socialiste, un partisan du nettoyage ethnique, un criminel de guerre et un « pantin » de Staline. Dans un article écrit à l'appui de sa thèse, Raico le décrit ainsi : « Un homme qui aimait le sang et un politicard sans principe, dont l'apothéose sert à corrompre tous les critères d'honnêteté et de moralité dans le monde politique et dans l'histoire. » On le voit, les révisionnistes libertaires américains font rarement dans la dentelle.

Bien qu'il soit britannique, c'est dans une publication américaine, l'*Atlantic Monthly* d'avril 2002, que le provocateur professionnel Christopher Hitchens accuse Churchill d'avoir été sans pitié, mal dégrossi, manipulateur, « atrophié par l'alcool », myope, et d'avoir eu tort sur tout, sauf sur les nazis. Il va jusqu'à accuser Churchill d'avoir été « vulgaire et alarmiste » en ayant « constamment seriné » la question du réarmement au cours des années 1930, comme s'il était possible d'avoir été « alarmiste » sur un événement comme l'ascension d'Hitler. Au milieu de ces dix-neuf pages délirantes intitulées « Les médailles de ses défaites », Hitchens avance qu'il est « facile d'imaginer la RAF venant en aide à l'armée allemande dans le Caucase ». C'est en fait tout à fait impossible, sauf pour un obsédé de la polémique qui cherche simplement à « épater les churchilliens ». Seule une mauvaise interprétation des procès-verbaux du War Cabinet peut avoir donné lieu à l'assertion d'Hitchens selon laquelle, en 1940, « Churchill s'est plus d'une fois montré favorable à des négociations avec Hitler », alors qu'il y avait en réalité énoncé les arguments contre toute négociation de ce genre. Hitchens rabaisse l'opposition de Churchill à toute hégémonie allemande à une « pure ambition », en laissant par là même de côté la grande masse de ses écrits, de ses discours et de son action politique sur plus de quarante ans qui plaident pour la notion d'équilibre des forces en Europe. Adolf Hitler lui-même reconnaissait l'engagement de Churchill en faveur de cette théorie, qu'il considérait dépassée, mais dont il ne niait pas l'existence (voir « Hitler sur Churchill », p. 239).

Quand il s'en prend à Churchill parce qu'il a donné l'ordre d'attaquer la flotte française à Mers el-Kébir,

Hitchens oublie que la Grande-Bretagne ne pouvait pas savoir que Vichy n'aurait pas livré sa flotte à Hitler. Nous devons nous féliciter que ce soit Churchill et non le crédule Hitchens qui ait été chargé de la sécurité de la Grande-Bretagne en 1940. Lorsque l'auteur continue en écrivant à propos de cette attaque de Mers el-Kébir que les « chroniqueurs de Churchill préfèrent glisser rapidement dessus, ou quand c'est possible la passer sous silence », il s'agit – chose rare chez un polémiste si intelligent – d'inepties facilement démontrables. Cet épisode est abordé par sir Martin Gilbert (qui n'y consacre pas moins de vingt-sept pages), Roy Jenkins, John Keegan, John Lukacs, John Charmley, Joseph Lash, Philip Guedalla, Basil Liddell Hart, William Manchester, John Ramsden, Geoffrey Best, Norman Rose, A. L. Rowse, le présent auteur et, bien sûr, par Churchill lui-même dans le deuxième tome de ses mémoires.

De même, loin que la retraite de Churchill ait été « une période humiliante et distendue qui n'en finissait pas où il recherchait la célébrité et se vautrait dans le luxe », il reçut les félicitations des historiens universitaires pour son *Histoire des peuples de langue anglaise*, dont les quatre volumes sont toujours disponibles toutes ces années plus tard. Après être sorti vainqueur de la Seconde Guerre mondiale, Winston Churchill n'avait guère de raison ni de besoin de « rechercher la célébrité ». Pourtant, ce n'est que quand Hitchens avance que l'ancien Premier Ministre est responsable d'avoir exposé délibérément le paquebot américain *Lusitania* à des risques en 1915 afin de faire entrer les États-Unis dans la Grande Guerre que l'on commence à douter qu'il puisse lui-même croire à ces thèses ridicules.

Churchill plaisantait régulièrement en disant qu'il savait que l'histoire serait indulgente à son égard parce qu'il l'écrirait lui-même. Il est toutefois triste de voir des gens absolument disqualifiés par leur manque d'objectivité être les auteurs de beaucoup d'écrits historiques sur lui, avec des va-et-vient notables entre eux. Bon nombre des citations que M. Raico utilise pour illustrer ses accusations renvoient dans les notes aux travaux d'Irving et de Ponting, et à son tour Raico est cité avec admiration par Buchanan. Plusieurs des allégations d'Hitchens semblent être tirées d'Irving. Il est presque impossible de croire que ces gens ont entrepris de rechercher authentiquement la vérité historique et non d'attaquer Churchill pour la dimension choquante et les ventes liées aux insultes contre une telle figure totémique de la culture politique anglo-américaine. Churchill constitue un puissant aimant pour les adeptes des théories du complot. L'acte d'accusation contre lui est aussi long qu'imaginatif. Il se passe rarement une année sans que sorte un nouveau livre pour l'accuser d'avoir attiré Rudolf Hess en Écosse ou bien d'avoir été averti au préalable du bombardement de Pearl Harbor, entre autres absurdités aussi flagrantes. On l'a accusé d'avoir fabriqué le krach de Wall Street en 1929 (dans lequel il a personnellement perdu une fortune) ; un article du *Philadelphia Inquirer* a avancé :

> [S'il] avait fait preuve d'un peu plus de sagacité en 1911, ou en 1919, ni la Seconde Guerre mondiale ni les guerres de Corée, du Viêt Nam ou du golfe Persique n'auraient eu lieu – pas plus que l'explosion de la drogue ou le vaste déficit [américain].

Certains auteurs continuent à soutenir qu'il a laissé détruire la ville de Coventry [en novembre 1940] plutôt que de risquer de révéler que la Grande-Bretagne avait cassé le code d'« Enigma ». Inutile de dire qu'Internet a ouvert un front entièrement nouveau où les révisionnistes anti-Churchill peuvent déverser leurs élucubrations en polluant le cyberespace avec leurs phantasmes de plus en plus absurdes. Depuis des années, l'excellent magazine *Finest Hour*, publié par l'International Churchill Society, recense et réfute systématiquement toutes ces insinuations[12].

Une troisième et fort influente source de révisionnisme anti-Churchill est fournie par la presse. Les rédacteurs en chef des journaux admettent volontiers que les sujets sur le grand homme donnent lieu à d'excellents articles, d'autant plus que les morts ne peuvent pas engager de procès en diffamation. On trouve donc dans des titres respectables des « papiers » qui, s'ils avaient paru de son vivant, auraient rapporté des centaines de milliers de livres à Churchill grâce à des transactions à l'amiable. D'après certains articles de journaux récents, celui-ci était un toxicomane qui avait activement aidé sa bru à tromper son propre fils. Il aurait aussi ordonné l'assassinat de Mussolini avant de tenter de récupérer des documents compromettants portant sur un accord de paix secret anglo-italien qu'il aurait essayé de négocier.

Churchill fumait rarement des cigares, a-t-on pu lire, mais il aimait en avoir toujours à proximité, allumés, afin d'« accentuer sa masculinité ». Selon différents révisionnistes, c'était aussi un plagiaire, un opportuniste, un va-t-en-guerre, un hypocrite, un fantaisiste, le véritable créateur du nazisme – il fallait y penser ! –, un effarant stratège militaire et un menteur pathologique. Quelqu'un a même écrit un livre – qui a inexplicablement été catalogué comme « non fictif », conformément à ce qu'il prétendait être – affirmant catégoriquement que Churchill avait aidé Martin Bormann à s'échapper de Berlin en 1945, avant de lui trouver un logement près de Londres où passer confortablement le restant de ses jours[13]. Le bruit a couru que l'à-valoir proposé à l'auteur de ces âneries frisait le quart de million de livres, bien que l'on dise aussi qu'il n'a pas été versé intégralement parce que les allégations ne résistaient pas à l'examen. Pas plus tard qu'en septembre 2002, l'ambassadeur d'Arabie Saoudite à Londres, Ghazi al-Gosaibi, écrivit au *Spectator* pour prétendre que Churchill avait donné l'ordre à des troupes de tirer sur des suffragettes en 1917 – accusation qui fut méthodiquement mise en pièces quinze jours après par l'International Churchill Society[14].

Tout ce que peuvent faire les historiens confrontés à ces absurdités patentes, c'est de rester calmes, retourner aux sources originales et aux autorités premières – en général la biographie magistrale de sir Martin Gilbert en huit tomes, avec ses vingt-trois volumes de documents –, examiner le contexte historique et les faits avérés, et rechercher la vérité avec une démarche aussi scientifique que possible : 99 fois sur 100, Churchill en sort sans dommages.

Bien sûr, Churchill n'est certainement pas à l'abri de toute critique. Il est tout à fait évident que sur une carrière aussi longue et aussi variée, où il a deux fois changé de parti aux Communes, et où il a été appelé à prendre des décisions capitales, son jugement peut être légitimement remis en cause sur plusieurs points. Sur des sujets comme le siège de Sidney Street en 1910, la débâcle de Gallipoli, la partition de l'Irlande, le retour à l'étalon-or en 1925, le traitement de la grève générale de 1926, le nationalisme indien, la crise de l'abdication en 1936, le choix des cibles par le *Bomber Command*, la stratégie de 1943 fondée sur le « ventre mou », l'insistance sur la capitulation sans conditions de l'Allemagne, le refus d'aider les comploteurs de juillet 1944, l'absence de reconnaissance officielle par la Grande-Bretagne de la culpabilité soviétique dans le massacre des officiers polonais de la forêt de Katyń et l'inaction face aux propositions d'aller bombarder Auschwitz, il s'est fait critiquer par des universitaires distingués ainsi que par des hommes politiques et des journalistes qui n'étaient pas des irresponsables, aussi bien de son vivant qu'ensuite. Ces critiques étaient et sont encore parfaitement respectables, bien que l'auteur de ces lignes soit personnellement convaincu que Churchill a fait le bon choix dans presque chacun de ces cas et fait montre d'un jugement bien plus sûr que la plupart de ses contemporains. Ce que nous voyons actuellement, cependant, ne recouvre pas un débat raisonnable et honnête, mais une série de critiques hostiles et acerbes dirigées contre le patriotisme et l'honneur mêmes de l'homme d'État.

Les critiques les plus percutantes de la carrière de Churchill – et celles qui sont les mieux placées pour égratigner la façade de l'édifice que constitue désormais son immarcescible réputation – sont de loin celles qui émanent du Pr John Charmley et des regrettés Alan Clark et Maurice Cowling, qui représentent peu ou prou ce que l'on pourrait appeler la critique nationaliste britannique liée au Parti conservateur. En janvier 1993, John Charmley publia *Churchill : The End of Glory*, qu'il fit suivre en 1995 par *Churchill's Grand Alliance : The Anglo-American Special Relationship, 1940-1957.* Les deux ouvrages sont des analyses scrupuleusement argumentées et soigneusement écrites de la responsabilité personnelle de l'ancien Premier Ministre dans l'effondrement de la puissance britannique au XXe siècle. Churchill se voit également reprocher d'avoir empêché le héros de Charmley, Neville Chamberlain, d'avoir poursuivi l'apaisement avec succès jusqu'à sa conclusion recherchée, c'est-à-dire une guerre dévastatrice entre l'Allemagne et l'Union soviétique où les deux adversaires se combattraient jusqu'à épuisement, ce qui les laisserait tous deux dans une position de faiblesse qui ne menacerait en rien ni la Grande-Bretagne ni l'Occident.

Churchill est accusé de surcroît d'avoir trahi l'Empire britannique au profit des États-Unis par naïveté et à cause d'une conception très exagérée de la faiblesse britannique après la guerre, ainsi que d'avoir fait entrer le socialisme en Grande-Bretagne par la petite porte. Ce point de vue est fondamentalement vicié par le fait qu'il confond cause et effet et ne laisse guère de place à la limitation des choix qui s'offraient à Churchill en 1945. L'école des nationalistes du Parti conservateur n'en constitue pas moins la tentative la plus sérieuse de faire tomber le grand homme de son piédestal de Parliament Square.

Cela vaut donc la peine d'examiner de près l'argument selon lequel il aurait été préférable pour la Grande-Bretagne de faire la paix avec l'Allemagne nazie en 1940 ou 1941. (Pour le Pr Cowling, en revanche, il n'aurait pas fallu que la Grande-Bretagne parte en guerre du tout en 1939.) Loin de sauver l'empire, ne pas mener la guerre jusqu'à son terme aurait été désastreux tant pour la Grande-Bretagne que pour la perspective de voir émerger une Europe occidentale civilisée, pacifique et démocratique, telle qu'elle existe depuis 1945. Tous les avantages qu'un traité aussi pleutre aurait pu procurer auraient été marginaux, excessivement coûteux et vraisemblablement aussi très momentanés.

Depuis même avant l'épisode de l'Invincible Armada espagnole en 1588, la politique britannique a toujours été de s'opposer à toute puissance européenne à ambition hégémonique qui tentait de se rendre maîtresse des ports de la Manche en France, aux Pays-Bas et en Belgique d'où il était possible de lancer une invasion du sud de l'Angleterre. Le roi Philippe II d'Espagne, Louis XIV, Napoléon Bonaparte et le Kaiser Guillaume II subirent tous des défaites cuisantes au cours de guerres successives liées précisément à cette question. Laisser Hitler être le maître indiscuté de ces ports en 1940 aurait conduit à des dizaines d'années de danger, avec un budget de défense astronomique et la nécessité d'une vigilance de tous les instants pendant le reste de la décennie et probablement au-delà.

Une fois la Grande-Bretagne en dehors de la guerre, Hitler n'aurait vraisemblablement pas eu à obliquer au sud, pour pénétrer en Yougoslavie et en Grèce, au printemps de 1941. Comme nous l'avons vu dans la partie précédente, il aurait alors pu lancer son invasion de la Russie six semaines plus tôt, en prélevant des divisions en France, aux Pays-Bas, en Belgique et en Afrique, venues s'ajouter à celles qu'il avait initialement prévues en Allemagne et en Pologne. Alors même que cela n'a pas été le cas, l'armée allemande a presque atteint les stations de métro de Moscou, pris Stalingrad et soumis Léningrad à un siège atroce de mille jours. Si les

Allemands avaient repoussé les soviets au-delà de l'Oural, le Führer aurait été maître de l'Europe de Brest à Sverdlovsk. Au lieu de cela, l'alliance de la Grande-Bretagne avec la Russie permit aux Alliés – dès lors que la déclaration de guerre mal avisée d'Hitler avait fait entrer les États-Unis dans le conflit contre l'Allemagne – de fournir à l'Armée rouge 5 000 chars, 7 000 avions, 51 000 Jeep et 51 millions de paires de brodequins, soit une aide qui contribua matériellement à sa victoire finale. Dans son ouvrage, le général John Strawson s'interroge sur les négociations de paix qui auraient pu avoir lieu en 1941 :

> La Grande-Bretagne aurait-elle été laissée en possession aussi bien de sa marine de guerre que de ses navires marchands, avec une liberté de navigation absolue pour son commerce et autres raisons ? L'Italie aurait-elle abandonné ses colonies d'Afrique ? La Grèce et l'Albanie seraient-elles demeurées libres ? Rommel et l'Afrika Korps auraient-ils quitté la Libye ? La Grande-Bretagne aurait-elle conservé la liberté de maintenir ses forces armées à leur niveau devenu non méprisable en 1941 et de les déployer partout où elle le voulait en dehors des domaines d'Hitler ? Qu'aurait dit la Grande-Bretagne à la France, aux Pays-Bas, à la Belgique, au Danemark, à la Norvège et à la Pologne ? Hitler aurait-il accepté – avec un accord soumis à de strictes mesures de vérification – de cesser les recherches et la mise au point touchant les V-1 et V-2, les avions à réaction, les nouveaux sous-marins, ainsi que les armes nucléaires ? Après avoir soumis l'ensemble de l'Europe orientale, y compris la Russie, aurait-il déclaré une fois encore qu'il n'avait plus d'objectifs de conquête territoriale ? Aurait-il garanti

> l'intégrité de l'Empire britannique ? Ou bien toute cette paix négociée – en admettant bizarrement qu'elle ait véritablement pu voir le jour – ne se serait-elle pas révélée comme une nouvelle paix d'Amiens, la trêve entre la Grande-Bretagne et la France de 1802-1803, au cours de laquelle Napoléon se prépara fébrilement à une reprise des hostilités[15] ?

Le simple fait de poser cette série de questions souligne les éléments qui rendaient improbable le succès de négociations menant à une paix durable, sans parler des dangers inhérents à une situation où Hitler était laissé maître de l'Europe.

Tout aussi désastreux pour les espoirs de voir la Grande-Bretagne conserver son indépendance sur le long terme, il y a le scénario où Staline aurait battu Hitler et où l'Armée rouge se serait déversée à l'ouest de Berlin et bien au-delà, sans qu'il y ait une armée anglo-américaine en France et en Allemagne pour l'empêcher de pousser plus loin. La maîtrise des ports de la Manche par Staline n'aurait pas été moins dangereuse pour l'indépendance de la Grande-Bretagne à long terme à la fin des années 1940 et au cours des années 1950 que celle d'Hitler.

Si on y ajoute le fait que ce dernier avait entrepris (bien que de façon décousue) ses propres recherches nucléaires, pendant que Staline prenait connaissance des percées des Alliés en la matière grâce à ses espions en Occident, la nécessité pour la Grande-Bretagne de participer pleinement à une guerre raccourcie de manière draconienne apparaît alors évidente. Qu'un des deux dictateurs fût resté, peut-être pendant des années, maître de l'Europe n'aurait pu qu'être désastreux pour les espoirs qu'avaient les Britanniques de voir se perpétuer leur indépendance authentique.

Henry Kissinger lança un jour en plaisantant à propos de la guerre entre l'Iran et l'Irak : « Dommage qu'ils ne puissent pas perdre tous les deux ! » Le risque d'avoir une guerre entre les nazis et les Soviétiques qui n'aboutirait pas à la défaite commune des deux était trop grand pour que le gouvernement britannique le prît en 1940.

De surcroît, les grands efforts pour tenter d'encourager les États-Unis à adopter une stratégie fondée sur « l'Allemagne d'abord » dans la lutte pour sauver la civilisation auraient été totalement réduits à néant si la Grande-Bretagne avait trouvé un arrangement avec Hitler après l'évacuation du corps expéditionnaire britannique depuis Dunkerque. Il fallut sa résistance obstinée pendant le *Blitz* et la bataille d'Angleterre pour convaincre l'Amérique de la valeur de la Grande-Bretagne comme alliée. S'il est parfaitement vrai que la Grande-Bretagne s'est retrouvée à la remorque économique de l'Amérique à la fin du conflit, elle n'aurait pas été en meilleure posture financière en restant peut-être pendant des décennies sur le pied de guerre, dans l'attente du moment probable où Hitler révoquerait son traité de paix avant de passer de nouveau à l'attaque. Le Führer avait après tout dénoncé tous les autres traités qu'il avait signés.

Par ailleurs, au moment de l'évacuation de Dunkerque, la guerre durait depuis neuf mois sur les mers : des marins avaient péri, des navires qui transportaient des enfants évacués vers le Canada avaient été torpillés, et en conséquence le sang des Britanniques qui bouillait dans leurs veines. Conclure une paix manifestement déshonorante aurait porté un coup catastrophique à leur amour-propre et à la fierté impériale et sans aucun doute conduit à des conflits internes fatals pour le sentiment d'unité nationale nourri par l'entrée des partis d'opposition dans le gouvernement Churchill de mai 1940. La démoralisation du Royaume-Uni et de ses alliés impériaux était un prix à payer trop élevé pour échapper aux périls du *Blitz* : les seuls gagnants en politique intérieure auraient été les communistes et la British Union of Fascists.

Reste l'accusation selon laquelle Churchill a tué la chose qu'il aimait le plus : en fait, après l'*India Act* de 1935, les composantes de l'Empire britannique étaient déjà largement engagées sur la voie de l'autonomie. La Seconde Guerre mondiale a certes accéléré ce processus, mais la grande époque de l'empire était déjà bien loin quand Churchill arriva au pouvoir en mai 1940. Sur un plan plus sentimental, quelle gloire y aurait-il eu à rester en possession d'un empire grâce au bail concédé par Adolf Hitler ?

Faire la paix avec Hitler en 1940, et par là même abjurer l'espoir – aussi ténu pût-il paraître sur le moment – de libérer un jour l'Europe du nazisme seraient revenus à condamner le continent à vivre ce que Churchill avait appelé, dans un discours célèbre de cette année-là, « une nouvelle ère obscurantiste rendue encore plus sinistre, et peut-être plus durable, par les éclairages d'une science pervertie ». Quasiment aucun Juif européen n'aurait pu survivre au processus d'extermination qui avait commencé de façon improvisée en Pologne en septembre 1939, avant de s'industrialiser complètement en 1942, si Hitler avait été autorisé à prendre possession de l'Europe sans coup férir et s'il n'y avait pas eu d'invasion alliée en 1944, en 1945 ou à une date ultérieure. Les grandes puissances jouissent actuellement de la plus longue période de paix qu'elles aient connue depuis la naissance de l'État-nation au XVIe siècle : aurait-ce véritablement été possible s'il avait été permis à Hitler de conserver les dépouilles de sa victoire en 1940 ?

Churchill savait que faire la paix avec l'Allemagne, c'était renoncer à son honneur et à celui de son pays. Dans son panégyrique de Chamberlain, après avoir parlé de la « lampe vacillante » de l'histoire qui essayait de « rallumer avec de faibles lueurs les passions de jadis », il s'interrogeait :

> À quoi bon tout cela ? Le seul guide de l'homme est sa conscience ; le seul bouclier de sa mémoire est la droiture et la sincérité de ses actes. Il est fort imprudent de traverser l'existence sans ce bouclier, parce que nous sommes si souvent nargués par l'échec de nos espoirs et la faillite de nos calculs – mais avec ce bouclier, quels que soient les jeux du destin, nous restons toujours dans le camp de l'honneur.

Malgré les efforts inlassables de ses détracteurs révisionnistes, Winston Churchill reste toujours dans ce camp.

NOTES

Introduction

1. Christopher Hitchens, *Atlantic Monthly*, avril 2002, p. 121.

2. *Daily Telegraph*, 29 août 2002.

3. *Daily Telegraph*, 12 février 2002.

4. Johnson, *Napoleon*, p. 193.

5. Brian MacArthur (dir.), *The Penguin Book of Historic Speeches*, 1995, p. 300-301.

6. Churchill, *Savrola*, p. 156.

7. Martin Gilbert, *Winston S. Churchill*, VIII, p. 369.

8. Rosebery, *Lord Randolph Churchill*, p. 81.

9. A. N. Wilson, *Watch in the Night*, p. 32.

10. *New York World*, 6 février 1928.

Hitler et Churchill jusqu'en 1939

1. Warlimont, *Inside Hitler's Headquarters*, p. x.

2. Pearson, *Citadel of the Heart*, p. 243.

3. Brendon, *Churchill*, p. 126.

4. Irving, *Churchill : Triumph*, p. 62.

5. Mosley, *Life of Contrasts*, p. 47.

6. Brendon, *Churchill*, p. 110.

7. *BBC History Magazine*, mai 2001, p. 7.

8. D'après Patrick Kinna, dans la biographie télévisée de Churchill par sir Martin Gilbert (1992).

9. *Ibid.*

10. Lettre d'Ian Weston-Smith, 1er mai 2001.

11. Churchill, *Savrola*, p. 50.

12. Sur John Churchill (1650-1722), outre la biographie que lui a consacrée son prestigieux descendant (*Marlborough : His Life and Times*, 4 vol., 1933-1938 ; rééd., 2 vol., Chicago, 2002), voir Clément Oury, *Le Duc de Marlborough. John Churchill, le plus redoutable ennemi de Louis XIV*, Perrin, 2022.

13. Mary Soames, « Winston Churchil : The Great Human Being », 9th *Annual Crosby Kemper Lecture*, April 21st, 1991, p. 7.

14. Churchill, *Savrola*, p. 226.

15. Jablonsky, *Churchill and Hitler*, p. 260.

16. Luke, *Hansel Pless*, p. 76.

17. Hitler, *Mein Kampf*, p. 740-742.

18. Rhodes James (éd.), *Churchill Speaks*, p. 608.

19. *Daily Express*, 5 octobre 1938.

20. Grint, *Art of Leadership*, p. 267.

21. Roseman, *Wannsee*, p. 113.

22. Rauschning, *Gespräche mit Hitler*, p. 223.

23. Grint, *Art of Leadership*, p. 297.

24. *Spectator*, 26 janvier 2002.

25. *The Times*, 16 juillet 1998.

26. Irving, *Churchill : War Path*, p. 20.

27. Churchill, *Savrola*, p. 88.

28. Brendon, *Churchill*, p. 143.

29. Jablonsky, *Churchill and Hitler*, p. 209.

30. *The Observer*, 5 août 1951.

31. Speer, *Inside the Third Reich*, p. 151.

32. *Ibid.*, p. 187-188.

33. Churchill, *Savrola*, p. 79.

34. Gilbert, *Winston S. Churchill*, vol. IV, p. 446-447.

35. Pr R. V. Jones, « Winston Churchill as I Knew him », *10th Annual Crosby Kemper Lecture*, March 29th, 1992, p. 10.
36. Speer, *Inside the Third Reich*, p. 155-156.
37. Kershaw, *Nemesis*, p. xvi.
38. Burleigh, *Third Reich*, p. 253-255.
39. Overy, *Interrogations*, p. 38.
40. Waite, *Psychopatic God*, p. 42.
41. Churchill, *Savrola*, p. 99.
42. Stone, *Hitler*, p. 86.
43. Irving, *Churchill : Triumph*, p. xviii.
44. Robert N. Proctor, « The Anti-Tobacco Campaign of the Nazis », *British Medical Journal* 313/7070, 1996.
45. *Time Magazine*, 9 janvier 1995.
46. Mary Soames, *Speaking for Themselves*, p. 390.
47. *Sunday Telegraph*, 12 juillet 1998.
48. Jablonsky, *Churchill and Hitler*, p. 270.
49. Gilbert, *Winston S. Churchill*, vol. VI, p. 166.
50. *Ibid.*, p. 59-60.
51. Goleman, Boyatzis et McKee, *New Leaders*, p. ix.
52. Colville, *The Fringes of Power*, p. 319.

Hitler et Churchill à partir de 1940

1. Gilbert, *Winston S. Churchill*, vol. VI, p. 216.
2. Keegan, *Second World War*, p. 38.
3. Roberts, *Holy Fox*, p. 201.
4. Smith (dir.), *Hostage to Fortune*, p. 476.
5. Engel, *Heeresadjutant bei Hitler*, p. 75.
6. Burdick et Jacobsen, *Halder War Diary*, p. 85.
7. Frieser, *Blitzkrieg-Legende*, p. 392.
8. Engel, *Heeresadjutant bei Hitler*, p. 75.
9. Brendon, *Churchill*, p. 140.
10. Hayward, *Churchill on Leadership*, p. 73.
11. Spears, *Assignment to Catastrophe*, p. 216.
12. Wheeler-Bennett (dir.), *Action this Day*, p. 50.

13. *Ibid.*, p. 52-53.
14. *Ibid.*, p. 20.
15. *Ibid.*, p. 19-20.
16. Churchill, *Savrola*, p. 307.
17. Hinsley et Simkins, *British Intelligence*, IV, p. 47.
18. Thompson, *1940*, p. 134-138.
19. Kershaw, *Hitler Myth*, p. 13-14.
20. Jablonsky, *Churchill and Hitler*, p. 159.
21. Colville, *The Fringes of Power*, p. 382.
22. Churchill, *Great Contemporaries*, p. 343.
23. Brendon, *Churchill*, p. 156.
24. Kimball (dir.), *Churchill and Roosevelt*, p. 49-50.
25. Danchev et Todman (dir.), *Alanbrooke War Diaries*, p. xi.
26. Jenkins, *Churchill*, p. 629.
27. *Daily Telegraph*, 29 août 2002.
28. Trevor-Roper (dir.), *Last Days of Hitler*, p. 95.
29. *Ibid.*, p. 264.
30. *Ibid.*, p. 505.
31. *Ibid.*, p. 630.
32. Churchill, *Savrola*, p. 22.
33. Gilbert, *Winston S. Churchill*, vol. IV, p. 1103.
34. Colville, *The Fringes of Power*, p. 180.
35. *Ibid.*, p. 404.
36. Archives de Richard Garnett, Hilton Hall, Huntingdon.
37. Garnett, *Secret History of PWE*.
38. Gilbert, *Winston S. Churchill*, vol. VII, p. 455.
39. Brendon, *Churchill*, p. 147.
40. Jablonsky, *Churchill and Hitler*, p. 22.
41. *Ibid.*, p. 256.
42. *Ibid.*, p. 241-242.
43. Conversation de l'auteur avec lord Hume en 1993.
44. Warlimont, *op. cit.*, p. 463.

Conclusion

1. John Keegan, *Daily Telegraph*, 18 juillet 1998.
2. John Lukacs, *Hitler of History*.
3. *Mail on Sunday*, 2 octobre 1994.
4. Brian Masters, *Getting Personal*, p. 57-58.
5. Brian Appleyard, « Leaders of the Pack », *Sunday Times Magazine*, 20 janvier 2002.
6. Browning, *Ordinary Men*.
7. Goldhagen, *Les Bourreaux volontaires de Hitler*.
8. Jenkins, *op. cit.*, p. 635.
9. Willans et Roetter, *Wit of Winston Churchill*, p. 106.
10. Jones, *op. cit.*, p. 11.
11. Churchill, *Savrola*, p. 43.
12. Voir son site, winstonchurchill.org
13. Creighton, *Op JB*.
14. *The Spectator*, 7 et 21 septembre 2002.
15. Strawson, *Hitler and Churchill*, p. 502-503.

OUVRAGES CITÉS

Tous les ouvrages en anglais ont été publiés à Londres, sauf indication contraire. Les dates de parution indiquées portent sur l'édition utilisée et non sur la publication d'origine.

N.B. Quand une édition française existe, elle est donnée entre parenthèses. La dernière réédition est indiquée entre crochets.

ADAIR, John, *The Effective Leadership Masterclass*, 1977.

ADDISON, Paul, *Churchill on the Home Front*, 1992.

ALLDRITT, Keith, *Churchill the Writer : His Life as a Man of Letters*, 1992.

ASHLEY, Maurice, *Churchill as Historian*, 1968.

BEEVOR, Antony, *Stalingrad*, 1998 (*Stalingrad*, Éditions de Fallois, 1999 [Calmann-Lévy, 2019]).

—, *Berlin : The Downfall 1945*, 2002 (*La Chute de Berlin*, Éditions de Fallois, 2002).

BELOW, Nicholas von, *At Hitler's Side : The Memoirs of Hitler's Luftwaffe Adjutant, 1937-1945*, 2001 (*À la droite d'Hitler. Mémoires 1937-1945*, Perrin, 2019 [« Tempus », 2021]).

BERLIN, Isaiah, *Mr. Churchill in 1940*, 1949.

BEST, Geoffrey, *Churchill : A Study in Greatness*, 2001.

BETHELL, Nicholas, *The War Hitler Won*, 1972 (*La Guerre qu'Hitler a gagnée. Septembre 1939*, P. Horay, 1974).

BIRKENHEAD, Earl of, *Churchill 1874-1922*, 1989.
BLAKE, Robert, et LOUIS, William Roger, *Churchill*, 1993.
BRENDAN, Piers, *The Dark Valley : A Panorama of the 1930s*, 2000.
—, *Winston Churchill : A Brief Life*, 2001.
BROWNING, Christopher R., *Ordinary Men : Reserve Police Battalion 101 and the Final Solution in Poland*, 1992 (*Des hommes ordinaires : le 101e bataillon de réserve de la police allemande et la Solution finale en Pologne*, Les Belles Lettres, 1994 [2007]).
BUCHANAN, Patrick J., *A Republic, Not an Empire : Reclaiming America's Destiny*, Washington DC, 1999.
BULLOCK, Alan, *Hitler : A Study in Tyranny*, 1952 (*Hitler ou les mécanismes de la tyrannie*, 2 vol., Verviers, Gérard et Cie, 1963).
—, *Hitler and Stalin : Parallel Lives*, 1991 (*Hitler et Staline. Vies parallèles*, 2 vol., Robert Laffont / Albin Michel, 1994).
BURDICK, Charles, et JACOBSEN, Hans-Adolf, *The Halder War Diary, 1939-42*, 1988.
BURLEIGH, Michael, *The Third Reich : A New History*, 2000.
CALLAGHAN, Raymond A., *Churchill : Retreat from Empire*, 1984.
CARLTON, David, *Churchill and the Soviet Union*, 2000.
CARTER, Violet Bonham, *Winston Churchill as I Knew Him*, 1965.
CHARMLEY, John, *Churchill : The End of Glory*, 1993.
Churchill's Grand Alliance : The Anglo-American Special Relationship, 1940-1957, 1995.
CHURCHILL, Winston S., *Savrola*, 1900 (*Savrola*, roman, Monaco, Éditions du Rocher, 1948 [Éditions Écriture, 2011]).
—, *Secret Session Speeches*, 1946 (*Mes discours secrets*, Paul Dupont, 1947 [Les Belles Lettres, 2018]).

—, *Great Contemporaries*, 1962 (*Les Grands Contemporains*, Gallimard, 1939 [*Mes grands contemporains*, Tallandier, 2017]).

—, *Thoughts and Adventures*, 1990 (*Réflexions et aventures*, Neuchatel, Delachaux & Niestlé, 1944 [Tallandier, 2008]).

CLARK, Alan, *Barbarossa : The Russian-German Conflict 1944-1945*, 1965.

COHEN, Eliot A., *Supreme Command : Soldiers, Statesmen and Leadership in Wartime*, New York, 2002.

COLVILLE, John, *The Fringes of Power*, 1985.

COOTE, Colin (dir.), *Maxims and Reflections of Winston Churchill*, 1947.

—, *The Other Club*, 1971.

COSGRAVE, Patrick, *Churchill at War : Alone 1939-40*, 1974.

COWLES, Winston, *Churchill : The Era and the Man*, 1953.

COWLING, Maurice, *The Impact of Hitler : British Politics and British Policy, 1933-1940*, 1977.

CREIGHTON, Christopher, *Op. JB*, 1996.

DANCHEV, Alex, et TODMAN, Daniel (dir.), *War Diaries, 1939-1945 : Field Marshal Lord Alanbrooke*, 2001.

DAY, David, *Menzies and Churchill at War*, 1986.

EADE, Charles (dir.), *Churchill by His Contemporaries*, 1955.

EHLERS, Dieter, *Technik und Moral einer Verschworung : Der Aufstand am 20. Juli 1944*, Bonn, 1964.

ENGEL, Gerhard, *Heeresadjutant bei Hitler, 1938-1943*, Stuttgart, 1974.

EVANS, David, *Telling Lies about Hitler*, 2002.

FEST, Joachim, *Plotting Hitler's Death : The German Resistance to Hitler, 1933-1945*, 1966 (*La Résistance allemande à Hitler*, Perrin, 2009 [« Tempus », 2013]).

FRASER, David, *Alanbrooke*, 1997.

FRIESER, Karl-Heinz, *Blitzkrieg-Legende der Westfeldzug 1940*, Munich, 1996 (*Le Mythe de la guerre éclair. La campagne de l'Ouest de 1940*, Belin, 2003 [2015]).

GARNETT, David, *The Secret History of P.W.E.*, 2002.
GILBERT, Martin, *Winston S. Churchill*, *8* vol., 1966-1988.
— , *Churchill's Political Philosophy*, 1981.
—, *Churchill : The Wilderness Years*, 1981.
—, *The Second World War*, 1989.
—, *Churchill : A Life*, 1991.
—, *In Search of Churchill*, 1994.
GIULIANI, Rudolf, *Leadership*, 2002.
GOLDHAGEN, Daniel, *Hitler's Willing Executioners : Ordinary Germans and the Holocaust*, 1996 (*Les Bourreaux volontaires de Hitler. Les Allemands ordinaires et l'Holocauste*, Seuil, 1997 [« Points », 1998]).
GOLEMAN, Daniel, BOYATZIS, Richard, et MCKEE, Annie, *The New Leaders : Transforming the Art of Leadership into the Science of Results*, 2002 (*L'Intelligence émotionnelle au travail*, Pearson, 2002).
GRINT, Keith, *The Arts of Leadership*, 2001.
GRUNBERGER, Richard, *A Social History of the Third Reich*, 1971.
GUEDELLA, Philip, *Mr Churchill : A Portrait*, 1941.
HAMANN, Brigitte, *Hitler's Vienna : A Dictator's Apprenticeship*, 1999 (*La Vienne d'Hitler. Les années d'apprentissage d'un dictateur*, Éditions des Syrtes, 2014).
HARDWICK, Joan, *Clementine Churchill : The Private Life of a Public Figure*, 1997.
HART, B. H. Liddell, *History of the Second World War*, 1970 (*Histoire de la Seconde Guerre mondiale*, Fayard, 1970 [1976]).
HAYWARD, Steven, *Churchill on Leadership*, 1997.
HINSLEY, F. H., et SIMKINS, C. A. G., *British Intelligence in the Second World War*, vol. 4, 1990.
HITLER, Adolf, *Mein Kampf*, Berlin, Eher Verlag, 162nd-163rd reprint), 1935 (*Mon combat*, F. Sorlot, 1934 [Bès Éditions, 2014]).

HOUGH, Richard, *Winston and Clementine : The Triumph of the Churchills*, 1988.

IRVING, David, *Hitler's War, 1942-1945*, 1977.

—, *The War Path : Hitler's Germany 1933-1939*, 1978.

—, *Churchill's War : The Struggle for Power*, 1987.

—, *Churchill's War : Triumph in Adversity*, 2001.

JABLONSKY, David, *Churchill and Hitler : Essays on the Political-Military Direction of Total War*, 1994.

JENKINS, Roy, *Churchill*, 2002.

JOHNSON, Paul, *Napoleon*, 2002 (*Napoléon. L'opportuniste*, Éditions Fides, 2003 [Buchet Chastel, 2018]).

KEEGAN, John, *The Second World War*, 1989 (*La Deuxième Guerre mondiale*, Perrin, 1990 [« Tempus », 2010]).

—, *Churchill's Generals*, 1992.

KEMPER III, R. Crosby (dir.), *Winston Churchill : Resolution, Defiance, Magnanimity, Good Will*, 1996.

KERSHAW, Ian, *The « Hitler Myth » : Image and Reality in the Third Reich*, 1989 (*Le Mythe Hitler. Image et réalité sous le III*e *Reich*, Flammarion, 2008).

—, *Hitler 1889-1936 : Hubris*, 1998 (Flammarion, 1999).

—, *Hitler 1936-1945 : Nemesis*, 2000 (Flammarion, 2000).

KEYNES, John Maynard, *The Economic Consequences of the Peace*, New York, 1971 (*Les Conséquences économiques de la paix*, Éditions de la Nouvelle Revue française, 1920 [Bruxelles, UltraLetters, 2017]).

KIMBALL, Warren F. (dir.), *Churchill and Roosevelt : The Complete Correspondence*, 3 vol., 1984.

KRAUS, René, *The Men around Churchill*, 1971.

LAMB, Richard, *The Ghosts of Peace, 1935-1945*, 1987.

LASH, Joseph P., *Roosevelt and Churchill, 1939-1945*, 1977.

LAWLOR, Sheila, *Churchill and the Politics of War, 1940-1945*, 1994.

LEE, J. M., *The Churchill Coalition, 1940-1945*, 1980.

LIPSTADT, Deborah, *Denying the Holocaust : The Growing Assault on Truth and Memory*, 1993.

LORD, Walter, *The Miracle of Dunkirk, 1982* (*Le Miracle de Dunkerque, 4 juin 1940*, Robert Laffont, 1983).

LOWENHEIM, Francis L., LANGLEY, Harold D., et JONAS, Manfred (dir.), *Roosevelt and Churchill : Their Secret Wartime Correspondence*, 1975.

LUKACS, John, *The Hitler of History*, 1997.

—, *The Duel : Hitler vs Churchill, 10 May-31 July 1940*, 1990 (*Le Duel Churchill-Hitler, 10 mai-31 juillet 1940. Les 80 jours où se joua le sort de la guerre*, Robert Laffont, 1992).

—, *Churchill : Visionary, Statesman, Historian*, 2002.

LUKE, Michael, *Hansel Pless : Prisoner of History*, 2002.

MACARTHUR, Brian (dir.), *The Penguin Book of Historic Speeches*, 1995.

MACHTAN, Lothar, *The Hidden Hitler*, 2001.

MANCHESTER, William, *The Caged Lion : Winston Spencer Churchill, 1932-1940*, 1988.

MARTIN, sir John, *Downing Street : The War Years*, 1991.

MASTERS, Brian, *Getting Personal*, 2002.

MEEHAN, Patricia, *The Unnecessary War : Whitehall and the German Resistance to Hitler*, 1992.

MEGARGEE, Geoffrey P., *Inside Hitler's Command*, Kansas, 2000.

MIDDLEBROOK, Martin, *The Battle for Hamburg*, 2000.

MONTAGUE BROWNE, Anthony, *Long Sunset : Memoirs of Winston Churchill's Last Private Secretary*, 1995.

MORAN, lord, *Winston Churchill : The Struggle for Survival, 1940-1965*, 1966 (*Mémoires. Vingt-cinq ans aux côtés de Churchill, 1940-1965*, Robert Laffont, 1966).

MORIARTY, David, *A Psychological Study of Adolf Hitler*, 1991.

MOSLEY, Diana, *A Life of Contrasts*, 2002.

OVERY, Richard, *Interrogations : The Nazi Elite in Allied Hands, 1945*, 2001.

PARKER, R. A. C., *Churchill and Appeasement : Could Churchill Have Prevented the Second World War ?*, 2000.

PARKER, R. A. C. (dir.), *Winston Churchill : Studies in Statesmanship*, 1995.

PEARSON, John, *Citadel of the Heart : Winston and the Churchill Dynasty*, 1991.

PELLING, Henry, *Winston Churchill*, 1974.

PONTING, Clive, *Churchill*, 1994.

RAMSDEN, John, *The Age of Churchill and Eden*, 1995.

—, *Man of the Century : Winston Churchill and His Legend since 1945*, 2002.

RAUSCHNING, Hermann, *Gespräche mit Hitler*, New York, 1940 (*Hitler m'a dit. Confidences du Führer sur son plan de conquête du monde*, Éditions Coopération, 1939 [Hachette littératures, 2009]).

REDLICH, Fritz, *Hitler : Diagnosis of a Destructive Prophet*, 2000.

REES, Laurence, *The Nazis : A Warning from History*, 1997.

—, *War of the Century : When Hitler Fought Stalin*, 1999.

—, *Horror in the East*, 2001.

RHODES JAMES, Robert, *Churchill : A Study in Failure, 1900-1939*, 1990.

RHODES JAMES, Robert (dir.), *Churchill Speaks, 1897-1963 : Collected Speeches in Peace and War*, 1981.

ROBERTS, Andrew, *Churchill. Walking with Destiny*, 2018 (*Churchill*, Perrin, 2020).

—, *« The Holy Fox » : A Biography of Lord Halifax*, 1991.

—, *Eminent Churchillians*, 1991.

ROBERTS, Frank, *Dealing with Dictators : The Destruction and Revival of Europe, 1930-70*, 1991.

ROSE, Norman, *Churchill : An Unruly Life*, 1994.

ROSEBERY, lord, *Lord Randolph Churchill*, 1906.

ROSEMAN, Mark, *The Villa, The Lake, The Meeting : Wannsee and the Final Solution*, 2002 (*Ordre du jour : génocide. Le 20 janvier 1942, la conférence de Wannsee et la Solution finale*, L. Audibert, 2002).

SANDYS, Celia, *Churchill Wanted Dead or Alive*, 1999.

SMITH, Amanda (dir.), *Hostage to Fortune : The Letters of Joseph P. Kennedy*, 2001.

SOAMES, Mary (dir.), *Speaking for Themselves : The Personal Letters of Winston and Clementine Churchill*, 1998 (*Winston et Clementine Churchill. Conversations intimes, 1908-1964*, Tallandier, 2013 [abrégé, 2017]).

SPEARS, Edward L., *Assignment to Catastrophe*, vol. I : *July 1939-May 1940*, 1954 (*Témoignage sur une catastrophe*, tome 1 : *Prélude à Dunkerque*, Presses de la Cité, 1964).

SPEER, Albert, *Inside the Third Reich*, 1995 (*Au cœur du IIIe Reich*, Fayard, 1972 [2011]).

SPOTTS, Frederic, *Hitler and the Power of Aesthetics*, 2002.

STAFFORD, David, *Churchill and the Secret Service*, 1997.

STEWART, Graham, *Burying Caesar : Churchill, Chamberlain and the Battle for the Tory Party*, 1999.

STONE, Norman, *Hitler*, 1980.

STRAWSON, John, *Hitler and Churchill in Victory and Defeat*, 1997.

THOMPSON, Laurence, *1940*, 1966.

THORNE, Christopher, *Allies of a Kind : The United States, Britain, and the War against Japan, 1941-1945*, 1978.

TREVOR-ROPER, Hugh, *The Last Days of Hitler*, 1947 (*Les Derniers Jours de Hitler*, Calmann-Lévy, 1947 [Tallandier, 2013].

TREVOR-ROPER, Hugh (dir.), *Hitler's Secret Conversations, 1941-1944*, 1961.

WAITE, Robert, *The Psychopathic God : Adolf Hitler*, 1993.

WARLIMONT, général Walter, *Inside Hitler's Headquarters, 1939-1945*, 1964 (édition abrégée : *Cinq ans au G.Q.G. de Hitler*, Bruxelles, Elsevier-Séquoia, 1975 [Perrin, 2016]).

WATT, Donald Cameron, *How War Came : The Immediate Origins of the Second World War, 1938-1939*, 1989.

WHEELER-BENNETT, John (dir.), *Action this Day*, 1968.

WILLANS, Geoffrey, et ROETTER, Charles, *The Wit of Winston Churchill*, 1954.

WILLMOTT, H. P., *The Great Crusade : A New Complete History of the Second World War*, 1989.

WILSON, A. N., *A Watch in the Night*, 1996.

WILSON, Thomas, *Churchill and the Prof*, 1995.

WOODS, Frederick, *Artillery of Words : The Writings of Sir Winston Churchill*, 1992.

YOUNG, Kenneth, *Churchill and Beaverbrook*, 1966.

INDEX

C

G

H

I

Q-R

S

T

TABLE

Cet ouvrage
a été achevé d'imprimer sur Roto-Page
par l'Imprimerie Floch à Mayenne
pour le compte des Éditions Perrin
5, rue Olivier Messiaen
*Paris 13e*
en septembre 2022

N° d'impression : 101036
Imprimé en France